독자의

세상이 아무리 바쁘게 돌아가더라도
책까지 아무렇게나 빨리 만들 수는 없습니다.
인스턴트 식품 같은 책보다는
오래 익힌 술이나 장맛이 밴 책을 만들고 싶습니다.

길벗이지톡은 독자 여러분이
우리를 믿는다고 할 때 가장 행복합니다.
나를 아껴주는 어학도서,
길벗이지톡의 책을 만나보십시오.

독자의 1초를 아껴주는
정성을 만나보십시오.

미리 책을 읽고 따라해본 2만 베타테스터 여러분과
무따기 체험단, 길벗스쿨 엄마 2% 기획단,
시나공 평가단, 토익 배틀, 대학생 기자단까지!
믿을 수 있는 책을 함께 만들어주신 독자 여러분께 감사드립니다.

홈페이지의 '독자마당'에 오시면
책을 함께 만들 수 있습니다.

(주)도서출판 길벗 www.gilbut.co.kr
길벗이지톡 www.eztok.co.kr
길벗스쿨 www.gilbutschool.co.kr

mp3 파일/학습자료 구성과 활용법

1 〈기본학습용〉 폴더

▶ 표제어부터 예문까지 모두 듣는 파일입니다. 표제어를 중국어 남자, 여자 각 1번, 우리말 뜻을 1번 들려줍니다. 이어서 중국어 예문을 5급 실제 시험 속도로 1번 들려줍니다.

> **예시** intensive01.mp3

2 〈표제어만 듣기〉 폴더

▶ 표제어만 중국어로 남자, 여자 각 1번 우리말 뜻 1번을 들려줍니다.

> **예시** speed01.mp3

3 단어 테스트

▶ 필수 단어 암기 후 단어 시험지를 풀며 스스로 실력을 점검해 보세요.

4 HSK 5급 필수 성어

▶ HSK 5급 시험에 자주 출제되거나, 작문 문제에 활용하면 고득점을 할 수 있는 성어를 정리했습니다. 필수 단어 학습 후 성어까지 암기하세요.

5 HSK 5급 필수 어법 학습자료

▶ HSK 5급 시험 전 꼭 알아야 할 어법만 정리했습니다. 예문과 함께 익혀두면 독해 영역의 문장 구조를 파악하거나, 어순 배열 문제를 빠르고 정확하게 풀 수 있습니다.

6 HSK 5급 쓰기 영역 대비 자료

▶ 쓰기 영역 합격 및 고득점 팁을 정리했습니다. 쓰기 영역 점수가 고민이라면 시험 전 꼭 학습하세요.

시험에 나오는 것만 공부한다!

시나공
HSK
단어장

김태성 지음

5급

길벗
이지:톡

시나공 HSK 단어장 5급

Crack the Exam! - HSK Vocabulary for Level 5

초판 발행 · 2018년 5월 10일

지은이 · 김태성
발행인 · 김경숙
발행처 · 길벗이지톡
출판사 등록일 · 2000년 4월 14일
주소 · 서울시 마포구 월드컵로 10길 56(서교동)
대표 전화 · 02)332-0931 | **팩스** · 02)323-0586
홈페이지 · www.eztok.co.kr | **이메일** · eztok@gilbut.co.kr

기획 및 책임편집 · 이민경(krystal@gilbut.co.kr) | **표지 디자인** · 신세진 | **제작** · 이준호, 손일순, 이진혁
영업마케팅 · 박성용 | **웹마케팅** · 최소영 | **영업관리** · 심선숙 | **독자지원** · 송혜란, 정은주

교정교열 · 서유라 | **본문 디자인** · 이도경 | **전산편집** · 수(秀) 디자인 | **오디오 녹음 및 편집** · 와이알미디어
CTP 출력 및 인쇄 · 예림인쇄 | **제본** · 신정문화사

ISBN 979-11-5924-132-1 03720
(길벗 도서번호 000911)

정가 12,000원

이 도서의 국립중앙도서관 출판시도서목록(CIP)은 서지정보유통지원시스템 홈페이지(http://seoji.nl.go.kr)와
국가자료공동목록시스템(http://www.nl.go.kr/kolisnet)에서 이용하실 수 있습니다. (CIP제어번호: CIP2017016886)

독자의 1초까지 아껴주는 정성 길벗출판사

(주)도서출판 길벗 | IT실용, IT/일반 수험서, 경제경영, 취미실용, 인문교양(더퀘스트) www.gilbut.co.kr
길벗이지톡 | 어학단행본, 어학수험서 www.eztok.co.kr
길벗스쿨 | 국어학습, 수학학습, 어린이교양, 주니어 어학학습, 교과서 www.gilbutschool.co.kr

페이스북 · www.facebook.com/gilbutzigy
트위터 · www.twitter.com/gilbutzigy

HSK 5급 합격은 단어가 좌우한다!

HSK 5급의 합격 키워드는 단어입니다. 1-4급 단어 1,200개는 기본으로 암기해야 하고, 5급 필수 단어 1,300개가 바로 합격의 당락을 결정짓습니다. 이 책은 HSK 시험을 주관하는 중국국가한판(中国国家汉办)에서 지정한 HSK 5급 필수 단어 2,500자 중 1-4급과 중복되는 1,200개를 제외한 1,300개를 모두 수록했습니다.

단어, 이렇게 외워야 정답이 들리고 문장이 완성된다!

이 책은 국내 HSK 수험생이 가장 어렵게 느끼는 듣기, 쓰기 영역까지 완벽하게 대비하도록 모든 예문을 최신 기출예문, 빈출예문으로 구성했습니다. 표제어와 뜻을 먼저 암기한 다음, 예문으로 한 번 더 확실하게 익힙니다. 최근 더 빨라진 녹음 속도를 반영한 mp3 파일과 함께 학습하면 듣기, 독해, 쓰기 모든 영역을 완벽히 대비할 수 있습니다!

모르는 문제의 정답을 찍는 확률까지 높여준다!

1,300개의 필수 단어 중 시험에 자주 출제되는 주요 단어의 암기 포인트를 짚어줍니다. 단어별로 실제 시험에서 출제되는 문제 유형, 모르는 문제를 풀때 정답 확률을 높여주는 팁까지 확인할 수 있습니다. 시험에 나오는 것만 정리한 무료 학습자료까지 10년 넘는 HSK 강의 노하우를 모두 담았습니다.

김태성

thanks to

책이 출판되기까지 도움을 주신 많은 분들께 감사의 인사를 전합니다. 항상 곁에서 응원해주시는 밍밍 사장님, 김한성, 민정기, 이영훈, 장동렬, 양창호 형님들, 스승 강종호 선생님, 예문작성에 도움을 주신 김휘연 선생님, 카이열린중국어학원 주임강사 동항 선생님, 소울메이트 정재훈, 김우수, 윤덕근 모두 감사합니다. 마지막으로 사랑하는 가족들에게 고마움을 전합니다.

표제어

5급 필수 단어 중 1-4급 중복 단어를 제외한 1,300개를 한어병음 순으로 배열했습니다. 단어 앞의 별 개수로 우선순위를 확인해 시험에 자주 출제되는 단어부터 암기하세요.

예문

기출 예문으로 표제어의 뜻과 쓰임을 한 번 더 확인합니다. mp3 파일을 들으며 학습하세요.

Tip

HSK TIP: HSK 시험과 관련된 용법, 함께 외우면 좋은 단어 등을 익힐 수 있습니다.
중국어 TIP: 단어의 유래, 실생활에서 쓰임새까지 중국어 내공을 쌓아줍니다.
문법 TIP: 단어와 관련된 문법을 쉽고 간단하게 설명합니다.

정답 콕

단어의 출제 포인트와 자주 출제되는 영역 및 유형을 짚어줍니다. 모르는 문제를 풀 때 정답을 고르는 팁까지 확인하세요.

이 책은 표제어와 더 빨라진 실제 시험 빠르기로 녹음한 예문 mp3 파일과 PDF 학습자료를
제공합니다. 홈페이지(www.eztok.co.kr)에서 무료로 다운로드 받아 학습하세요.

mp3 파일 구성

표제어부터 예문까지 모두 듣기 (기본 학습용)
표제어를 먼저 중국어로 남자, 여자 각 1번, 우리말 뜻 1번을 들려줍니다. 그리고 중국어 예문을 5급 실
제 듣기 영역 시험 속도로 1번 들려줍니다.

표제어만 듣기
표제어만 중국어로 남자, 여자 각 1번, 우리말 뜻 1번을 들려줍니다.

학습자료 구성

• **단어 테스트:** 필수 단어 암기 후 실력을 점검해 보세요.

• **HSK 5급 필수 성어:** HSK 5급 시험에 자주 출제되는 성어를 정리했습니다.

• **HSK 5급 필수 어법:** HSK 5급 시험 전 꼭 알아야 할 어법만 정리했습니다. 예문과 함께 익혀
  두면 독해 영역의 문장 구조를 파악하거나, 어순 배열 문제를 빠르고 정확하게 풀 수 있습니다.

• **HSK 5급 쓰기 영역 대비 자료:** 쓰기 영역 합격 및 고득점 팁을 정리했습니다.

일러두기 ❶

1. 단어의 품사를 표시하기 위해 사용한 약물의 본뜻은 다음과 같습니다.

명 명사	통 동사	형 형용사	부 부사	조 조사	접 접속사
수 수사	양 양사	전 전치사	대 대명사	조통 조동사	감 감탄사
이합 이합동사	성어 고사성어	인명 인명	지명 지명

2. 한어병음 표기는 실제 발음대로 표기하되, 다음과 같은 원칙에 따랐습니다.

bu나 yi처럼 특정 음절 앞에서 성조가 변하는 경우, 실제 발음대로 성조를 표기하였습니다.
단, 3성의 성조변화는 본래 성조대로 표기하였습니다.

| 목차 & 학습계획표 |

회차	학습 목표일	확인	페이지
Day21	월 일	☐ 0651 ~ 0683	153
Day22	월 일	☐ 0684 ~ 0715	160
Day23	월 일	☐ 0716 ~ 0748	168
Day24	월 일	☐ 0749 ~ 0780	175
Day25	월 일	☐ 0781 ~ 0813	182
Day26	월 일	☐ 0814 ~ 0845	190
Day27	월 일	☐ 0846 ~ 0878	198
Day28	월 일	☐ 0879 ~ 0910	205
Day29	월 일	☐ 0911 ~ 0942	212
Day30	월 일	☐ 0943 ~ 0975	219
Day31	월 일	☐ 0976 ~ 1007	227
Day32	월 일	☐ 1008 ~ 1040	234
Day33	월 일	☐ 1041 ~ 1072	241
Day34	월 일	☐ 1073 ~ 1105	249
Day35	월 일	☐ 1106 ~ 1137	256
Day36	월 일	☐ 1138 ~ 1170	263
Day37	월 일	☐ 1171 ~ 1202	270
Day38	월 일	☐ 1203 ~ 1235	277
Day39	월 일	☐ 1236 ~ 1267	284
Day40	월 일	☐ 1268 ~ 1300	291

☐ ★☆☆ 0001 **哎**
āi

🎧 (놀람, 반가움, 불만) 에! 쟤!

哎，我的钱包弄丢了。
에잇, 내 지갑을 잃어버렸어.

☐ ★☆☆ 0002 **唉**
āi

🎧 (애석함, 안타까움) 어휴

唉，山这么高，累死了。
어휴, 산이 이렇게 높다니, 힘들어 죽겠네.

☐ ★☆☆ 0003 **爱护**
àihù

🔳 아끼다, 애호하다

我们要爱护儿童。
우리는 어린이를 아끼고 보호해야 한다.

☐ ★☆☆ 0004 **爱惜**
àixī

🔳 아끼다, 소중하게 생각하다

你们应该爱惜身体。
너희는 몸을 소중히 생각해야 한다.

문법
TIP

爱惜와 爱护의 뜻은 비슷하지만, 강조하는 포인트가 다릅니다. 爱护는 '보호'에 초점을 맞춘 단어이지만, 爱惜는 '소중히 생각하다'에 초점을 맞춘 단어입니다.

☐ ★☆☆ 0005 **爱心**
àixīn

🔳 사랑하는 마음, 관심과 사랑

养宠物有助于培养孩子的爱心。
애완동물을 키우는 것은 아이에게 사랑하는 마음을 길러주는 데 도움이 된다.

• 宠物 chǒngwù 🔳 애완동물 • 有助于 yǒuzhùyú 🔳 …에 도움이 되다
• 培养 péiyǎng 🔳 기르다, 배양하다

□ ★★★ 0006 **安慰** [동] 위로하다 [형] 마음이 편하다

ānwèi

我正在安慰我妻子。

나는 아내를 위로하는 중이다.

我感到很安慰。

나는 매우 편안함을 느낀다.

□ ★★☆ 0007 **安装** [동] 설치하다, 인스톨하다

ānzhuāng

学校决定在每个教室安装一台电视机。

학교는 교실마다 TV를 한 대씩 설치하기로 결정했다.

□ ★☆☆ 0008 **岸** [명] 해안, 물가

àn

他坐着自造的小船到达了对岸。

그는 자신이 만든 작은 배를 타고 건너편 기슭에 도달했다.

• 造 zào [동] 만들다

□ ★☆☆ 0009 **暗** [형] 어둡다, 캄캄하다

àn

观众不用担心偏暗的灯光会让人看不清楚，以至影响参观。

관중은 어두운 불빛 때문에 잘 보이지 않아 관람에 지장이 있을지를 걱정하지 않아도 된다.

• 以致 yǐzhì [접] …에 이르다, …을 초래하다

□ ★☆☆ 0010 **熬夜** [이합] 밤새다, 철야하다

áoyè

熬夜对身体伤害很大。

밤샘은 몸에 매우 안 좋다.

☐ ★★★ **0011 把握** 屠 잡다 / (추상적인 것을) 붙잡다, 장악하다 몡 가능성, 확신, 믿음
bǎwò

她能把握自己的命运。
그녀는 자기의 운명을 장악할 수 있다.

完成任务有把握。
임무를 완수할 것이라는 확신이 있다.

· 命运 mìngyùn 몡 운명

☐ ★★☆ **0012 摆** 屠 놓다, 벌이다 / 흔들다
bǎi

窗户上摆花瓶。
창문 위에 꽃병을 놓는다.

她向我摆手。
그녀가 나에게 손을 흔든다.

☐ ★★☆ **0013 办理** 屠 (사무를) 처리하다
bànlǐ

秘书每天办理很多业务。
비서는 매일 많은 업무를 처리한다.

· 秘书 mìshū 몡 비서 · 业务 yèwù 몡 업무

☐ ★☆☆ **0014 傍晚** 몡 저녁 무렵
bàngwǎn

班主任到了傍晚才到家。
담임 선생님은 저녁 무렵이 되어서야 집에 도착하셨다.

· 班主任 bānzhǔrèn 몡 담임 선생님

☐ ★☆☆ **0015 包裹** 몡 소포
bāoguǒ

你寄出去的那个包裹被邮局退回来了。
네가 부친 그 소포가 우체국에서 되돌아왔어.

☐ ★★☆

0016 **包含**

bāohán

图 포함하다

人们相信有一些常见的梦包含着特别的意义。

사람들은 자주 꾸는 꿈에 특별한 의미가 담겨 있다고 믿는다.

· 意义 yìyì 图 의미, 의의

☐ ★★☆

0017 **包括**

bāokuò

图 포함하다, 포괄하다

学习，包括"学"与"习"两个字。

학습이란 '배울 학'과 '익힐 습' 두 글자를 포함하고 있다.

☐ ★☆☆

0018 **薄**

báo

图 얇다, 엷다

她把读书过程总结为"由厚到薄"和"由薄到厚"两
个阶段。

그녀는 독서 과정을 '두꺼운 것에서 얇은 것으로'와 '얇은 것에서 두꺼운 것으로'
의 두 단계로 정리했다.

· 过程 guòchéng 图 과정   · 总结 zǒngjié 图 총결산하다
· 阶段 jiēduàn 图 단계   · 读书 dúshū 이합 책을 읽다, 독서하다

☐ ★☆☆

0019 **宝贝**

bǎobèi

图 보배

我家里有一个宝贝。

우리 집에는 보배가 하나 있다.

☐ ★★☆

0020 **宝贵**

bǎoguì

图 진귀하다, 귀중하다

很抱歉！ 耽误了您宝贵的时间。

당신의 귀중한 시간을 빼앗아서 매우 죄송합니다.

· 耽误 dānwu 图 시간을 허비하다

☐ ★★★ 0021 **保持**   图 유지하다

bǎochí

你得保持冷静。

너는 냉정함을 유지해야 한다.

☐ ★★☆ 0022 **保存**   图 보존하다

bǎocún

保存实力，消灭敌人。

실력을 보존해서 적을 없애다.

· 实力 shílì 图 실력   · 消灭 xiāomiè 图 소멸시키다
· 敌人 dírén 图 적

☐ ★★☆ 0023 **保留**   图 보존하다 / 잠시 보류하다

bǎoliú

她还保留着原来的坏习惯。

그녀는 원래의 나쁜 습관을 아직도 가지고 있다.

把你的意见保留一下。

당신의 의견을 잠시 보류해 주십시오.

☐ ★★☆ 0024 **保险**   图 보험 图 보장하다

bǎoxiǎn

你买保险了吗?

너 보험 들었니?

我保险他能成功。

나는 그가 성공할 수 있다는 것을 보장한다.

☐ ★☆☆ 0025 **报到**   图 도착을 보고하다

bàodào

我不确定他是否会来报到。

나는 그가 도착 보고를 했는지 안 했는지 모른다.

· 确定 quèdìng 图 확정하다

☐ ★★☆ 0026 **报道**
bàodào
图圈 보도(하다)

记者报道了日本的消息。
기자가 일본의 소식을 보도했다.

☐ ★☆☆ 0027 **报告**
bàogào
图 보고(서) 图 보고하다

实习报告都快写完了。
실습보고서 거의 다 썼어.

☐ ★☆☆ 0028 **报社**
bàoshè
图 신문사

我父亲是一家报社的副刊部主任。
우리 아버지는 한 신문사의 문화면 주임이셨다.

　· 副刊 fùkàn 图 (신문 등의) 문예란, 문화면　· 主任 zhǔrèn 图 주임

☐ ★★☆ 0029 **抱怨**
bàoyuàn
图 불만을 품다, 원망하다

一位女士抱怨道:"我活得很不幸福。"
한 여인이 사는 것이 행복하지 않다고 불평했다.

　· 女士 nǚshì 图 여사, 부인

☐ ★★☆ 0030 **悲观**
bēiguān
图 비관적이다

这位青年变得很悲观。
이 청년은 비관적으로 변했다.

☐ ★★☆ 0031 **背**
bèi
图 등 (신체 부위) 图 외우다

骆驼背上有驼峰。낙타 등에는 큰 혹이 있다.

每天都要背书。매일 책을 외워야 한다.

　· 骆驼 luòtuo 图 낙타　· 驼峰 tuófēng 图 낙타의 혹

☐ ★☆☆ 0032 **背景**
bèijǐng

圐 배경

这张合影效果最好，背景选得好，你的表情也好。
이 사진이 제일 잘 나왔네. 배경 잘 잡았고, 네 표정도 좋아.

• 合影 héyǐng 圐 단체사진 圐합 함께 사진을 찍다
• 表情 biǎoqíng 圐 표정

☐ ★☆☆ 0033 **被子**
bèizi

圐 이불

我们把这条被子拿到阳台上晒一晒，怎么样？
우리 이 이불을 베란다에 가져가서 좀 말리는 게 어떨까?

• 阳台 yángtái 圐 베란다, 발코니
• 晒 shài 圐 햇볕에 말리다, 햇볕을 쬐다

DAY 02

表제어부터 예문까지 모두 듣기 **intensive02.mp3**
표제어만 듣기 **speed02.mp3**

☐ ★☆☆ 0034 **本科**
běnkē

圐 (대학교의) 본과

我本科学的是会计。

내가 대학에서 공부한 것은 회계이다.

· 会计 kuàijì 圐 회계(사)

☐ ★☆☆ 0035 **本领**
běnlǐng

圐 능력, 재주

我的车夫赶马车的本领高着呢。

내 마부의 차를 모는 솜씨는 아주 훌륭하다고.

· 车夫 chēfū 圐 마부, 마차를 모는 사람
· 赶马车 gǎn mǎchē 마차를 몰다

☐ ★☆☆ 0036 **本质**
běnzhì

圐 본질

二者之间存在着本质的不同。

양자 간에 본질적인 차이가 존재한다.

· 之间 zhījiān 圐 ···사이

☐ ★☆☆ 0037 **比例**
bǐlì

圐 비례, 비율

根据调查显示，将近五成的"1980"们无房无车，比例为47.9%。

조사에 따르면 50%에 가까운 1980년 출생자들이 집과 차를 소유하지 않은 것으로 나타났으며, 비율은 47.9%이다.

· 显示 xiǎnshì 圐 뚜렷하게 나타나다, 보여주다
· 将近 jiāngjìn 圐 거의 ···에 근접하다 · 成(儿) chéng(r) 圐 10분의 1, 할

□ ★☆☆ 0038 **彼此**
bǐcǐ

때 피차, 상호

微笑能令彼此倍感温暖。

미소는 서로에게 보다 더 따스함을 느끼도록 할 수 있다.

· 微笑 wēixiào 圐 图 미소(짓다)
· 倍感 bèigǎn 图 보다 더 느끼다, 실감하다

□ ★★☆ 0039 **必然**
bìrán

圐 필연적이다 图 분명히, 필연적으로

婚姻是否幸福，跟金钱没有必然的联系。

결혼 생활이 행복한지와 금전 사이에는 필연적인 관계가 없다.

权力没有制约，必然会产生腐败。

권력에 제약이 없으면 반드시 부패가 생기게 된다.

· 婚姻 hūyīn 圐 혼인 · 权力 quánlì 圐 권력
· 制约 zhìyuē 圐 图 제약(하다) · 产生 chǎnshēng 图 생기다
· 腐败 fǔbài 图 부패하다 圐 타락하다

□ ★☆☆ 0040 **必要**
bìyào

圐 필요로 하다

这样会造成一些不必要的危险。

이러면 불필요한 위험을 조성할 수 있다.

· 造成 zàochéng 图 조성하다, 만들다

□ ★☆☆ 0041 **毕竟**
bìjìng

图 결국, 어쨌든

毕竟没有人能在这样一个情况下，还高兴得起来。

어쨌거나 이러한 상황에서 즐거울 수 있는 사람은 없다.

□ ★★☆ 0042 **避免**
bìmiǎn

图 피하다, 모면하다

朋友之间有些小矛盾是难以避免的。

친구 사이에 작은 갈등이 생기는 것은 피하기 어렵다.

· 矛盾 máodùn 圐 갈등 · 难以 nányǐ 图 …하기 어렵다

☐ ★☆☆ 0043 **编辑**
biānjí

（명）편집(자)

编辑建议我将报告缩短到5000字。

편집자는 나에게 보고서를 5000자로 줄일 것을 제안했다.

- 将 jiāng （전）…을
- 缩短 suōduǎn （동）(길이, 시간 등을) 줄이다, 단축하다

☐ ★☆☆ 0044 **鞭炮**
biānpào

（명）폭죽

大年夜，大家都来到户外，喊"新年快乐！"然后放鞭炮。

설 전날 밤, 사람들은 모두 집 밖으로 나와 "새해 복 많이 받으세요!"를 외친 다음 폭죽을 터뜨린다.

- 大年夜 dàniányè （명）음력 섣달그믐 밤
- 户外 hùwài （명）집 밖, 실외
- 喊 hǎn （동）외치다, 소리치다

☐ ★☆☆ 0045 **便**
biàn

（부）곧, 바로

对同一件事，不同的人持有不同的态度，因而便产生不同的结果。

같은 일에 대해서도 사람마다 다른 태도를 가지기 때문에 각기 다른 결과가 나타난다.

- 因而 yīn'ér （접）그러므로, 따라서

☐ ★☆☆ 0046 **辩论**
biànlùn

（명）（동）변론(하다)

老师亲自去参加各种各样的辩论会和演讲会。

선생님께서는 각종 토론회와 강연회에 직접 참가하신다.

- 亲自 qīnzì （부）손수, 친히
- 辩论会 biànlùnhuì （명）토론회
- 演讲会 yǎnjiǎnghuì （명）강연회

□ ★ ☆ ☆ 　0047　**标点**
biāodiǎn
　　　　　　　　　　　　　　　　　　　　　　　　　　명 구두점

编辑说上面还有不少标点错误，让你再检查一下。
편집자가 위쪽에 아직 구두점 오류가 많이 있다며 다시 한 번 검토 좀 해달라고
합니다.

・ 错误 cuòwù 명 동 잘못(되다)

□ ★ ★ ☆ 　0048　**标志**
biāozhì
　　　　　　　　　　　　명 표지, 상징 동 명시하다, 상징하다

计算机的发明标志着一个新时代的开始。
컴퓨터의 발명은 새로운 시대의 시작을 상징한다.

・ 计算机 jìsuànjī 명 컴퓨터　　・ 发明 fāmíng 명 동 발명(하다)

□ ★ ★ ☆ 　0049　**表达**
biǎodá
　　　　　　　　　　동 (말이나 글로 생각, 감정을) 나타내다, 드러내다

春节的时候人们故意将"福"字倒着贴，这是想表
达"福到了"的意思。
춘절이 되면 사람들은 일부러 '福'자를 뒤집어 붙이는데, 이것은 '복이 왔다'라는
의미를 나타내려 하는 것이다.

・ 春节 Chūnjié 고유 춘지에(음력 설)　　・ 贴 tiē 동 붙이다

□ ★ ★ ☆ 　0050　**表面**
biǎomiàn
　　　　　　　　　　　　　　　　　　　　　　　　　　명 표면, 겉

洗澡时会使四肢和身体表面的血流量增多。
목욕할 때는 사지와 신체 표면의 혈류량이 증가하게 된다.

・ 四肢 sìzhī 명 사지, 팔다리　　・ 血流量 xuèliúliàng 명 혈류량
・ 增多 zēngduō 동 증가하다, 증가시키다

정답쿡 表面은 '表面上…实际上(其实)~ 겉으로는 …지만 실제로는 ~하다'라는 문형을 알고 있으면 HSK 시험에
유용하게 활용할 수 있습니다. 특히 독해 1부분에서 뒷문장에 实际上이나 其实이 있고, 밑줄 뒤에 上이 있는
경우 바로 表面을 정답으로 고를 수 있습니다.

□ ★★☆ 0051 **表明** [동] 분명히 밝히다, 표명하다

biǎomíng

世界各国的人口寿命数据表明，女性的平均寿命要比男性长7年。

세계 각국의 인구 수명 데이터에서 여성의 평균 수명이 남성보다 7년 긴 것으로 나타났다.

- 各国 gèguó [명] 각국, 각 나라
- 人口 rénkǒu [명] 인구
- 寿命 shòumìng [명] 수명
- 数据 shùjù [명] 데이터, 통계 수치
- 女性 nǚxìng [명] 여성
- 平均 píngjūn [형] 평균적인 [동] 평균을 내다

□ ★☆☆ 0052 **表情** [명] 표정

biǎoqíng

他脸上摆着一副不高兴的表情。

그는 얼굴에 불쾌한 표정을 내비치고 있다.

- 摆 bǎi [동] 드러내다, 보이다
- 副 fù [양] [안경, 장갑, 표정 등을 세는 단위]

□ ★★☆ 0053 **表现** [동] 나타내다, 표현하다 / 드러내다 [명] 행동, 태도

biǎoxiàn

中国传统人物画所表现的是人类社会，人与人之间的关系。

중국 전통 인물화가 표현하는 바는 인류사회, 사람과 사람 사이의 관계이다.

她的工作表现非常出色。

그녀의 업무 실력은 아주 뛰어나다.

- 传统 chuántóng [명] [형] 전통(적이다)
- 人物 rénwù [명] 인물
- 所 suǒ [조] …하는 바, …하는 것
- 人类 rénlèi [명] 인류
- 出色 chūsè [형] 돋보이다, 뛰어나다

□ ★☆☆ 0054 **冰激凌** [명] 아이스크림

bīngjīlíng

儿子想吃冰激凌。

아들이 아이스크림을 먹고 싶어한다.

□ ★☆☆ 0055 **病毒** 　　　　　　　　　　　　　　　명 바이러스, 컴퓨터 바이러스
bìngdú

我的电脑速度太慢了，是不是中病毒了?
내 컴퓨터 속도가 너무 느려요, 바이러스에 감염된 건가요?

· 中 zhòng 동 받다, 당하다, 명중하다

□ ★☆☆ 0056 **玻璃** 　　　　　　　　　　　　　　　　　　　명 유리
bōli

上面写着: "当心玻璃"。
위에 "유리조심"이라고 쓰여 있다.

· 当心 dāngxīn 동 조심하다

□ ★☆☆ 0057 **播放** 　　　　　　　　　　　　　　　명 방송하다, 상영하다
bōfàng

每次电视里播放足球比赛时，他连饭都不吃也要看。
TV에서 축구 경기를 방송할 때마다 그는 밥도 안 먹고 보려고 한다.

□ ★☆☆ 0058 **脖子** 　　　　　　　　　　　　　　　　　　　명 목
bózi

由于兔子奔跑的速度太快，把脖子都撞断了。
토끼가 달리는 속도가 너무 빨라서 목이 부딪쳐 부러져 버렸다.

· 兔子 tùzi 명 토끼　· 奔跑 bēnpǎo 동 질주하다, 빨리 달리다
· 撞 zhuàng 동 부딪치다　· 断 duàn 동 끊다, 끊어지다

□ ★☆☆ 0059 **博物馆** 　　　　　　　　　　　　　　　명 박물관
bówùguǎn

博物馆内需要保持安静。
박물관 안에서는 조용히 해야 한다.

□ ★★☆ 0060 **补充** [명] 보충하다, 추가하다

bǔchōng

你们还有没有什么要补充的意见?

여러분 보충하고 싶은 의견이 더 있으십니까?

□ ★☆☆ 0061 **不安** [형] 불안하다, 편안치 않다

bù'ān

老太太不安地问我:"我在北站下车, 你到哪个站?"

노부인이 불안해하며 "나는 북역에서 내리는데 자네는 어느 역까지 가는가?"라고 물었다.

• 老太太 lǎotàitai [명] 노부인

□ ★★☆ 0062 **不得了** [형] 큰일났다, 야단났다 / 정도가 심하다

bùdéliǎo

现在的小孩儿真不得了。

요즘 아이들 정말 큰일이다.

这个菜辣得不得了。

이 음식은 너무너무 맵다.

문법 TIP

不得了는 술어일 때와 정도보어일 때의 뜻이 전혀 다르다는 것을 기억해야 합니다. 不得了가 술어로 쓰일 경우 '큰일 났다'라는 뜻으로, 정도보어로 구조조사 得 뒤에 위치한 경우 '정도가 심하다'로 해석해야 합니다.

□ ★★★ 0063 **不断** [부] 끊임없이, 부단히

búduàn

时尚是不断变化的。

유행은 끊임없이 변화하는 것이다.

• 时尚 shíshàng [명] 유행, 트렌드

정답 콕

HSK 5급 단어 중 '끊임없이', '계속해서'의 뜻을 갖는 단어들이 여러 개 있습니다. 그 중 다른 유의어보다 꾸며주는 대상이 다양한 不断이 답으로 가장 많이 출제됩니다.

☆ ★ ☆

0064 **不见得**
　　bújiànde

⑤ 반드시 …이라고는 할 수 없다, 꼭 …한 것은 아니다

大多数人都同意的不见得就是对的。

대다수의 사람이 동의한다고 해서 반드시 옳은 것이라고는 할 수 없다.

· 大多数 dàduōshù ⑱ 대다수의, 대부분의

☆ ★ ☆

0065 **不耐烦**
　　búnàifán

⑱ 귀찮다, 성가시다

他显得很不耐烦。

그는 짜증나 보인다.

· 显得 xiǎnde ⑤ …인 것처럼 보이다, …해 보이다

DAY 03 표제어부터 예문까지 모두 듣기 **intensive03.mp3**
표제어만 듣기 **speed03.mp3**

□ ★★☆ 0066 **不然**
bùrán

[접] 그렇지 않으면, 아니면

幸亏有你的帮忙，不然我今天真不知道该怎么办了。

다행히 너의 도움이 있었기에 망정이지, 안 그랬으면 나는 오늘 정말 어찌해야 할지 몰랐을 거야.

* 幸亏 xìngkuī [부] 다행히

□ ★★☆ 0067 **不如**
bùrú

[동] …만 못하다, …하는 편이 낫다

与其去逛街，还不如在家睡觉。

쇼핑하러 가느니 집에서 자는게 낫겠어.

* 与其 yǔqí [접] …하느니
* 逛街 guàngjiē [동] 아이쇼핑하다, 길거리를 거닐며 구경하다

□ ★☆☆ 0068 **不要紧**
búyàojǐn

[형] 괜찮다, 별일 아니다

不要紧，小孩子本来就是贪玩儿的。

괜찮아, 아이는 원래 놀기를 좋아하는 거야.

* 贪玩(儿) tānwán(r) [동] 노는 데 정신이 팔리다, 놀기를 좋아하다

□ ★☆☆ 0069 **不足**
bùzú

[형] 부족하다

每天睡眠时间严重不足，不但会影响工作，而且还会影响身体健康。

매일 수면시간이 심각하게 부족하면 업무에 영향을 끼칠 수 있을 뿐 아니라 건강에도 영향을 끼칠 수 있다.

* 睡眠 shuìmián [명][동] 수면(하다), 잠(자다)

□ ★☆☆ 0070 **布**
bù
图 천, 포

制作裙子的布料很特殊。

치마를 만든 옷감이 특이하다.

- 制作 zhìzuò 图 제작하다 • 布料 bùliào 图 옷감, 천
- 特殊 tèshū 图 특수하다, 특별하다

□ ★☆☆ 0071 **步骤**
bùzhòu
图 일의 순서, 절차

这上面步骤写得很详细。

이 위에 순서가 상세하게 쓰여 있어.

□ ★☆☆ 0072 **部门**
bùmén
图 부문, 부서

我在销售部门工作。

나는 마케팅 부서에서 일한다.

- 销售 xiāoshòu 图图 판매(하다)

□ ★☆☆ 0073 **财产**
cáichǎn
图 재산

他大度地处理了邻里发生的财产纠纷。

그는 너그럽게 이웃간에 발생한 재산 분쟁을 처리하였다.

- 大度 dàdù 图 너그럽다, 도량이 넓다 • 处理 chǔlǐ 图 처리하다
- 邻里 línlǐ 图 동네(사람) • 纠纷 jiūfēn 图 분규, 다툼

□ ★☆☆ 0074 **采访**
cǎifǎng
图图 인터뷰(하다), 취재(하다)

他去采访这位企业家的目的是获得一些丑闻资料。

그가 이 기업가를 취재하러 간 목적은 스캔들 자료들을 얻어내기 위해서이다.

- 企业家 qǐyèjiā 图 기업가 • 丑闻 chǒuwén 图 추문, 스캔들
- 资料 zīliào 图 자료

★★★ 0075 **采取** cǎiqǔ
图 (조치 등을) 취하다

我们必须立即采取措施。
우리는 반드시 즉시 조치를 취해야 한다.

· 措施 cuòshī 圀 조치, 대책

★☆☆ 0076 **彩虹** cǎihóng
圀 무지개

空气中的雨滴越小彩虹的颜色越淡。
공기 중에 빗방울이 작을수록 무지개의 색이 연하다.

· 雨滴 yǔdī 圀 빗방울 · 淡 dàn 톙 (색이) 연하다, 엷다

★☆☆ 0077 **踩** cǎi
图 밟다, 딛다

出租车司机踩刹车踩得太猛了。
택시기사가 브레이크를 너무 세게 밟았다.

· 刹车 shāchē 圀 브레이크 · 猛 měng 톙 맹렬하다, 세다

★☆☆ 0078 **参考** cānkǎo
圀图 참고(하다)

我这儿有很多资料可以给你做参考。
나한테 네가 참고할 만한 자료가 많이 있어.

★☆☆ 0079 **参与** cānyù
图 참여하다, 참가하다

父母也应该要陪同孩子参与各种活动。
부모도 아이와 함께 각종 활동에 참여해야 한다.

· 陪同 péitóng 图 수행하다, 동반하다

★☆☆ 0080 **惭愧** cánkuì
톙 부끄럽다, 송구스럽다

工作没做好感到很惭愧。
일을 제대로 하지 못해서 부끄럽다.

□ ★ ☆ ☆ 0081 **操场**
cāochǎng

圏 운동장

宿舍楼的东面是一个大操场。

기숙사동 동쪽에 큰 운동장이 있다.

□ ★ ☆ ☆ 0082 **操心**
cāoxīn

이합 마음쓰다, 걱정하다

老师无时无刻不在为学生操心。

선생님은 언제나 학생에게 신경을 쓴다.

• 无时无刻 wúshíwúkè 시도 때도 없이, 언제나

□ ★ ☆ ☆ 0083 **册**
cè

圏 책 꼟 권

这本今年这个月就销售出100多万册。

이 책은 올해 들어 이번 달에만 100만여 권이 판매되었다.

□ ★ ☆ ☆ 0084 **测验**
cèyàn

圐 圐 테스트(하다)

明天我们有一个英语小测验。

우리는 내일 영어 테스트가 있다.

□ ★ ★ ☆ 0085 **曾经**
céngjīng

圐 일찍이, 예전에 (…한 적이 있다)

鲁迅曾经说，他是把别人喝牛奶、咖啡的时间用
来学习。

일찍이 루쉰은 다른 사람이 우유나 커피를 마시는 시간을 자신은 공부하는 데 쓴
다고 말했다.

• 鲁迅 Lǔ Xùn 인명 루쉰 [1881~1936년, 중국 문학가 · 사상가]
• 用来 yònglái 圐 …에 쓰다

문법
TIP

曾经과 已经은 모두 과거를 나타내는 부사입니다. 已经은 비교적 가까운 과거를, 曾经은 먼
과거를 이야기할 때 쓴다는 차이점이 있습니다. 일반적으로 已经은 술어 뒤에 了를 붙여 쓰고,
曾经은 술어 뒤에 过를 붙입니다.

☐ ★☆☆ 0086 **叉子**

圐 포크

chāzi

是用手抓着吃还是用叉子叉着吃呢?

손으로 집어 먹어요, 아니면 포크로 찍어 먹어요?

· 抓 zhuā 圐 (손가락, 발톱으로) 꽉 쥐다
· 叉 chā 圐 (포크, 쇠스랑, 갈퀴, 작살 등으로) 잡다, 찍다

☐ ★☆☆ 0087 **差距**

圐 격차, 차이

chājù

两支球队的差距开始逐渐缩小。

두 팀의 격차가 점차 줄어들기 시작했다.

· 球队 qiúduì 圐 (구기 종목의) 팀 · 缩小 suōxiǎo 圐 축소하다, 줄이다
· 逐渐 圐 점점, 점차

☐ ★☆☆ 0088 **插**

圐 끼우다, 삽입하다

chā

筷子不能插在饭碗里。

젓가락을 밥그릇에 꽂아두면 안 된다.

· 饭碗 fànwǎn 圐 밥그릇

☐ ★☆☆ 0089 **拆**

圐 (붙여 놓은 것을) 뜯다, 떼다

chāi

我拆开信封，里面却什么都没有。

나는 편지봉투를 뜯어봤는데, 뜻밖에도 안에는 아무것도 없었다.

☐ ★☆☆ 0090 **产品**

圐 생산품, 제품

chǎnpǐn

不管你是卖产品还是服务，最主要的还是要看有
没有市场需求。

당신이 제품을 팔든 서비스를 팔든, 가장 중요한 것은 역시 시장 수요가 있는지
없는지를 보는 것이다.

· 需求 xūqiú 圐 수요, 필요

★★★ 0091 **产生** 통 생기다, 나타나다
chǎnshēng

双方之间的对立情绪就会消失，甚至还会产生某种程度的亲切感。

양측의 적대적인 감정이 사라지게 되고, 심지어 어느 정도의 친밀감까지도 생길 수 있다.

- 双方 shuāngfāng 몡 쌍방, 양측 · 对立 duìlì 툉 대립하다
- 情绪 qíngxù 몡 정서, 마음 · 消失 xiāoshī 툉 소실되다, 사라지다
- 某 mǒu 떼 어느, 어떤 · 程度 chéngdù 몡 정도
- 亲切 qīnqiè 톈 친근하다

★☆☆ 0092 **长途** 몡 장거리
chángtú

您不要替他操那么多心了，他又不是第一次坐长途汽车。

그렇게 많이 신경 쓰지 않으셔도 돼요. 그가 장거리 버스를 처음 타보는 것도 아닌데요.

★☆☆ 0093 **常识** 몡 상식
chángshí

雪融化后变成水，这是常识。

눈이 녹으면 물이 된다는 것은 상식이다.

- 融化 rónghuà 툉 (얼음, 눈 등이) 녹다, 융해되다
- 变成 biànchéng 툉 …으로 변하다

★☆☆ 0094 **抄** 툉 베끼다, 베껴쓰다
chāo

老师罚我抄课文了。

선생님께서 나에게 본문을 베껴 쓰는 벌을 주셨다.

★☆☆ 0095 **超级** 톈 최상급의
chāojí

超级美女，在人生的道路上总是能够得到眷顾。

최고의 미녀는 인생의 길에서 늘 관심을 받을 수 있다.

- 眷顾 juàngù 툉 관심을 갖다, 보살피다

□ ★★☆ **0096** **朝**　　　　　　　　　　　　　　　　　전 …를 향하여, …쪽으로

cháo

小狗朝陌生人摇了摇尾巴。

강아지가 낯선 사람을 향해 꼬리를 흔들었다.

・陌生 mòshēng 혱 생소하다, 낯설다 　・尾巴 wěiba 몡 꼬리

□ ★☆☆ **0097** **潮湿**　　　　　　　　　　　　　　　　　혱 습하다, 축축하다

cháoshī

潮湿的季节更容易结成雾气。

습하고 축축한 계절에는 안개가 생기기 쉽다.

・结成 jiéchéng 동 결성하다, 맺히다 　・雾气 wùqì 몡 안개

□ ★☆☆ **0098** **吵**　　　　　　　　　　　　　　　　　혱 시끄럽다

chǎo

妹妹弹钢琴的声音把爷爷吵醒了。

여동생이 피아노 치는 소리가 할아버지를 깨웠다.

・吵醒 chǎoxǐng 동 시끄러워 잠이 깨다

DAY 04

표제어부터 예문까지 모두 듣기 **intensive04.mp3**
표제어만 듣기 **speed04.mp3**

☐ ★★☆ 0099 **吵架**
chǎojià

[이합] 말다툼하다

当你们互相吵架时，你们就像一根根细筷子一样，很容易就会被人打败。

너희가 서로 싸울 때, 너희는 하나 하나의 가느다란 젓가락처럼 쉽게 다른 사람에게 패하게 될 것이다.

· 根 gēn [양] [가늘고 긴 것을 세는 단위] · 细 xì [형] 가늘다
· 打败 dǎbài [동] 물리치다

☐ ★★☆ 0100 **炒**
chǎo

[동] 볶다 / 투자하다

他们又谈了炒股票的事。

그들은 또 주식투자에 대해 이야기하기 시작했다.

· 股票 gǔpiào [명] 주식

💡 중국어 TIP

炒가 들어간 표현 중 '炒鱿鱼'는 '해고하다'라는 뜻으로 해석되는데, 오징어를 볶을 때 몸통과 다리가 말리는 모습이 마치 짐을 싸는 모습 같다고 하여 만들어진 표현입니다.

☐ ★★☆ 0101 **车库**
chēkù

[명] 차고

车库面积不足20平方米。

차고 면적이 20제곱미터가 못 된다.

· 面积 miànjī [명] 면적 · 平方米 píngfāngmǐ [명] 제곱미터(㎡)

☐ ★★☆ 0102 **车厢**
chēxiāng

[명] (열차, 자동차의) 객실, 객차

我是前面那个车厢的十九号，是靠窗的座位。

저는 앞 칸의 19번, 창가 쪽 자리예요.

· 靠窗(户) kàochuāng(hu) 창가 쪽

★★☆ 0103 **彻底**
chèdǐ

® 철저하다

这次彻底修好了。

이번에 철저하게 고쳤다.

★★☆ 0104 **沉默**
chénmò

몡 통 침묵(하다)

如果父母保持沉默，孩子的心里反而会紧张。

부모가 침묵을 지키고 있으면 아이는 오히려 긴장할 수 있다.

• 反而 fǎn'ér 뿐 오히려, 도리어

★★☆ 0105 **趁**
chèn

졥 (기회, 시기를) 이용하여, …을 틈타서

他趁着这个机会逃跑了。

그는 이 기회를 틈타 도망쳤다.

• 逃 táo 통 도망치다, 달아나다

★★☆ 0106 **称**
chēng

통 …라 칭하다, 부르다 / (무게를) 달다, 재다

长城被称为是世界建筑史上的奇迹。

만리장성은 세계 건축 역사의 기적이라고 불린다.

• 奇迹 qíjì 몡 기적

정답 콕 🎯 称이 들어가는 표현 중 HSK 5, 6급 시험에 가장 많이 출제되는 것은 '被称为(~라고 불리다)'으로, 꼭 암기해야 합니다.

0107 称呼
chēnghu

圆 호칭 통 …라 부르다

严格地说，"熊猫"是一种错误的称呼。

엄격히 말해 "熊猫"는 잘못된 호칭이다.

0108 称赞
chēngzàn

통 칭찬하다

她不但没有生气，反而对女儿大加称赞。

그녀는 화내지 않았을 뿐 아니라 오히려 딸을 많이 칭찬했다.

0109 成分
chéngfèn

圆 (구성) 성분, 요소

葡萄中含有丰富的营养成分。

포도에는 풍부한 영양성분이 함유되어 있다.

　　　　　　　　　　• 含有 hányǒu 통 함유하다　　• 营养 yíngyǎng 圆 영양

0110 成果
chéngguǒ

圆 성과

这次实验取得了积极成果。

이번 실험은 긍정적인 성과를 거두었다.

　　　　　　　　　• 实验 shíyàn 圆 통 실험(하다)　　• 取得 qǔdé 통 취득하다, 얻다

0111 成就
chéngjiù

圆 성취, 성과 통 성취하다, 이루다

你能够获得更大的成就。

너는 충분히 더 큰 성취를 이룰 수 있다.

　　　　　　　　　　　　　　　• 能够 nénggòu 통 (충분히) …할 수 있다

0112 成立
chénglì

통 (조직, 기구 등을) 창립하다, 설립하다

你们公司刚成立没多久，经营得还好吧?

회사를 설립한 지 얼마 되지 않았는데 경영은 잘 되고 있지요?

　　　　　　　　　　　　　　　• 经营 jīngyíng 통 경영하다, 운영하다

★
☆☆ 0113 **成人** 圐 성인
chéngrén

我仿佛一夜之间长大成人了。
마치 내가 하룻밤 사이에 자라서 어른이 된 것 같다.

· 仿佛 fǎngfú 图 마치 (…인 것 같다) · 一夜之间 yíyèzhījiān 하룻밤 사이에
· 长大 zhǎngdà 图 성장하다, 자라다

★
☆☆ 0114 **成熟** 圐 성숙하다, 갖추다 图 (과일, 곡식 등이) 익다
chéngshú

目前条件成熟了。
현재 조건이 갖추어졌다.

西红柿成熟了。
토마토가 익었다.

· 目前 mùqián 圐 지금, 현재

★
☆☆ 0115 **成语** 圐 성어
chéngyǔ

"对牛弹琴"这个成语常被用来比喻有些人说话不
看对象，对外行人说内行话，白白地浪费时间。
"대우탄금"이라는 성어는 대상을 고려하지 않고 문외한에게 전문적인 이야기를
해서 헛되이 시간을 낭비하는 사람들을 비유하는 데 자주 사용된다.

· 对牛弹琴 duìniútánqín 囵 대우탄금, 소 귀에 경 읽기
· 比喻 bǐyù 圐图 비유(하다) · 对象 duìxiàng 圐 대상, 결혼 상대
· 外行 wàiháng 圐 문외한, 비전문가 · 内行 nèiháng 圐 전문가, 숙련자
· 白白 báibái 图 공연히, 헛되이

★
☆☆ 0116 **成长** 图 성장하다, 자라다
chéngzhǎng

在我成长过程中，老师们对我的影响是极大的。
나의 성장 과정 중 선생님들이 나에게 미친 영향은 더할나위 없이 크다.

· 极大 jídà 图 더할 수 없이 크게

☐ ★☆☆ 0117 **诚恳** [형] 진실하다, 간절하다

chéngkěn

道歉时一定要态度诚恳。

사과할 때는 반드시 태도가 진실해야 한다.

☐ ★★★ 0118 **承担** [동] 감당하다, 책임지다

chéngdān

你是不是因为害怕承担家庭责任才不打算结婚?

당신은 가정의 책임을 감당하기 두려워서 결혼하지 않으려는 것은 아닌가?

• 家庭 jiātíng [명] 가정

☐ ★★★ 0119 **承认** [동] 승인하다, 인정하다

chéngrèn

承认自己的错误也需要勇气。

자기 잘못을 시인하는 것도 용기가 필요하다.

• 勇气 yǒngqì [명] 용기

☐ ★★★ 0120 **承受** [동] 받아들이다, 감당하다 / 이어받다, 계승하다

chéngshòu

继承人接受继承，意味着依法承受全部遗产，包括债务。

상속자가 상속을 받는다는 것은 법에 따라 채무를 포함한 모든 유산을 물려받는 것을 의미한다.

• 继承 jìchéng [동] (유산, 권리 등을) 계승하다
• 意味着 yìwèizhe [동] 의미하다, 뜻하다 • 依法 yīfǎ [동] 법에 의거하다
• 遗产 yíchǎn [명] 유산 • 债务 zhàiwù [명] 채무, 부채

☐ ★★☆ 0121 **程度** [명] 정도, (지식·문화·교육·능력 등의) 수준

chéngdù

现代社会交通是衡量一个城市甚至一个国家经济发展程度的重要标准。

현대 사회의 교통은 한 도시, 심지어 한 국가의 경제 발달 정도를 가늠하는 중요한 표준이다.

• 现代 xiàndài [명] 현대 • 衡量 héngliáng [동] 재다, 따져보다

☆☆ 0122 **程序**
chéngxù

명 (컴퓨터) 프로그램

我要把不常用的应用**程序**给删除掉。

나는 자주 쓰지 않는 응용 프로그램을 삭제해 버리려고 한다.

· 应用 yìngyòng 통 응용하다 · 删除 shānchú 통 삭제하다

☆☆ 0123 **吃亏**
chīkuī

이합 손해보다, 불리하다

有时候**吃**点**亏**也不是什么坏事。

가끔은 손해를 조금 보는 것도 그렇게 안 좋은 일은 아니다.

☆☆ 0124 **池塘**
chítáng

명 작고 얕은 못, 저수지

国王带领着他们三个人来到**池塘**边，**池塘**上漂浮
着几个橙子。

국왕이 그들 세 사람을 데리고 연못에 왔는데, 연못에 오렌지 몇 개가 떠 있었다.

· 国王 guówáng 명 국왕 · 带领 dàilǐng 통 인솔하다, 이끌다
· 漂浮 piāofú 통 떠다니다 · 橙子 chéngzi 명 오렌지

☆☆ 0125 **迟早**
chízǎo

부 조만간, 머지않아

迟早有一天，水将成为汽车的新能源。

머지않아 물이 자동차의 새로운 에너지원이 될 것이다.

· 将 jiāng 부 (장차) …할 것이다, …일 것이다
· 能源 néngyuán 명 에너지(원)

☆☆ 0126 **持续**
chíxù

통 지속하다

这项调查**持续**进行了20年。

이 조사는 20년 동안 지속되었다.

□ ★☆☆ 0127 **尺子** [명] 자

chǐzi

有人在河边钓鱼，每钓上一条就拿尺子量一下。

어떤 사람이 강가에서 낚시를 하는데 한 마리 잡을 때마다 자로 재보더라.

□ ★☆☆ 0128 **翅膀** [명] 날개

chìbǎng

不知道多么想拥有一双漂亮的翅膀。

아름다운 날개 한 쌍을 얼마나 갖고 싶은지 모른다.

- 拥有 yōngyǒu [동] 보유하다, 소유하다

□ ★★☆ 0129 **冲** [동] (끓는 물 등을) 붓다 / 돌진하다

chōng

"婚姻就像被围困的城堡"，城外的人想冲进去，城里的人想逃出来。

"결혼이란 마치 포위된 성과 같다" 성 밖의 사람은 돌진해 들어가고 싶어하고, 성 안의 사람은 도망쳐 나오고 싶어한다.

- 围困 wéikùn [동] 포위하여 곤경에 빠뜨리다
- 城堡 chéngbǎo [명] 성

□ ★☆☆ 0130 **充电器** [명] 충전기

chōngdiànqì

照相机快没电了，充电器带了吗？

카메라 배터리가 거의 다 됐네. 충전기 가져왔어?

DAY 05

표제어부터 예문까지 모두 듣기 intensive05.mp3
표제어만 듣기 speed05.mp3

□ ★★★ 0131 **充分**
chōngfèn

혱 충분하다

他的理由非常充分。

그의 이유는 매우 충분하다.

· 理由 lǐyóu 몡 이유

□ ★★★ 0132 **充满**
chōngmǎn

통 충만하다, 가득 퍼지다

他对自己的前途充满信心。

그는 자신의 앞날에 대해 자신감이 충만하다.

· 前途 qiántú 몡 미래, 전망

□ ★☆ 0133 **重复**
chóngfù

통 반복하다, 중복하다

你要是重复别人已经做过的，那你的工作就一钱
不值。

만약 당신이 다른 사람이 이미 했던 것을 반복했다면 당신의 일은 아무런 가치도
없는 것이다.

· 一钱不值 yìqiánbùzhí 솅어 아무런 가치도 없다

□ ★★☆ 0134 **宠物**
chǒngwù

몡 애완동물

宠物会给人带来安慰。

애완동물은 사람에게 위안을 가져다 줄 수 있다.

· 带来 dàilái 통 가져오다, 가져다 주다

□ ★☆☆ 0135 **抽屉**
chōuti

명 서랍

到了毕业那天，他把自己的东西都从抽屉里取了
出来。
졸업하는 날, 그는 내 물건들을 서랍에서 꺼냈다.

□ ★☆☆ 0136 **抽象**
chōuxiàng

명 형 추상(적이다)

我怎么也看不懂抽象艺术作品。
나는 추상적인 예술 작품을 도무지 이해하지 못하겠다.

• 作品 zuòpǐn 명 작품

□ ★☆☆ 0137 **丑**
chǒu

형 추하다, 못나다

他长得实在是太丑了。
그는 정말이지 너무나 못생겼다.

□ ★☆☆ 0138 **臭**
chòu

형 냄새나다

经过他们的辛勤劳动，大量的有毒物质被清除了，
又脏又臭的污水变清了。
그들의 부지런한 노동으로 대량의 유독 물질이 깨끗이 제거되었고, 더럽고 냄새나
던 오수가 맑아졌다.

• 辛勤 xīnqín 형 부지런하다　• 劳动 láodòng 명 일, 노동
• 大量 dàliàng 형 다량의, 대량의　• 物质 wùzhì 명 물질
• 清除 qīngchú 동 깨끗이 없애다　• 污水 wūshuǐ 명 오수, 더러운 물

□ ★☆☆ 0139 **出版**
chūbǎn

명 동 출판(하다)

这本书自出版以来，深受读者的欢迎和好评。
이 책은 출판된 이래 독자의 호평과 환영을 받고 있다.

• 以来 yǐlái 명 이래　• 读者 dúzhě 명 독자

0140 出口
chūkǒu

[이합] 수출하다

与中国进出口银行签订了一笔一百亿的战略合作
协议。

중국 수출입은행과 백 억의 전략적 제휴를 맺었다.

- 签订 qiāndìng [동] 체결하다
- 笔 bǐ [양] [돈과 관련된 것을 세는 단위]　- 亿 yì [수] 억
- 战略 zhànlüè [명][형] 전략(적인)　- 合作 hézuò [동] 합작하다, 협력하다
- 协议 xiéyì [명][동] 협의(하다)

0141 出色
chūsè

[형] 뛰어나다

他变得越来越自信，后来成了一名出色的工程师。

그는 갈수록 자신감 있게 변했고, 나중에 뛰어난 엔지니어가 되었다.

- 越来越… yuè lái yuè… [동] 갈수록 …해지다
- 工程师 gōngchéngshī [명] 기사, 엔지니어

0142 出示
chūshì

[동] 내보이다, 제시하다

请出示您的机票和护照。

항공권과 여권을 제시해 주세요.

- 机票 jīpiào [명] 항공권, 비행기 표

0143 出席
chūxí

[동] (회의나 연회 등에) 참석하다, 출석하다

感谢你们出席今天的宴会。

오늘 연회에 참석해 주셔서 감사합니다.

- 宴会 yànhuì [명] 연회, 파티

0144 初级
chūjí

[형] 초급(의)

这位负责人说，对这两人的调查目前仅处于初级
阶段。

이 책임자는 두 사람에 대한 조사가 현재 단지 초급단계에 있다고 말했다.

- 负责人 fùzérén [명] 책임자　- 仅 jǐn [부] 단지, 다만
- 处于 chǔyú [동] …에 처하다

□ ★★☆

0145 **除非**

chúfēi

웹 오직 …해야만, …한다면 몰라도

除非大夫同意，你才能出去。

오직 의사가 동의해야만 나갈 수 있습니다.

□ ★☆☆

0146 **除夕**

chúxī

웹 섣달그믐

春节的前一天晚上叫做除夕。

춘지에 하루 전날 저녁을 섣달그믐이라 한다.

□ ★★☆

0147 **处理**

chǔlǐ

图 처리하다

工作中遇到难题要灵活处理。

업무 도중 어려움을 만나면 융통성 있게 처리해야 한다.

• 灵活 línghuó 웹 융통성 있다, 유연하다

□ ★★☆

0148 **传播**

chuánbō

图 전파하다, 퍼뜨리다

书本是知识传播与思想交流的重要手段之一。

책은 지식 전파와 사상 교류의 중요한 수단 중 하나이다.

• 思想 sīxiǎng 웹 사상   • 手段 shǒuduàn 웹 수단
• 之一 zhīyī 웹 …중의 하나

□ ★★☆

0149 **传染**

chuánrǎn

图 전염하다, 옮다

"非典"是一种传染病。

"사스"는 전염병이다.

• 非典 fēidiǎn 웹 사스 [SARS]   • 传染病 chuánrǎnbìng 웹 전염병

문법
TIP

传染은 질병 등의 의학적인 전염 외에도 분위기나 기분 등을 전염시키는 것을 나타낼 수도 있습니다.

☐ ★☆☆ 0150 **传说**
chuánshuō

图 전설

这里流传着许多美丽的传说。

이곳에는 많은 아름다운 전설이 전해 내려오고 있다.

• 流传 liúchuán 图 대대로 전해 내려오다

☐ ★☆☆ 0151 **传统**
chuántǒng

图 图 전통(적이다)

春节是一个传统的节日。

춘지에는 전통 명절이다.

☐ ★☆☆ 0152 **窗帘**
chuānglián

图 커튼

我知道有一家店的窗帘做得很不错。

내가 커튼 잘 만드는 집을 알아요

• 店 diàn 图 상점, 가게

☐ ★★☆ 0153 **闯**
chuǎng

图 갑자기 뛰어들다

记者们举着摄像机和麦克风闯进厨房问他中奖后的感想。

기자들이 카메라와 마이크를 들고 주방으로 뚫고 들어와 그에게 당첨 소감을 물었다.

• 麦克风 màikèfēng 图 마이크
• 中奖 zhòngjiǎng 이합 (복권 등에) 당첨되다
• 感想 gǎnxiǎng 图 느낌, 소감

☐ ★★★ 0154 **创造**
chuàngzào

图 창조, 발명 图 만들다, 창조하다

谁要想成功，创造奇迹，必须用尽全力才行。

성공하고 싶고, 기적을 창조하고 싶다면 반드시 온 힘을 다해야 한다.

• 用尽 yòngjìn 图 전부 써버리다 • 全力 quánlì 图 전력

정답 콕 创造는 HSK 시험에 답으로 자주 나오는 단어입니다. 创造의 목적어로 자주 쓰이는 奇迹(기적), 财富(부), 幸福(행복), 纪录(기록), 未来(미래) 등의 단어와 함께 외워두면 정답을 쉽게 고를 수 있습니다.

□ ★★☆ 0155 **吹** chuī [동] (바람이) 불다 / (입으로) 불다

今天是什么风把你给吹来了?
오늘은 무슨 바람이 불어서 왔니?

你先许个愿再吹蜡烛。
먼저 소원을 빌고 나서 촛불을 꺼라.

• 许愿 xǔyuàn [이합] 소원을 빌다 • 蜡烛 làzhú [명] 양초

□ ★☆☆ 0156 **词汇** cíhuì [명] 어휘

汉语的词汇非常丰富。
중국어의 어휘는 매우 풍부하다.

□ ★★☆ 0157 **辞职** cízhí [이합] 사직하다, 그만두다

他早就辞职了，听说现在在一家贸易公司上班。
그는 진작에 그만두었어. 듣자하니 지금은 무역회사에 다닌다더군.

• 早就 zǎojiù [부] 일찌감치, 진작에
• 听说 tīngshuō [동] 듣자하니 …이라고 한다 • 贸易 màoyì [명] 무역

□ ★☆☆ 0158 **此外** cǐwài [명] 이 외에, 그 밖에

我们班里韩国人最多，此外还有日本人、英国人，也有德国人。
우리 반에는 한국인이 가장 많고, 이외에 일본인, 영국인이 있으며 독일인도 있다.

□ ★☆☆ 0159 **次要** cìyào [형] **부차적인, 다음으로 중요한**

我们应该优先解决这个问题，其它的都是次要的。

우리는 마땅히 이 문제를 우선적으로 해결해야 한다. 기타 문제들은 모두 부차적인 것이다.

• 优先 yōuxiān [동] 우선하다 • 其它 qítā [대] 기타, 다른

□ ★★★ 0160 **刺激** cìjī [명][동] **자극(하다)**

黄色不仅能刺激人的消化系统，还有益于加强人的行动力。

노란색은 사람의 소화기 계통을 자극할 뿐 아니라, 사람의 활동력을 증가시키는 데에도 유익하다.

• 消化 xiāohuà [동] 소화하다 • 系统 xìtǒng [명] 계통, 시스템
• 有益 yǒuyì [동] 유익하다 • 加强 jiāqiáng [동] 강화하다
• 行动 xíngdòng [명] 행동 [동] 행동하다, 활동하다

□ ★☆☆ 0161 **匆忙** cōngmáng [형] **매우 급하고 바쁘다, 총망하다**

大学四年就这样匆匆忙忙地过去了。

대학 4년이 이렇게 바쁘게 지나갔다.

□ ★☆☆ 0162 **从此** cóngcǐ [부] **이제부터, 여기부터**

王子和公主结婚了，从此过上了幸福的生活。

왕자와 공주는 결혼하여 그 후로 행복하게 살았습니다.

• 王子 wángzǐ [명] 왕자 • 公主 gōngzhǔ [명] 공주

圖 **따라서, 그리하여**

吃盐过多不仅会引起血压升高，还会导致皮肤细胞失水，从而造成皮肤老化。

소금을 과다 섭취하면 혈압 상승을 일으킬 수 있을 뿐 아니라 피부 세포가 수분을 잃게 되어 피부 노화를 초래할 수 있다.

· 过多 guòduō 圈 과다하다, 지나치게 많다 · 血压 xuèyā 圆 혈압
· 升高 shēnggāo 圄 오르다, 상승하다
· 导致 dǎozhì 圄 (어떤 사태를) 야기하다, 초래하다
· 细胞 xìbāo 圆 세포 · 失水 shīshuǐ 미즮 탈수되다, 수분을 잃다
· 造成 zàochéng 圄 초래하다, 야기하다 · 老化 lǎohuà 圄 노화하다

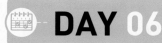

DAY 06

표제어부터 예문까지 모두 듣기 **intensive06.mp3**
표제어만 듣기 **speed06.mp3**

☆ 0164 **从前**
cóngqián

圐 이전, 옛날

从前我的祖先孔子是你家祖先老子的学生。
옛날에 저의 조상 공자가 선생님 댁 조상이신 노자의 학생이었습니다.

- 祖先 zǔxiān 圐 선조, 조상 · 孔子 Kǒngzǐ 인명 공자
- 老子 Lǎozǐ 인명 노자

☆ 0165 **从事**
cóngshì

图 종사하다

我想从事别的工作。
나는 다른 일에 종사하고 싶다.

☆ 0166 **粗糙**
cūcāo

圐 (질감이) 거칠다, 매끄럽지 않다 / (일이) 서툴다

接触面越粗糙摩擦力越大。
접촉면이 거칠수록 마찰력도 커진다.

队员们的技术普遍比较粗糙。
팀원들의 기술이 대체적으로 비교적 좀 서툴다.

- 接触 jiēchù 图 닿다, 접촉하다 · 摩擦力 mócālì 圐 마찰력
- 队员 duìyuán 圐 대원, 팀원

☆ 0167 **促进**
cùjìn

图 촉진하다, 촉진시키다

丝绸之路促进了东西方经济文化的交流。
실크로드는 동서양의 경제 문화 교류를 촉진시켰다.

- 丝绸之路 sīchóuzhīlù 圐 실크로드

☐ ★☆☆ 0168 **促使** [동] …하도록 재촉하다, …하게 하다

cùshǐ

适度的压力可以激发我们的潜能，促使我们在工作中发挥出最佳水平。

적당한 부담은 우리의 잠재력을 끌어올리고, 우리가 일을 할 때 최상의 수준을 발휘하도록 한다.

- 适度 shìdù [형] (정도가) 적당하다
- 激发 jīfā [동] 불러일으키다, 끌어올리다
- 潜能 qiánnéng [명] 잠재력
- 发挥 fāhuī [동] 발휘하다
- 最佳 zuìjiā [형] 가장 적당하다, 최적이다

☐ ★☆☆ 0169 **醋** [명] 식초

cù

喝醋可以缓解疲劳。

식초를 마시면 피로를 완화시킬 수 있다.

- 缓解 huǎnjiě [동] 완화하다, 완화시키다
- 疲劳 píláo [동] 피로하다

정답 콕

醋는 듣기나 독해 영역에서 '잠이 안 올 때 식초를 탄 물을 마시면 잠을 잘 수 있다', '식초가 소화를 촉진시킨다'는 내용으로 자주 출제되는 단어입니다.

☐ ★☆☆ 0170 **催** [동] 독촉하다, 재촉하다

cuī

妈妈，你别再催我结婚了。

엄마, 저한테 더는 결혼하라고 재촉하지 마세요.

☐ ★★☆ 0171 **存在** [명][동] 존재(하다)

cúnzài

东西方在饮食文化上存在着较大的差异。

동서양은 음식 문화에 비교적 큰 차이가 있다.

- 饮食 yǐnshí [명][동] 음식(을 먹고 마시다)
- 较 jiào [부] 비교적
- 差异 chāyì [명] 차이

☐ ★★☆ 0172 **措施**
cuòshī
图 조치

针对这一突发事件，政府及时采取了应对措施。
이 돌발 사건에 대하여 정부가 제때 대응 조치를 취했다.

· 针对 zhēnduì 图 겨누다, 초점을 맞추다 · 突发 tūfā 图 갑자기 발생하다
· 事件 shìjiàn 图 사건 · 政府 zhèngfǔ 图 정부
· 应对 yìngduì 图 대응하다

☐ ★★★ 0173 **答应**
dāying
图 동의하다

他答应参加开幕式。
그는 개막식에 참가하는 것을 승락했다.

· 开幕式 kāimùshì 图 개막식

☐ ★★☆ 0174 **达到**
dádào
이합 (어떤 정도, 수준, 목표 등에) 이르다, 도달하다

天气预报说明天最高气温将会达到36度。
일기예보에서 내일 최고 기온이 36℃에 달할 것이라고 말했다.

· 天气预报 tiānqìyùbào 图 일기예보

☐ ★☆☆ 0175 **打工**
dǎgōng
이합 일을 하다

我利用暑假打了一个月工。
나는 여름방학을 이용하여 한 달간 아르바이트를 했다.

· 利用 lìyòng 图 이용하다 · 暑假 shǔjià 图 여름방학, 여름 휴가

☐ ★★☆ 0176 **打交道**
dǎjiāodao
图 왕래하다, 교제하다

钱是胆小的，所以钱乐于和讲信用的人打交道。
돈은 겁이 많아서 신용을 중시하는 사람과 사귀길 좋아한다.

· 胆小 dǎnxiǎo 图 담이 작다, 겁이 많다 · 乐于 lèyú 图 기꺼이 …하다
· 信用 xìnyòng 图 신용

0177 打喷嚏

dǎpēntì

图 재채기를 하다

流鼻涕、咳嗽、吐痰、打喷嚏都是呼吸道自我清
洁的一种功能。

콧물, 기침, 가래, 재채기는 모두 일종의 호흡기 자가 청소 기능이다.

· 鼻涕 bítì 图 콧물 　· 吐痰 tǔtán 이합 가래를 뱉다
· 呼吸道 hūxīdào 图 호흡기관 　· 自我 zìwǒ 때 자기 자신
· 清洁 qīngjié 图 청결하다 图 청결하게 하다 　· 功能 gōngnéng 图 기능

0178 打听

dǎting

图 물어보다, 알아보다

他四处向人们打听有没有见过照片中的小孩儿。

그는 사방으로 사람들에게 사진 속의 아이를 본 적이 있는지 물어보았다.

· 四处 sìchù 图 도처, 사방

0179 大方

dàfang

图 (언행, 성격 등이) 대범하다 / 인색하지 않다, 시원스럽다

她虽然是个女人，但性格很大方。

그녀는 여자이지만 성격이 거침없고 대범하다.

他一点都不小气，很大方。

그는 전혀 인색하지 않고 씀씀이가 크다.

· 小气 xiǎoqi 图 인색하다

0180 大厦

dàshà

图 빌딩, 고층건물

如果把语言比作高楼大厦，那么建筑这座大厦的
材料就是词汇。

언어를 건물에 비유한다면, 그 건물을 짓는 자재가 바로 어휘이다.

· 比作 bǐzuò 图 …에 비유하다 　· 建筑 jiànzhù 图 图 건축(하다)

☆ ★ ☆ 0181 **大象**
dàxiàng

명 코끼리

大象是一种智慧动物，并有一定的记忆力。

코끼리는 지혜로운 동물이고 어느 정도의 기억력을 가지고 있다.

· 智慧 zhìhuì 몡 지혜 · 并 bìng 젭 그리고, 게다가
· 记忆力 jìyìlì 몡 기억력

☆ ★ ☆ 0182 **大型**
dàxíng

몡 톙 대형(의)

小区内有个幼儿园，附近还有大型超市。

단지 내에 유치원이 있고, 근처에 대형 마트도 있다.

· 小区 xiǎoqū 몡 주택 단지 · 幼儿园 yòu'éryuán 몡 유치원

☆ ★ ☆ 0183 **呆**
dāi

통 머물다 톙 둔하다 / 어리둥절하다 / 융통성이 없다

我也在上海呆过几年。

나도 상하이에서 몇 년 살았었다.

听了他的话，连老师都呆住了。

그의 말을 듣고는 선생님도 멍해졌다.

· 上海 Shànghǎi 지몡 상하이 · 的话 dehuà …이라면, …하다면

☆ ★ ☆ 0184 **代表**
dàibiǎo

몡 통 대표(하다)

我代表全班同学向观众介绍了学习经验。

나는 반 전체 학우들을 대표해서 관중들에게 학습 경험을 소개했다.

☆ ★ ☆ 0185 **代替**
dàitì

통 대체하다

最近用纸袋代替塑料袋。

요즘은 쇼핑백으로 비닐 봉투를 대신한다.

· 纸袋 zhǐdài 몡 쇼핑백 · 塑料袋 sùliàodài 몡 비닐 봉투

☆ □ **0186** **贷款** 의합 대출하다

dàikuǎn

我不赞成贷款做生意。

나는 대출해서 사업하는 것을 찬성하지 않는다.

· 赞成 zànchéng 圈 찬성하다

☆ □ **0187** **待遇** 圀 圐 대우(하다)

dàiyù

公司采取措施，改善职工工作条件、福利待遇。

회사가 직원들의 작업 환경과 복리 대우 개선을 위한 조치를 취하다.

· 改善 gǎishàn 圐 개선하다　· 职工 zhígōng 圀 직원, 직공
· 福利 fúlì 圀 복지, 후생

☆ □ **0188** **担任** 圐 맡다, 담당하다

dānrèn

他担任这场足球比赛的解说员。

그가 이 축구 경기의 해설위원을 맡는다.

· 解说员 jiěshuōyuán 圀 해설자, 내레이터

☆ □ **0189** **单纯** 圈 단순하다

dānchún

"人"这种高级动物有时候非常复杂，但又有的时
候却单纯极了。

"사람"이라는 고등동물은 어떤 때는 매우 복잡하지만 어떤 때는 또 극히 단순하다.

· 高级 gāojí 圈 고급의, 상급의

☆ □ **0190** **单调** 圈 단조롭다

dāndiào

这首曲子虽然很单调，但很好听。

이 곡은 단조롭지만 듣기 좋다.

· 首 shǒu 圀 수 [시, 노래 등을 세는 단위]　· 曲子 qǔzi 圀 노래, 곡

☐ ★ 0191 **单独**
★
☆ dāndú

囝 단독으로, 혼자서

最近乘坐飞机的学生人数倍增，其中不少是单独
乘机的无人陪伴儿童。

최근 비행기를 타는 학생 수가 두 배로 증가했다. 그 중에 적지 않은 수가 동행 없
이 혼자 탑승하는 아동이다.

· 倍增 bèizēng 图 배로 증가하다
· 乘机 chéngjī 图 탑승하다, 비행기를 타다

☐ ★ 0192 **单位**
★
☆ dānwèi

囘 직장, 회사

那两家单位竞争十分激烈。

그 두 회사가 경쟁이 매우 치열하다.

· 激烈 jīliè 图 격렬하다, 치열하다

☐ ★ 0193 **单元**
★
☆ dānyuán

囘 (아파트, 빌딩 등의) 현관

你看前面那个孩子是不是住咱们一单元的邻居?

봐봐. 앞에 저 아이 우리 1라인에 사는 이웃 아니야?

☐ ★ 0194 **耽误**
★
☆ dānwu

图 (시간을 지체하여) 일을 그르치다

路上堵车，耽误了很长时间。

차가 막혀서 오랜 시간을 지체했다.

☐ ★ 0195 **胆小鬼**
☆
☆ dǎnxiǎoguǐ

囘 겁쟁이

这是一本十分有趣的书，书中有12个关于胆小鬼
的故事。

이것은 매우 재미있는 책인데, 12개의 겁쟁이 이야기가 들어있다.

· 有趣 yǒuqù 图 재미있다

☐ ★★☆ 0196 **淡**
dàn

휑 (소금기가) 엷다, 싱겁다 / (색이) 연하다, 엷다

这道菜太淡了，再放点儿盐吧。

이 음식은 너무 싱거우니 소금을 좀 더 넣자.

他穿着淡淡的黄色T恤。

그는 연한 노란색 티셔츠를 입고 있다.

· 道 dào 휑 [문제, 음식, 명령 등을 세는 단위]   · T恤 T xù 휑 티셔츠

☐ ★☆☆ 0197 **当地**
dāngdì

휑 현지

我们要尊重当地的风俗习惯。

우리는 현지 풍습을 존중해야 한다.

· 风俗 fēngsú 휑 풍속

☐ ★☆☆ 0198 **当心**
dāngxīn

동 조심하다, 주의하다

游戏时不当心会损伤眼睛。

게임할 때 주의하지 않으면 눈이 상할 수 있다.

· 损伤 sǔnshāng 동 손상되다, 손실되다

☐ ★☆☆ 0199 **挡**
dǎng

동 막다, 차단하다

愚公家门前有两座大山，挡住了路，出门太困难了。

우공의 집 문 앞에는 두 개의 큰 산이 길을 막고 있어서 외출하기 너무 힘들었다.

· 愚公 Yúgōng 인명 우공 [고사성어 '우공이산(愚公移山)'의 주인공]
· 出门 chūmén 동 외출하다, 집을 나서다

□ ★☆☆ 0200 **导演**
dǎoyǎn
명 연출자, 감독

王导演，您的下一部作品什么时候能和观众见面？
왕 감독님, 감독님의 다음 작품은 관객들과 언제 만날 수 있을까요?

□ ★★☆ 0201 **导致**
dǎozhì
동 (어떤 사태를) 야기하다, 초래하다

天气因素导致蔬菜价格上涨。
날씨 요인이 채소 가격 상승을 초래한다.

· 因素 yīnsù 명 원인, 요인 · 蔬菜 shūcài 명 채소, 야채
· 上涨 shàngzhǎng 동 (수위나 물가 등이) 오르다

🔆 문법 TIP
导致는 주로 뒤에 좋지 않은 내용의 목적어 失败(실패), 死亡(사망), 失业(실업), 失误(실수) 등이 옵니다.

□ ★☆☆ 0202 **岛屿**
dǎoyǔ
명 섬

全世界有42个国家的领土全部由岛屿组成。
전세계 42개 국가의 영토는 전부 섬으로만 되어 있다.

· 领土 lǐngtǔ 명 영토 · 组成 zǔchéng 동 조성하다, 구성하다

□ ★☆☆ 0203 **倒霉**
dǎoméi
형 재수가 없다

有的人很倒霉，即使全车的人都坐下了，只有他一个人还站着。
어떤 사람은 참 운이 없어서 차 안의 모든 사람들이 다 앉았는데 그 사람 혼자만 계속 서 있기도 한다.

☐ ★★☆ 0204 **到达** [동] (어떤 장소에) 이르다, 도착하다

dàodá

我们定的时间太早，我担心一部分嘉宾不能准时到达。

우리가 정한 시간이 너무 일러서 나는 일부 손님이 제시간에 도착하지 못할까 걱정된다.

• 嘉宾 jiābīn [명] 귀한 손님, 내빈, 귀빈

문법 TIP
到达는 주로 장소와 관련된 목적어를 동반하고, 유의어인 达到는 目标(목표), 理想(이상)등의 목적어를 동반하므로 구분해 외워야 합니다.

☐ ★☆☆ 0205 **道德** [명] 도덕, 윤리

dàodé

培养善良正义的行为，仅仅靠道德反省是不够的。

선량하고 정의로운 행위 배양은 단지 도덕적 반성에만 의지하는 것으로 충분하지 않다.

• 善良 shànliáng [형] 선량하다 • 正义 zhèngyì [명][형] 정의(로운)
• 仅仅 jǐnjǐn [부] 단지 • 靠 kào [동] 기대다, 의지하다
• 反省 fǎnxǐng [동] 반성하다 • 不够 búgòu [형] 모자라다, 충분하지 않다

☐ ★★☆ 0206 **道理** [명] 도리, 이치

dàolǐ

这时我才真正体会到"给予比接受更幸福"的道理。

이때 나는 비로소 "주는 것이 받는 것보다 더 행복하다"라는 이치를 진정으로 깨달았다.

• 体会 tǐhuì [명] 체험하여 느낀 것 [동] 체험하여 터득하다
• 给予 jǐyǔ [동] 주다

☐ ★★☆ 0207 **登记** [명][동] 등록(하다), 체크인(하다)

dēngjì

请先在前台登记一下。

먼저 프런트에서 체크인을 해 주십시오.

☐ ★☆☆ 0208 **等待**
děngdài
圐 기다리다

人生是一个奋斗的过程，也是一个等待的过程。
인생은 분투의 과정이며 또한 기다림의 과정이다.

• 奋斗 fèndòu 圐 (어떤 목적을 달성하기 위해) 분투하다

☐ ★☆☆ 0209 **等于**
děngyú
圐 …과 같다, 다름없다

帮助别人等于帮助自己。
다른 사람을 돕는 것은 스스로를 돕는 것과 같다.

☐ ★☆☆ 0210 **滴**
dī
圐 한 방울씩 떨어지다 (떨어뜨리다) 圐 圀 방울

水滴石穿。
물이 한 방울씩 떨어져 돌을 뚫는다.

我们不能浪费每一滴水。
우리는 한 방울의 물도 낭비해서는 안 된다.

• 水滴石穿 shuǐdīshíchuān 圀 물이 한 방울씩 떨어져 돌을 뚫는다
[작은 힘이라도 끈기를 가지고 꾸준히 하면 성공할 수 있음을 비유]

☐ ★☆☆ 0211 **的确**
díquè
圀 확실히, 분명히

这个菜的确有些辣，你吃这个菜，这个清淡一些。
이 음식은 정말 좀 맵네. 너는 이걸 먹어. 이건 좀 담백해.

• 清淡 qīngdàn 圐 (음식이) 담백하다

☐ ★☆☆ 0212 **敌人**
dírén
圀 적

花木兰是中国古代的女英雄，以代替父亲参战并
打败入侵敌人而闻名天下。
뮬란은 중국 고대의 여자 영웅으로, 아버지 대신 전쟁에 참가하여 적을 물리친 것
으로 유명하다.

• 英雄 yīngxióng 圀 영웅 • 参战 cānzhàn 圐 참전하다
• 入侵 rùqīn 圐 침입하다 • 闻名 wénmíng 圐 유명하다 圀 명성을 듣다

□ ★★☆ 0213 **地道**

dìdao

형 정통의, 진짜의

这家饭馆的水煮鱼做得很地道。

이 식당의 쉐이주위는 정통의 맛이다.

・水煮鱼 shuǐzhǔyú 몡 쉐이주위 [쓰촨 성 대표 요리]

□ ★☆☆ 0214 **地理**

dìlǐ

명 지리

地理位置和周围环境是不错的。

지리적 위치와 주위 환경이 좋습니다.

・位置 wèizhi 몡 위치

□ ★☆☆ 0215 **地区**

dìqū

명 지역, 지구

在中国西北部的一些少数民族地区，人们喜欢喝浓茶。

중국 서북부에 있는 어떤 소수민족 지역에서는 사람들이 진한 차를 즐겨 마신다.

・少数民族 shǎoshùmínzú 몡 소수민족　　・浓 nóng 혱 진하다

□ ★☆☆ 0216 **地毯**

dìtǎn

명 카페트, 양탄자

许多明星在"红地毯"上展示自己的风采。

많은 스타들이 "레드카펫" 위에서 자신의 기품을 드러낸다.

・明星 míngxīng 몡 스타　　・展示 zhǎnshì 동 드러내다, 전시하다
・风采 fēngcǎi 몡 풍채, 기품

□ ★★☆ 0217 **地位**

dìwèi

명 지위

京剧脸谱在中国戏剧脸谱化妆中占有特殊的地位。

경극 분장은 중국 연극의 배역 분장에서 특별한 지위를 차지하고 있다.

・脸谱 liǎnpǔ 몡 중국 전통극 배역 분장　　・戏剧 xìjù 몡 연극, 희극
・化妆 huàzhuāng 동 화장하다　　・占有 zhànyǒu 동 차지하다

☆☆ 0218 **地震**

dìzhèn

명 지진

地震是一种经常发生的自然现象。

지진은 자주 발생하는 자연 현상이다.

• 现象 xiànxiàng 명 현상

☆☆ 0219 **递**

dì

동 넘겨주다, 건네다

请你把那份文件递给我。

그 서류를 저에게 건네주세요.

• 文件 wénjiàn 명 문서, 파일

☆☆ 0220 **点心**

diǎnxin

명 간식, 끼니가 될 만한 간단한 음식

饿了吧？你先吃点儿点心垫垫肚子，等会儿再用
晚饭。

시장하지? 자네 우선 간단히 요기를 좀 하고, 조금 있다가 저녁식사를 하게.

• 垫 diàn 동 (부족한 것을) 채우다, 보충하다

☆☆ 0221 **电池**

diànchí

명 건전지

A: 爸爸，我的玩具车不动了，电池好像没电了。

아빠, 내 장난감 자동차가 안 움직여요. 건전지가 닳았나 봐요.

B: 知道了，一会儿我给它换节电池就好了。

알겠어. 조금 있다 아빠가 건전지 갈아주면 돼.

• 玩具 wánjù 명 장난감

☆☆ 0222 **电台**

diàntái

명 (라디오) 방송국

他是个电台记者。

그는 라디오 방송국 기자이다.

☐ ★☆☆ 0223 **钓** diào [동] 낚다, 낚시질하다

钓鱼要精神集中。

낚시는 정신을 집중해야 한다.

- 精神 jīngshen [명] 정신
- 集中 jízhōng [동] 집중하다, 집중시키다, 모으다

☐ ★☆☆ 0224 **顶** dǐng [명] 꼭대기, 정수리 [동] 무릅쓰고 …하다

中国南方的建筑物屋顶多高而尖。

중국 남방의 건축물은 지붕이 높고 뾰족하다.

他顶着烈日，继续艰难地行走。

그는 뜨거운 태양을 무릅쓰고 계속 힘들게 걸어갔다.

- 南方 nánfāng [명] 남방 지역
- 建筑物 jiànzhùwù [명] 건축물
- 屋顶 wūdǐng [명] 지붕, 옥상
- 尖 jiān [형] 뾰족하다, 예리하다
- 烈日 lièrì [명] 뜨거운 태양
- 艰难 jiānnán [형] 힘들다
- 行走 xíngzǒu [동] 길을 가다

☐ ★☆☆ 0225 **动画片** dònghuàpiàn [명] 만화 영화

孩子爱看动画片是正常的。

아이가 만화 영화 좋아하는 것은 정상이다.

☐ ★☆☆ 0226 **冻** dòng [동] 얼다, 차다

多吃冻豆腐有利于减肥。

얼린 두부를 많이 먹는 것은 다이어트에 좋다.

- 有利 yǒulì [형] 유리하다

☐ ★☆☆ 0227 **洞** dòng [명] 구멍, 굴

小孩儿终于找到了一个可以进去的小洞。

아이는 드디어 들어갈 수 있는 작은 구멍을 찾았다.

豆腐
dòufu

몡 두부

冻豆腐虽然经过了冷冻，但营养成分并没有受到破坏。

얼린 두부는 냉동을 거쳤지만 영양성분은 전혀 파괴되지 않는다.

• 冷冻 lěngdòng 图 얼리다   • 破坏 pòhuài 图 파괴하다

DAY 08

표제어부터 예문까지 모두 듣기 intensive08.mp3
표제어만 듣기 speed08.mp3

☐ ★★☆ 0229 **逗** dòu [동] 희롱하다, 놀리다 [형] 우습다, 재미있다

你别逗我。
나를 놀리지 마라.

他经常逗我笑。
그는 항상 나를 웃게 해준다.

☐ ★☆☆ 0230 **独立** dúlì [명][동] 독립(하다)

老医生让年轻医生也独立给病人看病，并给他安排了一个独立的房间。
노의사는 젊은 의사에게도 혼자 환자를 진찰하게 하고, 그에게 독립된 방도 마련해 주었다.

• 病人 bìngrén [명] 환자 • 看病 kànbìng [명] 진료하다, 진찰하다
• 安排 ānpái [명] 안배하다, 준비하다

☐ ★☆☆ 0231 **独特** dútè [형] 독특하다

他的设计风格很独特。
그의 설계 스타일은 독특하다.

• 设计 shèjì [명][동] 디자인(하다), 설계(하다) • 风格 fēnggé [명] 풍격, 스타일

☐ ★★☆ 0232 **度过** dùguò [동] (시간을) 보내다, 지내다

许多人呆在家里看电视来度过时间。
많은 사람들이 집에서 TV를 시청하며 시간을 보낸다.

☐ ★★☆ 0233 **断**
duàn

동 자르다, 끊다

奇怪，这电话怎么突然就断了？

이상하네, 전화가 왜 갑자기 끊기지?

☐ ★★☆ 0234 **堆**
duī

동 쌓다, 쌓이다 양 무더기, 더미, 무리

那么多脏衣服都堆在那儿，多难看啊！

저렇게 많은 빨랫감들을 죄다 저기 쌓아두니 얼마나 보기 안 좋으냐!

只不过是一堆沙粒罢了。

단지 모래 더미에 불과할 따름이다.

- 沙粒 shālì 명 모래알 · 罢了 bàle 조 단지 …일 뿐이다

☐ ★★☆ 0235 **对比**
duìbǐ

명동 대비(하다), 대조(하다)

科学家曾对20种植物进行了对比观察。

과학자가 일찍이 20가지 식물에 대해 대조 관찰을 진행했다.

- 科学家 kēxuéjiā 명 과학자 · 曾 céng 부 일찍이
- 观察 guānchá 동 관찰하다

☐ ★★☆ 0236 **对待**
duìdài

동 대하다, 대처하다

微笑是对待生活的一种态度。

미소는 일종의 생활을 대하는 태도이다.

☐ ★★☆ 0237 **对方**
duìfāng

명 상대(방), 상대편

握手时，要看着对方，保持微笑，集中注意力。

악수할 때는 상대방을 보고 미소를 지으며 주의를 집중해야 한다.

- 握手 wòshǒu 명 이합 악수(하다)

□ ★★☆ 0238 **对手** 　　　　　　　　　　　　　　　　　　　 圏 적수, 라이벌

duìshǒu

他绝不是你的对手。

그는 절대로 너의 적수가 아니다.

· 绝 jué 凰 절대로, 반드시 [주로 부정문에 쓰임]

정답콕 🎯 시험에서 对手는 주로 '라이벌'이라는 뜻으로 출제됩니다. 특히 '라이벌이 있는 것이 자신의 발전을 위해 좋다'
는 주제로 시험에 종종 출제되니 함께 기억하세요!

□ ★★☆ 0239 **对象** 　　　　　　　　　　　　　　　　　　　 圏 대상 / 애인

duìxiàng

调查对象是年轻人。

조사 대상은 젊은 사람들이다.

我给你介绍个对象。

내가 너에게 사람 한 명 소개해 줄게.

□ ★☆☆ 0240 **兑换** 　　　　　　　　　　　　　　 圄 (화폐 등으로) 바꾸다, 환전하다

duìhuàn

累积的里程达到一定的里程数，持卡人就可兑换
免费机票。

누적 마일리지가 일정 포인트가 되면 카드 소지자는 무료 항공권으로 교환할 수
있다.

· 累积 lěijī 圄 누적하다, 축적하다　· 里程 lǐchéng 圏 이정, 노정
· 持 chí 圄 소지하다

□ ★☆☆ 0241 **吨** 　　　　　　　　　　　　　　　　　　 圏 톤(t) [무게의 단위]

dūn

百万吨的巨轮很少有被打翻的。

백만 톤의 대형 선박은 뒤집히는 경우가 드물다.

· 巨轮 jùlún 圏 대형 선박

□ ★☆☆ 0242 **蹲** [동] 쪼그리고 앉다

dūn

村民蹲在那里，把刚挖的坑填平了。

마을 사람은 그곳에 쪼그리고 앉아서 방금 판 구덩이를 평평하게 메웠다.

• 村民 cūnmín [명] 마을 주민 • 挖 wā [동] 파다
• 坑 kēng [명] 구덩이 • 填平 tiánpíng [동] 평평하게 메우다

□ ★★☆ 0243 **顿** [양] 번 / 끼니

dùn

他被老师批评了一顿。

그는 선생님께 한바탕 꾸중을 들었다.

□ ★★☆ 0244 **多亏** [동] 덕택이다, 덕분이다

duōkuī

多亏你提醒，要不然我也忘了。

네가 알려준 덕분이지, 안 그랬으면 나도 잊었을 거야.

• 要不然 yàoburán [접] 그렇지 않으면

정답 콕 多亏가 듣기 영역 녹음에서 들린다면 보기에서 感谢 또는 谢谢가 들어있는 제시문이 정답일 확률이 높습니다.

□ ★☆☆ 0245 **多余** [형] 쓸데없는, 필요 없는 / 여분의, 나머지의

duōyú

我们似乎成了多余的人。

우리가 마치 쓸데없는 사람이 된 것 같았다.

糟了！我忘带橡皮了。你有多余的橡皮吗?

아이쿠! 지우개를 깜빡했네. 너는 여분의 지우개가 있니?

• 似乎 sìhū [부] 마치 …인 듯하다 • 糟 zāo [형] (일, 상황이) 나쁘다, 망치다

□ ★☆☆ 0246 **朵** [양] 송이, 점 [꽃이나 구름을 세는 단위]

duǒ

垃圾桶里有一朵花。

쓰레기통 안에 꽃 한 송이가 있다.

0247 躲藏

동 피하여 숨다

duǒcáng

我们遇到困难时不可以躲藏。

우리가 어려움을 만났을 때 숨어서는 안 된다.

□ ★★☆

0248 恶劣

형 열악하다, 아주 나쁘다

èliè

回来的路上遇到了恶劣的天气。

돌아오는 길에 악천후를 만났다.

□ ★☆☆

0249 耳环

명 귀고리

ěrhuán

我有只耳环不见了。

내 귀고리 한 짝이 안 보이네.

□ ★★☆

0250 发表

동 (글을) 게재하다, 발표하다 / (의견 등을) 발표하다, 선포하다

fābiǎo

报纸上发表了大量哀悼的文章。

신문에 많은 애도의 글이 실렸다.

请大家发表一下自己的看法和建议。

여러분 자신의 의견과 제안을 발표해 주세요.

・哀悼 āidào 동 애도하다

□ ★★☆

0251 发愁

이합 걱정하다, 근심하다

fāchóu

我这几天正为这件事发愁呢。

나는 마침 이 일 때문에 요 며칠 걱정하고 있었어.

□ ★★☆

0252 发达

형 발달하다

fādá

广州是一座经济、文化发达的大城市。

광저우는 경제와 문화가 발달한 대도시이다

☐ ★
☆
☆

0253 **发抖**

fādǒu

图 부들부들 떨다

你有没有注意到我在台上浑身发抖?

너 내가 무대 위에서 온몸을 떠는 것을 봤어?

· 浑身 húnshēn 圏 전신, 온몸

☐ ★
★
★

0254 **发挥**

fāhuī

图 발휘하다

如果压力太大，往往不能发挥出自己的正常水平。

만약 부담감이 너무 크면 종종 자신의 정상적인 수준을 발휘하지 못할 수도 있다.

☐ ★
☆
☆

0255 **发明**

fāmíng

圏 图 발명(하다)

最初的乒乓球是英国人发明的一项饭后运动。

최초의 탁구는 영국인이 발명한 식후 운동이었다.

· 最初 zuìchū 圏 최초, 맨 처음   · 饭后 fànhòu 圏 식후

☐ ★
★
☆

0256 **发票**

fāpiào

圏 영수증

请给我开张发票。

영수증을 발급해 주세요

☐ ★
★
☆

0257 **发言**

fāyán

圏 이합 발언(하다), 발표(하다)

别紧张，你又不是第一次发言。

긴장하지 마세요. 처음 발표하는 것도 아니잖아요.

☐ ★
★
☆

0258 **罚款**

fákuǎn

이합 (벌금, 과태료 등을) 내다, 부과하다

小宋被罚款了。

샤오송은 벌금형에 처해졌다.

☆☆☆ 0259 **法院**
fǎyuàn
명 법원

法院就在这座大厦的对面。
법원은 바로 이 빌딩 건너편에 있다.

★★☆ 0260 **翻**
fān
통 뒤집다, 뒤집히다 / 뒤지다, 들추다, 뒤적이다

船被撞翻了。
배가 전복되었다.

他翻遍了每个口袋，却怎么也找不到自己的车票。
그는 주머니를 모두 뒤졌지만 어떻게 해도 자신의 차표를 찾을 수가 없었다.

· 口袋 kǒudài 명 주머니

DAY 09

표제어부터 예문까지 모두 듣기 intensive09.mp3
표제어만 듣기 speed09.mp3

☐ ★☆☆ 0261 **繁荣**
fánróng

형 번영하다, 번창하다

如果没有农业，人类就不可能有现在的繁荣。

농업이 없다면 인류에게 지금의 번영은 없었을 것이다.

· 农业 nóngyè 명 농업

☐ ★★☆ 0262 **反而**
fǎn'ér

접 오히려, 도리어

他不但不像以前那样对我热情，反而露出了敌视的眼光。

그는 이전처럼 나에게 잘해주지 않을 뿐 아니라, 오히려 적대시하는 눈빛을 보였다.

· 出露 lùchū 동 드러내다 · 敌视 díshì 동 적대시하다
· 眼光 yǎnguāng 명 시선, 눈길

☐ ★☆☆ 0263 **反复**
fǎnfù

부 거듭, 반복적으로

这件事你反反复复都讲了好几遍了。

이 일은 네가 이미 몇 번이나 반복해서 말했다.

☐ ★★☆ 0264 **反应**
fǎnyìng

명 반응

打印机又坏了，我按了半天，却一直没有反应。

프린터가 또 고장 났어요. 한참 눌렀는데 계속 반응이 없네요.

· 按 àn 동 누르다 · 半天 bàntiān 명 한참 동안

★★★
□ 0265 **反映**
fǎnyìng
图 반영하다, 반영시키다

一个城市的交通，反映这个城市的经济发展水平。
한 도시의 교통은 그 도시의 경제 발전 수준을 반영한다.

★★☆
□ 0266 **反正**
fǎnzhèng
图 어쨌든, 어차피

你别再说了，反正我是不会考虑的。
더는 얘기하지 마. 어쨌든 나는 고려하지 않을 거야.

★★☆
□ 0267 **范围**
fànwéi
图 범위

你要扩大你的工作范围。
너는 업무 범위를 확대시켜야 한다.

· 扩大 kuòdà 图 (범위나 규모 등을) 확대하다, 넓히다

★☆☆
□ 0268 **方**
fāng
图 쪽, 측

北方人喜欢吃面条。
북방 사람들은 국수 먹는 것을 좋아한다.

★★☆
□ 0269 **方案**
fāng'àn
图 방안, 방법

你设计的这个方案非常出色。
네가 설계한 이 방안은 정말 훌륭하다.

★★☆
□ 0270 **方式**
fāngshì
图 방식, 패턴

任何两个陌生人之间，只要通过一定的方式，就
能建立某种联系。
서로 모르는 두 사람 사이에도 일정한 방식이 통하기만 한다면 어떤 관계를 맺을
수 있다.

· 建立 jiànlì 图 건립하다, 세우다　· 某种 mǒuzhǒng 때 모종(의), 어떤 종류(의)

☐ ★★☆ 0271 **妨碍** [동] 지장을 주다, 방해하다

fáng'ài

这不妨碍双方开展平等互利合作。

이는 양측이 평등호혜의 합작을 전개하는 데 저해되지 않는다.

• 开展 kāizhǎn [동] 전개하다, 펼치다 • 平等 píngděng [형] 평등하다
• 互利 hùlì [동] 서로 이익이 되다

☐ ★★☆ 0272 **仿佛** [부] 마치 (…인 것 같다)

fǎngfú

他脸色发白，仿佛像个死人一样。

그의 안색이 창백해져서 마치 죽은 사람 같았다.

• 发白 fābái [동] 창백해지다

☐ ★★☆ 0273 **非** [부] 부정을 나타냄 / 반드시, 기어코 (…하지 않으면 안 된다)

fēi

事实也许并非如此。

사실은 아마 그렇지 않을 수도 있다.

他非打你不可。

그가 분명히 너를 때릴 것이다.

• 事实 shìshí [명] 사실 • 如此 rúcǐ [대] 이러하다

> 문법 TIP
> 非가 들어가는 용법 중 가장 중요한 것은 '非…不可'입니다. 해석해보면 '…하지 않으면 안 된다' 즉, '반드시…해야 한다'입니다.

☐ ★☆☆ 0274 **肥皂** [명] 비누

féizào

A: 我的戒指太紧了，摘不下来了。

반지가 너무 꽉 껴서 안 빠져요.

B: 你涂点儿肥皂试试。

비누를 좀 발라서 해봐요.

• 戒指 jièzhi [명] 반지 • 摘 zhāi [동] 따다, 꺾다, 빗다
• 涂 tú [동] 바르다, 칠하다

□ ★★☆ 0275 **废话**
fèihuà
☑☑ 쓸데없는 말(을 하다)

说了一大堆废话，只是好听，实际上没有任何新的独到见解。

쓸데없는 말을 잔뜩 하는군. 그냥 듣기만 좋을 뿐, 사실 어떤 독창적인 견해도 없어.

• 实际上 shíjìshang 图 사실상 • 独到 dúdào 图 독특하다
• 见解 jiànjiě 图 견해

□ ★★☆ 0276 **分别**
fēnbié
☑ 분별하다, 구별하다 图 각각, 따로

瞧他们熟睡的样子，简直分别不出他们是活人还是死人。

저들이 깊이 자는 모습을 봐. 그야말로 산 사람인지 죽은 사람인지 분간할 수가 없어.

大夫把两只一样的小虫分别放进装酒和装水的瓶子里。

의사가 똑같은 두 마리의 벌레를 술 담은 병과 물 담은 병에 각각 넣었다.

• 瞧 qiáo 图 보다 • 熟睡 shúshuì 图 깊이 자다, 푹 자다
• 简直 jiǎnzhí 图 그야말로 • 虫 chóng 图 곤충, 벌레
• 装 zhuāng 图 싣다, 담다 / 설치하다

□ ★★☆ 0277 **分布**
fēnbù
☑ 분포하다

植物主要是靠传播它们的种子或果实来扩大它们的分布区域。

식물은 주로 그들의 씨앗이나 열매를 퍼뜨리는 것에 의존해서 그들의 분포 지역을 넓혀간다.

• 种子 zhǒngzi 图 종자, 씨 • 果实 guǒshí 图 과실, 열매
• 区域 qūyù 图 구역, 지역

文법 TIP

分布 뒤에 장소가 오려면 반드시 分布 뒤에 결과보어 于나 在를 먼저 붙인 다음 장소를 나타내는 목적어가 올 수 있으니 작문할 때 유의하세요.

☐ ★★☆ 0278 **分配** [동] 분배하다

fēnpèi

将军把食物分配给了每个士兵。

장군은 먹을 것을 모든 병사에게 나눠 주었다.

• 将军 jiāngjūn [명] 장군 • 食物 shíwù [명] 음식물
• 士兵 shìbīng [명] 병사, 사병

☐ ★☆☆ 0279 **分手** [이합] 헤어지다, 이별하다

fēnshǒu

当初爱得要死要活的一对恋人，怎么会说分手就分手了呢?

당시에는 죽네 사네 하면서 사랑하던 연인이 어떻게 헤어지자 말이 나오자마자 바로 헤어질 수가 있지?

• 当初 dāngchū [명] 애초, 당시 • 恋人 liànrén [명] 연인

> 중국어 TIP
> 分手는 주로 남녀가 헤어지는 것을 이야기 할 때 쓰는 표현입니다. 두 사람이 사귈 때는 손(手)을 하나로 꼭 잡고 다니다가 헤어지면 손을 잡지 않고 나누어진(分) 모습을 연상하면 쉽게 외울 수 있습니다.

☐ ★☆☆ 0280 **分析** [명][동] 분석(하다)

fēnxī

按我的分析，你只要发挥正常水平，进前三名一定没问题。

내 분석으로는 네가 정상 수준을 발휘하기만 한다면 3등 안에 드는 것은 분명 문제 없어.

☐ ★☆☆ 281 **纷纷** [형] (말, 눈, 꽃 등이) 분분하다, 흩날리다 [부] 계속해서

fēnfēn

今天，大家议论纷纷，没有议出个结果来。

오늘 다들 의견이 분분했지만 결론이 나지는 않았다.

大家纷纷发表意见。

모두 잇달아 의견을 발표한다.

• 议论 yìlùn [명] 의견

□ ★★☆   0282   **奋斗**   图 (목적 달성을 위해) 분투하다, 열심히 노력하다
                  fèndòu

我们应该为家庭的幸福努力奋斗。

우리는 마땅히 가정의 행복을 위해서 노력하고 분투해야 한다.

□ ★☆☆   0283   **风格**   图 풍격, 스타일
                  fēnggé

这个书柜不错，和我们家的装修风格挺像的。

이 책장이 괜찮네. 우리 집 인테리어 스타일이랑 비슷해.

· 书柜 shūguì 图 책장   · 装修 zhuāngxiū 图 图 인테리어(하다)

□ ★☆☆   0284   **风景**   图 풍경, 경치
                  fēngjǐng

这个森林的风景非常优美。

이 숲의 풍경은 정말 아름답다.

· 优美 yōuměi 图 뛰어나게 아름답다

□ ★☆☆   0285   **风俗**   图 풍속
                  fēngsú

广州的食物精美丰富，广州人的饮食风俗也复杂
多样。

광저우의 음식은 정교하고 아름다우며 풍부하고, 광저우 사람의 음식 풍속도 다양
하다.

· 精美 jīngměi 图 정교하고 아름답다   · 多样 duōyàng 图 다양하다

□ ★★☆   0286   **风险**   图 위험, 리스크
                  fēngxiǎn

我不建议你买股票，投资股市有很大风险。

나는 네게 주식 사는 것을 권하지 않는다. 주식시장에 투자하는 것은 위험이 크다.

· 投资 tóuzī 图 투자(금) 图 투자하다   · 股市 gǔshì 图 주식시장

□ ★☆☆ 0287 **疯狂**
fēngkuáng
형 미치다, 실성하다

你们也太疯狂了吧。认识才两个月就结婚了。
너희들 미쳤구나. 만난 지 겨우 두 달만에 결혼이라니.

□ ★☆☆ 0288 **讽刺**
fěngcì
명 동 풍자(하다)

这部作品卓越地运用了讽刺的艺术方法。
이 작품은 풍자의 예술기법을 탁월하게 활용했다.

- 部 bù 양 부, 편 [서적이나 영화 등을 세는 단위]
- 卓越 zhuóyuè 형 탁월하다   • 运用 yùnyòng 동 운용하다, 활용하다

□ ★☆☆ 0289 **否定**
fǒudìng
동 부정하다

偶尔改变一下你本来的风格，并不是否定或者不
尊重自己。
가끔 당신의 본래 스타일을 바꿔 보는 것은 결코 자신을 부정하거나 존중하지 않
는 것이 아니다.

□ ★☆☆ 0290 **否认**
fǒurèn
동 부인하다

我们不能否认流行歌曲的积极作用。
우리가 유행가의 긍정적인 작용을 부인할 수는 없다.

□ ★★☆ 0291 **扶**
fú
동 (손으로) 떠받치다, 부축하다

我看到老人倒在马路上，就上前去扶那位老人。
나는 노인이 큰길에 쓰러져 있는 것을 보고 가서 그 노인을 부축했다.

- 上前 shàngqián 동 (어떤 일을 하기 위해) 앞으로 나아가다

☐ ★
  ☆
  ☆

0292 **服装**
fúzhuāng

⑱ 의복, 옷차림

服装的颜色和周围环境的颜色会影响人的情绪。

옷의 색깔과 주위 환경의 색깔은 사람의 기분에 영향을 끼칠 수 있다.

☐ ★
  ☆
  ☆

0293 **幅**
fú

⑱ 폭 [옷감, 종이, 그림 등을 세는 단위]

我觉得在书房里挂几幅字画儿比较好。你说呢?

나는 서재에 서화 몇 폭을 걸면 괜찮을 것 같아요. 당신 생각은요?

· 书房 shūfáng ⑱ 서재　· 字画 zìhuà ⑱ 서화, 글씨와 그림

DAY 10

표제어부터 예문까지 모두 듣기 **intensive10.mp3**
표제어만 듣기 **speed10.mp3**

☐ ★☆☆ 0294 **辅导** fǔdǎo **[동] 학습을 도우며 지도하다**

下半年的会计师考试我不打算报辅导班。
하반기 회계사 시험은 특별 지도반에 신청하지 않을 겁니다.

• 下半年 xiàbànnián [명] 하반기 • 会计师 kuàijìshī [명] 회계사

☐ ★☆☆ 0295 **妇女** fùnǚ **[명] 부녀자, 부인**

一个妇女看到三位老人还没吃饭，想邀请他们到家里吃饭。
어떤 부인이 어르신 세 분이 식사를 아직 안 한 것을 보자 집으로 초대해 식사를 대접하고 싶었다.

☐ ★☆☆ 0296 **复制** fùzhì **[명][동] 복제(하다)**

目前电子出版物的复制非常方便。
현재 전자출판물의 복제는 매우 편리하다.

• 电子 diànzǐ [명] 전자

☐ ★☆☆ 0297 **改革** gǎigé **[명][동] 개혁(하다)**

改革开放以来，大城市交通拥挤状况日益严重。
개혁 개방 이래, 대도시의 교통 혼잡 상황이 나날이 심각해졌다.

• 开放 kāifàng [동] 개방하다 • 拥挤 yōngjǐ [형] 붐비다, 혼잡하다
• 状况 zhuàngkuàng [명] 상황 • 日益 rìyì [부] 나날이

☐ ★★☆ 0298 **改进** [동] 개선하다, 개량하다

gǎijìn

从前是没有钱改进设备，可现在就不一样了。

이전에는 설비를 개선할 돈이 없었지만 지금은 다르다.

• 设备 shèbèi [명] 설비, 시설

☐ ★★★ 0299 **改善** [동] 개선하다

gǎishàn

我最近经常失眠，你有什么改善睡眠质量的好办法吗?

제가 최근 자주 불면증에 시달리는데 수면의 질을 개선할 무슨 좋은 방법이 있을까요?

• 失眠 shīmián [동] 불면증에 걸리다

☐ ★★☆ 0300 **改正** [동] 정정하다

gǎizhèng

我们要及时改正错误。

우리는 잘못을 즉시 바로 잡아야 한다.

☐ ★★☆ 0301 **盖** [동] (건물, 가옥 등을) 짓다 / 덮다, 뒤덮다

gài

他盖了一栋大房子。

그는 큰 집을 한 채 지었다.

每晚睡前用泡过温水的毛巾盖住额头和双眼可以预防老花眼。

매일 저녁 자기 전에 따뜻한 물에 적신 수건으로 이마와 두 눈을 덮어주면 노안을 예방할 수 있다.

• 栋 dòng [양] 채, 동 [건물을 세는 단위] • 房子 fángzi [명] 집

• 预防 yùfáng [동] 예방하다

☐ ★★
☆
0302 **概括**
gàikuò

명 동 개괄(하다), 요약(하다)

请把这个报告的内容简单概括一下。
이 보고서 내용을 간단히 요약 좀 해 주세요

☐ ★
☆☆
0303 **概念**
gàiniàn

명 개념

天气预报准确与否是一种相对的概念。
일기예보가 정확한지의 여부는 상대적인 개념이다.

• 与否 yǔfǒu 명 여부 • 相对 xiāngduì 형 상대적이다 부 상대적으로

☐ ★★
☆
0304 **干脆**
gāncuì

형 (언행이) 명쾌하다, 시원스럽다 부 아예, 차라리

她答应得很干脆。
그녀는 명쾌하게 동의했다.

不少人在风雨中干脆收了伞，进了路边的小店，
等着狂风过去。
적지 않은 사람들이 비바람에 아예 우산을 접고 길가의 작은 가게에 들어가 광풍
이 지나가기를 기다리고 있다.

• 狂风 kuángfēng 명 광풍

☐ ★
☆☆
0305 **干燥**
gānzào

형 건조하다

这儿的气候太干燥。
이곳의 기후는 너무 건조하다.

☐ ★
☆☆
0306 **赶紧**
gǎnjǐn

부 서둘러, 얼른

赶紧把衣服换了。
얼른 옷 갈아 입어.

☐ ★
☆ **0307 赶快**
gǎnkuài

囝 재빨리, 어서

趁机赶快溜走。

기회를 틈타 재빨리 빠져나가다.

- 趁机 chènjī 囝 기회를 틈타, 기회를 보아
- 溜走 liūzǒu 툉 몰래 도망가다, 빠져나가다

☐ ★
☆ **0308 感激**
gǎnjī

툉 감격하다, 감사하다

我要特别感激父亲的宽容。

나는 아버지의 관용에 특히 감사해야 한다.

- 宽容 kuānróng 쪵 관용 톃 너그럽다

☐ ★
☆ **0309 感受**
gǎnshòu

툉 (영향, 느낌을) 받다, 직접 느끼다

努力就会有收获，这是我在十几岁时第一次切身
感受到的。

노력하면 수확이 있다. 이는 내가 열 몇 살에 처음으로 절실히 느낀 것이다.

- 收获 shōuhuò 쪵 수확물, 성과 툉 수확하다   • 切身 qièshēn 톃 절실하다

☐ ★
☆ **0310 感想**
gǎnxiǎng

쪵 감상

对这次韩国观众的反应，您有什么感想?

이번 한국 관중들의 반응에 대해서 어떤 소감이 있으십니까?

☐ ★
☆ **0311 干活儿**
gànhuór

이합 일을 하다

姥姥叫我帮妈妈干活儿。

외할머니는 나에게 엄마를 도와 일하라고 하셨다.

- 姥姥 lǎolao 쪵 외할머니

□ ★★☆ 0312 **钢铁**
gāngtiě
图 강철, 철강

用比石头重的钢铁做成的军舰，怎么不会沉呢？
돌보다 무거운 철강으로 만든 군함이 어떻게 가라앉지 않을 수 있지?

• 石头 shítou 图 돌 • 军舰 jūnjiàn 图 군함 • 沉 chén 图 가라앉다, 잠기다

□ ★★☆ 0313 **高档**
gāodàng
图 고품질의, 고급의

难道他能买高档服装？
설마 그가 고급 옷을 살 수 있겠어?

□ ★★☆ 0314 **高级**
gāojí
图 고급의

那个学生终于通过了高级考试。
그 학생은 마침내 고급 시험을 통과했다.

□ ★★☆ 0315 **搞**
gǎo
图 하다, 종사하다 [대상을 구체적으로 말할 수 없을 경우]

要搞好人际关系。
대인관계를 잘해야 한다.

你应该把这个问题搞清楚。
당신은 마땅히 이 문제를 분명히 해야 한다.

• 人际关系 rénjìguānxì 图 대인관계, 인간관계

문법
TIP

搞는 '…을 하다'의 뜻이지만, 목적어에 따라 해석이 조금씩 달라지는 특이한 동사입니다. 예를 들어 '搞+对象(대상, 상대)'이라고 하면 '연애하다'의 뜻이 되고 '搞+股票(주식)'라고 하면 '주식을 하다'의 뜻이 됩니다. 그래서 [搞+목적어]를 하나의 단어처럼 암기하는 것이 좋습니다.

□ ★★☆ 0316 **告别**
gàobié
이합 헤어지다, 작별 인사를 하다

我这次回来是向大家告别的。
저는 이번에 여러분들에게 작별 인사를 하러 돌아온 것입니다.

□ ★★☆ 0317 **格外**
géwài

® 유달리, 각별히, 특별히

大家都格外地高兴，热烈地鼓起掌来了。

사람들은 유달리 기뻐하며 열렬히 박수를 치기 시작했다.

· 热烈 rèliè 톙 열렬하다

□ ★☆☆ 0318 **隔壁**
gébì

® 이웃집, 옆집

昨天跟隔壁吵架了。

어제 옆집이랑 싸웠다.

□ ★☆☆ 0319 **个别**
gèbié

® 개개의, 개별적인

老师针对不同学生的情况进行个别辅导。

선생님은 각각 학생의 상황에 맞추어 개별지도를 진행한다.

□ ★☆☆ 0320 **个人**
gèrén

® 개인

患者的个人信息没有被泄露的危险。

환자의 개인정보는 노출될 위험이 없다.

· 患者 huànzhě 톙 환자
· 泄露 xièlòu 톙 (비밀, 기밀 등을) 누설하다, 폭로하다

□ ★☆☆ 0321 **个性**
gèxìng

® 개성

现代人越来越注重个性的表现。

현대인은 갈수록 개성의 표현을 중시한다.

· 注重 zhùzhòng 톙 치중하다, 중점을 두다

□ ★☆☆ 0322 **各自**
gèzì

때 각자, 각기

同学们各自忙着自己的事情。

학우들은 각자 자기 일에 바쁘다.

□ ★☆☆ 0323 **根**
gēn

양 [가늘고 긴 것을 세는 단위] 명 뿌리

不是每根竹子都能做成笛子的。

모든 대나무를 모두 피리로 만들 수 있는 것이 아니다.

如果花朵有问题，大多是树根出了问题。

만약 꽃에 문제가 있다면 대부분 나무 뿌리에 문제가 생긴 것이다.

· 竹子 zhúzi 명 대나무   · 花朵 huāduǒ 명 꽃(송이)
· 大多 dàduō 부 대부분, 대다수

□ ★★★ 0324 **根本**
gēnběn

부 근본적으로, 전혀

他根本不把我放在眼里。

그는 나를 전혀 안중에도 두지 않는다.

정답 쏙 🎯 根本은 5급 독해 1부분에 답으로 자주 출제되는 단어입니다. 독해 1부분 밑줄 뒤에 不나 没(有)가 있다면 보기 중 가장 먼저 답으로 짐작해 볼 수 있는 단어입니다.

□ ★☆☆ 0325 **工厂**
gōngchǎng

명 공장

这位年轻人不但为工厂干了许多实事，也学到了一身好本领。

이 청년은 공장을 위해 많을 일을 했을 뿐 아니라 일신의 좋은 능력을 배웠다.

· 实事 shíshì 명 (실제 의미가 있는 구체적인) 일

☐ ★★☆ 0326 **工程师** 엔지니어, 기술자
gōngchéngshī

厂长对他说要让他当全厂的总工程师，还要给他涨工资。

공장장은 그에게 전체 공장의 총괄 엔지니어를 맡게 하고 월급도 올려 주겠다고 말했다.

· 涨 zhǎng 图 (수위나 가격 등이) 오르다

☐ ★★☆ 0327 **工具** 도구, 수단
gōngjù

自行车是中国人的主要交通工具。

자전거는 중국인의 주요 교통 수단이다.

☐ ★★☆ 0328 **工人** 노동자, 근로자
gōngrén

工人们都戴着黄色的安全帽。

근로자들은 모두 노란색 안전모를 쓰고 있다.

· 安全帽 ānquánmào 图 안전모

☐ ★☆☆ 0329 **工业** 공업
gōngyè

城市大小不等，功能各异，有工业城市，也有旅游城市。

도시는 모두 크기와 기능이 다양하다. 공업도시도 있고 관광도시도 있다.

· 各异 gèyì 图 제각기 다르다

□ ★☆☆ 0330 **公布**
gōngbù

图 공포하다, 공표하다

录取结果将在月底公布。

합격 결과는 월말에 공표한다.

· 录取 lùqǔ 图 합격시키다, 뽑다　· 月底 yuèdǐ 图 월말

□ ★☆☆ 0331 **公开**
gōngkāi

图 공개적이다

一位英明的国王公开选拔法官，有三个人毛遂自荐。

영명한 국왕이 공개적으로 법관을 선발하자 세 사람이 자처하고 나섰다.

· 英明 yīngmíng 图 영명하다　· 选拔 xuǎnbá 图 선발하다
· 法官 fǎguān 图 법관
· 毛遂自荐 máosuìzìjiàn 생어 모수자천, 스스로 자기를 추천하다

□ ★☆☆ 0332 **公平**
gōngpíng

图 공평하다

这种不公平正是你向前的动力。

이러한 불공평함이 당신을 앞으로 나아가게 하는 원동력이다.

· 正 zhèng 图 마침, 곧　· 向前 xiàngqián 图 앞으로 나아가다
· 动力 dònglì 图 원동력

□ ★☆☆ 0333 **公寓**
gōngyù

图 아파트

你们上午看那套公寓了吗？怎么样？

너희들 오전에 그 아파트 보러 갔었어? 어때?

· 套 tào 图 图 세트[세트를 세는 단위]

□ ★☆☆ 0334 **公元**
gōngyuán

图 서기, 기원

围棋起源于大约公元前6世纪的中国。

바둑은 대략 기원전 6세기 중국에서 기원했다.

· 公元前 gōngyuánqián 图 기원전　· 围棋 wéiqí 图 바둑
· 起源 qǐyuán 图 图 기원(하다)

☆☆ 0335 **公主** 명 공주
gōngzhǔ

这种对着镜子乱喊叫的方式，有点儿像《白雪公主》童话里的那个皇后。

거울을 보며 소리를 지르는 이 방법은 동화「백설공주」왕비와 약간 비슷하다.

· 喊叫 hǎnjiào 图 외치다　· 白雪公主 báixuěgōngzhǔ 명 백설공주
· 童话 tónghuà 명 동화　· 皇后 huánghòu 명 황후, 왕비

★☆☆ 0336 **功能** 명 기능
gōngnéng

醋有帮助消化、促进营养吸收的功能。

식초에는 소화를 돕고 영양 흡수를 돕는 기능이 있다.

· 吸收 xīshòu 图 흡수하다

★☆☆ 0337 **恭喜** 图 축하하다
gōngxǐ

听说你新书就要出版了，恭喜啊!

신간이 출판된다면서요? 축하합니다!

★★☆ 0338 **贡献** 명 공헌, 기여
gòngxiàn

造纸术为世界文明的传播与发展做出了巨大贡献。

제지술은 세계 문명의 발전과 전파에 큰 공헌을 했다.

· 造纸术 zàozhǐshù 명 제지술　· 文明 wénmíng 명 문명

★★★ 0339 **沟通** 图 교류하다, 소통하다
gōutōng

沟通比努力更重要。

소통하는 것이 노력하는 것보다 더 중요하다.

□ ★★☆ 0340 **构成** [동] 구성하다, 형성하다

gòuchéng

这不可能对我构成任何威胁。

이것은 나에게 어떠한 위협도 될 수 없다.

• 威胁 wēixié [명] 위협

□ ★☆☆ 0341 **姑姑** [명] 고모

gūgu

姑姑是前年退休的。

고모는 재작년에 퇴직하셨다.

• 退休 tuìxiū [동] 퇴직하다

□ ★☆☆ 0342 **姑娘** [명] 아가씨, 처녀

gūniang

一个姑娘和一个小伙子结婚了。

한 아가씨와 청년이 결혼을 했다.

□ ★☆☆ 0343 **古代** [명] 고대

gǔdài

那个博物馆规模太大，昨天我们只看了古代钱币展。

그 박물관은 규모가 너무 커서 어제 우리는 고대 화폐전만 봤다.

• 规模 guīmó [명] 규모 • 钱币 qiánbì [명] 돈, 화폐 • 展 zhǎn [명] 전시

□ ★☆☆ 0344 **古典** [명] 고전

gǔdiǎn

唐代是中国古典诗歌发展的全盛时期。

당대는 중국 고전시가 발전의 전성기이다.

• 唐代 tángdài [명] 당대 • 诗歌 shīgē [명] 시, 시와 노래
• 全盛 quánshèng [형] 매우 흥성하다 • 时期 shíqī [명] 시기

☐ ★★☆

0345 **股票**

gǔpiào

图 주식, 유가증권

银行的利息又降了，要不要把钱取出来炒股票呢？

은행 이자가 또 떨어졌는데, 돈을 빼서 주식에 투자해야 할까?

· 利息 lìxī 图 이자　· 降 jiàng 图 내리다, 내려가다

☐ ★☆☆

0346 **骨头**

gǔtou

图 뼈

他就用五百两黄金买了马的骨头，回去献给国王。

그는 금 500냥으로 말의 뼈를 사서 돌아가 왕에게 바쳤다.

· 两 liǎng 图 냥 [무게 단위]　· 黄金 huángjīn 图 황금
· 献 xiàn 图 바치다

☐ ★★☆

0347 **鼓舞**

gǔwǔ

图 격려하다, 북돋우다

这次商务谈判的成功给了他极大的鼓舞。

이번 사업 협상의 성공은 그에게 더할 수 없이 큰 격려가 되었다.

· 商务 shāngwù 图 비즈니스, 사업상의 업무
· 谈判 tánpàn 图 담판하다, 협상하다

☐ ★★☆

0348 **鼓掌**

gǔzhǎng

이합 박수를 치다

大家为他精彩的表演热烈鼓掌。

사람들은 그의 훌륭한 공연에 열렬히 박수를 친다.

☐ ★★☆

0349 **固定**

gùdìng

图 고정하다, 고정시키다

把照相机固定在三角架上吧。

카메라를 삼각대에 고정시켜라.

· 三角架 sānjiǎojià 图 삼각대

0350 挂号

guàhào

回합 접수하다, 등록하다

过敏的话去皮肤科看看吧，您去那边挂号。

알레르기면 피부과로 가보세요. 저쪽에 가서 접수하세요.

• 过敏 guòmǐn 동 알레르기 반응을 보이다 • 皮肤科 pífūkē 명 피부과

정답톡 挂号는 병원에서 접수하는 것을 뜻하므로, 녹음 중 挂号가 들리면 병원에서 벌어지는 대화임을 알 수 있습니다.

0351 乖

guāi

형 (아이가) 말을 잘 듣다, 착하다

我的孩子不乖，真让我生气！

우리 애는 말을 안 들어서 정말 나를 화나게 해.

0352 拐弯

guǎiwān

回합 방향을 틀다, 커브를 돌다

在前边拐弯后直行就是地铁站。

앞에서 커브를 돌아서 직진하면 바로 지하철역이에요.

• 直行 zhíxíng 동 직행하다

0353 怪不得

guàibude

부 어쩐지

怪不得每天生意都这么好呢。

어쩐지 매일 장사가 이렇게 잘 되더라니.

0354 关闭

guānbì

동 (기업 등이) 도산하다, 문을 닫다

很多工厂不断地关闭。

많은 공장들이 계속해서 문을 닫는다.

□ ★★☆ 0355 **观察**
guānchá

☐ 관찰하다

据观察，全世界共有600种动物称得上是天气预报员。
관찰에 따르면 기상 캐스터라 부를 만한 동물이 전 세계에 모두 600종이 있다.

- 据 jù 젠 …에 따르면 · 称得上 chēngdeshàng 图 …이라고 할 만하다
- 天气预报员 tiānqìyùbào 명 기상 캐스터

□ ★☆☆ 0356 **观点**
guāndiǎn

명 관점, 견해

不要轻易否定他人的观点。
타인의 견해를 함부로 부정하지 마라.

- 轻易 qīngyì 图 경솔하다, 수월하다 · 他人 tārén 명 타인, 다른 사람

□ ★☆☆ 0357 **观念**
guānniàn

명 관념, 생각

A: 你怎么把头发染成这个颜色啊，太难看了。
너는 왜 머리를 이런 색으로 염색했니? 너무 보기 싫구나.

B: 您多看几次就习惯了。爸爸，您也得转变转变
观念了。
여러 번 보면 적응돼요. 아버지, 아버지도 생각을 좀 바꿔보셔야 해요.

□ ★☆☆ 0358 **官**
guān

명 관료, 장교

中国古代生男孩儿叫"弄璋"，是希望男孩儿长大
后可以当官的意思。
중국에서는 옛날에 사내아이를 낳으면 "농장(弄璋)"이라 했는데, 아이가 자라서
관리가 될 수 있기를 바란다는 의미이다.

- 弄璋 nòngzhāng 图 득남하다 · 生 shēng 图 낳다

DAY 12

☐ ★
☆☆

0359 管子
guǎnzi

圐 관, 파이프

他躺在病床上，身上插了这样那样的管子。

그는 몸에 이런 저런 호스를 끼고 병상에 누워 있다.

• 病床 bìngchuáng 圐 병상

☐ ★
★☆

0360 冠军
guànjūn

圐 챔피언, 우승(자)

一位马拉松冠军把自己成功的经验总结为赛前的
准备。

한 마라톤 챔피언이 자기가 성공한 경험을 총정리하여 경기 전의 준비로 삼았다.

• 马拉松 mǎlāsōng 圐 마라톤

☐ ★
☆☆

0361 光滑
guānghuá

圐 매끄럽다, 반들거리다

这里空气真湿润，感觉皮肤都比以前光滑多了。

여기는 공기가 정말 습해서, 피부도 이전보다 훨씬 부드러워진 것 같다.

• 湿润 shīrùn 圐 촉촉하다, 습윤하다

☐ ☆
☆☆

0362 光临
guānglín

圐圐 방문(하다), 왕림(하다)

您好，欢迎光临。请问，有什么可以帮您的?

안녕하십니까, 어서오십시오. 무엇을 도와 드릴까요?

☐ ★
☆☆

0363 光明
guāngmíng

圐 빛, 광명

万事开头难，努力再努力，光明就在前头。

모든 일이 시작이 어려운 것이지 노력하고 또 노력하면 빛은 바로 앞에 있다.

• 万事 wànshì 圐 만사 • 开头 kāitóu 圐[이합] 시작(하다)

☆☆ 0364 **光盘**
guāngpán

圐 CD, 콤팩트디스크

这本书配有光盘。

이 책은 CD가 포함되어 있다.

· 配有 pèiyǒu 圐 배치되어 있다, 갖추고 있다

光盘이 들어가는 표현 중 '光盘行动'이라는 것이 있습니다. 光盘은 명사로 'CD'라는 뜻이지만 뒤에 行动이 붙으면 '음식을 낭비하지 않고 절약하는 행동'을 가리키는데, 光盘이 '접시를 다 비우다'라는 표현도 될 수 있기 때문입니다.

☆☆ 0365 **广场**
guǎngchǎng

圐 광장

我来的时候路过广场，看起来好像有什么活动。

내가 광장을 지나오면서 보니까 무슨 행사가 있는 것 같더라.

· 路过 lùguò 圐 지나다, 경유하다

☆☆ 0366 **广大**
guǎngdà

圐 (면적, 공간, 범위, 규모가) 광대하다, 크다

潜水越来越受广大年轻人的喜爱。

스쿠버다이빙은 젊은이들에게 갈수록 많은 사랑을 받는다.

· 潜水 qiánshuǐ 圐圐 잠수(하다)

★★ 0367 **广泛**
guǎngfàn

圐 광범위하다, 폭넓다

目前这种技术应用范围非常广泛。

현재 이 기술은 응용 범위가 매우 광범위하다.

☆☆ 0368 **归纳**
guīnà

圐 귀납하다

由归纳法归纳出来的规律不一定都是成立的。

귀납법으로 귀납해낸 규칙이 반드시 모두 성립하는 것은 아니다.

· 规律 guīlǜ 圐 규율, 법칙

☐ ★☆☆ 0369 **规矩**
guīju

명 법칙, 매너

我儿子要是能这样懂规矩，该有多好啊!

내 아들이 이렇게 매너를 잘 알면 얼마나 좋을까!

☐ ★★☆ 0370 **规律**
guīlǜ

명 형 규율(에 맞다), 규칙(적이다)

人类对于很多天气现象的发生、演变及其内在规律并不完全掌握。

인류는 많은 일기 현상의 발생과 발전, 그리고 그것에 내재되어 있는 규율에 대해서 완전히 파악하지 못하고 있다.

· 演变 yǎnbiàn 图 변화하여 발전하다 · 演变 jíqí 젭 …과 그(것)의
· 内在 nèizài 图 내재하다

☐ ★★☆ 0371 **规模**
guīmó

명 규모

哈尔滨大规模有组织地制作和展出冰灯始于1963年。

하얼빈은 1963년부터 조직적으로 대규모 얼음등을 제작하고 전시하기 시작했다.

· 哈尔滨 Hā'ěrbīn 지명 하얼빈 · 展出 zhǎnchū 图 전시하다, 진열하다
· 冰灯 bīngdēng 명 얼음등, 빙등

☐ ★☆☆ 0372 **规则**
guīzé

명 규칙, 규정, 법규

你开车千万要遵守交通规则。

너는 제발 운전할 때 교통법규 좀 지켜라.

· 开车 kāichē 이합 운전하다 · 遵守 zūnshǒu 图 준수하다

☐ ★☆☆ 0373 **柜台**
guìtái

명 계산대, 카운터

请您到旁边柜台结账，实在对不起。

옆 계산대로 가서 계산해 주세요. 정말 죄송합니다.

· 结账 jiézhàng 图 계산하다, 결산하다

□ ★☆☆ 0374 滚 gǔn 〔동〕구르다

小兔突然在地上滚来滚去。
토끼가 갑자기 땅에서 데굴데굴 굴렀다.

• 兔 tù 〔명〕토끼

□ ★☆☆ 0375 锅 guō 〔명〕솥, 냄비

现在购买我们送您一个电饭锅。
지금 구매하시면 전기밥솥을 드립니다.

• 购买 gòumǎi 〔동〕구매하다 • 电饭锅 diànfànguō 〔명〕전기밥솥

□ ★☆☆ 0376 国庆节 guóqìngjié 〔명〕국경절

国庆节长假期间，你去哪儿玩儿了？
국경절 연휴에 어디로 놀러 갔었어?

• 长假 chángjià 〔명〕장기 휴가, 연휴 • 期间 qījiān 〔명〕기간

□ ★☆☆ 0377 国王 guówáng 〔명〕국왕, 왕

国王还命人重打了那位贤者100棍。
국왕은 그 현자를 100대 때릴 것을 명령했다.

• 贤者 xiánzhě 〔명〕현인, 현자 • 棍 gùn 〔명〕몽둥이, 막대기

□ ★★☆ 0378 果然 guǒrán 〔부〕과연

仁川国际机场果然名不虚传。
인천 국제공항은 과연 명불허전이다.

• 仁川 Rénchuān 〔지명〕인천
• 名不虚传 míngbùxūchuán 〔성어〕명성 그대로이다, 명불허전이다

□ ★★☆ 0379 **果实**

guǒshí

명 과실, 성과

要养成爱惜粮食、珍惜劳动果实的习惯。

양식을 소중히 아끼고 노동의 열매를 귀하게 여기는 습관을 길러야 한다.

· 珍惜 zhēnxī 통 소중히 여겨 아끼다

□ ★★☆ 0380 **过分**

guòfèn

이합 지나치다

不要过分在意别人的眼光。

남의 눈을 너무 의식할 필요 없다.

· 在意 zàiyì 이합 마음에 두다

过分은 대표적인 폄의어(부정적인 뜻을 가지고 있는 단어)입니다. 过分이 들어간 문장은 좋지
않은 뉘앙스라는 것을 기억하고 문제를 풀어야 합니다.

□ ★★☆ 0381 **过敏**

guòmǐn

통 알레르기 반응을 일으키다

我吃海鲜有些过敏，请问应该挂哪个科?

제가 해산물 먹고 알레르기가 났는데, 어느 과로 접수하면 되나요?

· 海鲜 hǎixiān 명 해산물

过敏은 듣기에 자주 등장하는 단어입니다. 녹음에서 过敏이 들리고, 보기에 过敏이 있다면 바로 정답을 고를
수 있습니다.

□ ★★☆ 0382 **过期**

guòqī

이합 기한을 넘기다, 기간이 지나다

你那么爱过期的罐头吗?

유통기한 지난 통조림이 그렇게 좋으니?

· 罐头 guàntou 명 통조림

★
☆
☆
0383 **哈**
hā

의성 하하 [크게 웃는 소리]

乐广哈哈大笑，指着墙壁上的弓说道："请你抬头看看，那是什么？"

악광은 하하 크게 웃으면서 벽에 있는 활을 가리키며 말했다. "고개를 들어 한 번 보게나. 저것이 무엇인가?"

- 乐广 Yuèguǎng 인명 악광[고사성어 '배중사영(杯中蛇影)'의 주인공]
- 墙壁 qiángbì 명 벽, 담장 · 弓 gōng 명 활
- 抬头 táitóu 이합 머리를 들다

★
☆
☆
0384 **海关**
hǎiguān

명 세관

海关是国家的管理机关。

세관은 국가 관리 기관이다.

- 机关 jīguān 명 기관

★
☆
☆
0385 **海鲜**
hǎixiān

명 해산물

他不挑食，只是不爱吃那些海鲜。

그는 편식하지 않는다. 단지 해산물을 좋아하지 않을 뿐이다.

- 挑食 tiāoshí 동 편식하다

★
☆
☆
0386 **喊**
hǎn

동 외치다, 소리지르다

孩子们吓得边哭边喊，跑到外面向大人求救。

아이들은 놀라서 울며 불며 밖으로 뛰쳐나가 어른에게 구해달라고 했다.

- 吓 xià 동 놀라다 · 求救 qiújiù 동 구조를 요청하다

★
★
☆
0387 **行业**
hángyè

명 직종, 업종

他们曾从事过服装行业。

그들은 패션 업계에 종사했던 적이 있다.

□ ★☆☆ 0388 **豪华** [형] 호화롭다

háohuá

他梦见自己睡在那座豪华的酒店里。

그는 그 호화스러운 호텔에서 자는 꿈을 꾸었다.

- 梦见 mèngjiàn [동] 꿈에 보다, 꿈꾸다
- 酒店 jiǔdiàn [명] 대형 호텔, 여관, 식당

□ ★☆☆ 0389 **好客** [형] 손님 대접하기를 좋아하다

hàokè

中国是个好客的国家，有良好的传统文化。

중국은 손님을 잘 대접하는 나라이고 훌륭한 전통 문화를 가지고 있다.

- 良好 liánghǎo [형] 양호하다, 좋다

□ ★★☆ 0390 **好奇** [형] 호기심이 많다, 궁금해하다

hàoqí

我从小就非常崇拜科学家，对自然界也很好奇。

나는 어릴 때부터 과학자를 존경했고 자연계에 호기심도 많았다.

- 崇拜 chóngbài [동] 숭배하다
- 自然界 zìránjiè [명] 자연계

DAY 13

표제어부터 예문까지 모두 듣기 intensive13mp3
표제어만 듣기 speed13.mp3

□ ★☆☆ 0391 **合法**
héfǎ

형 **합법적이다**

如何维护自己的合法权利?
어떻게 자신의 합법적인 권리를 옹호할 것인가?

· 如何 rúhé 때 어떻게, 어떠한가   · 维护 wéihù 통 유지하고 보호하다
· 权利 quánlì 명 권리

□ ★☆☆ 0392 **合理**
hélǐ

형 **합리적이다**

这个观点似乎比较合理。
이 관점은 좀 합리적인 듯하다.

□ ★☆☆ 0393 **合同**
hétong

명 **계약(서)**

请您在合同上签名。
계약서에 사인해 주세요.

· 签名 qiānmíng 이합 서명하다

정답쿡 🎯 合同이 들어가는 핵심 동사구는 '签合同(계약에 서명하다)'이며 5급 전 영역에서 자주 출제됩니다. 合同이 보이면 签을, 签이 보이면 合同을 떠올릴 수 있어야 합니다.

□ ★☆☆ 0394 **合影**
héyǐng

명 **단체 사진, 함께 찍은 사진**

我刚才整理书柜，拿出来一张合影。你看!
내가 방금 전에 책장을 정리하고 단체사진 한 장을 꺼내왔어. 봐봐.

☐ ★
☆
☆

0395 **合作**
hézuò

> 동 협업하다, 합작하다

能和您合作我们都感到非常荣幸。

당신과 협업할 수 있어 매우 영광스럽게 생각합니다.

· 荣幸 róngxìng 형 매우 영광스럽다

☐ ★
☆
☆

0396 **何必**
hébì

> 부 꼭 ···할 필요가 있는가, 왜 하필 ···해야 하는가

公寓附近就有自动取款机，何必去银行呢。

아파트 근처에 ATM기가 있는데 왜 굳이 은행에 가는 거야!

· 取款机 qǔkuǎnjī 명 ATM기, 현금 인출기

☐ ★
★
☆

0397 **何况**
hékuàng

> 접 하물며, 더군다나

即使是健全人能表演到这种水平，已经堪称世界
一流，更何况他们都是残疾人啊。

설령 정상인이라 해도 이 정도 수준으로 연기하면 이미 세계 일류라고 할 만한데,
하물며 그들은 모두 장애인이지 않은가.

· 健全 jiànquán 형 건강하고 온전하다, 완전하다
· 堪称 kānchēng 동 ···이라고 할 만하다, ···이라고 할 수 있다
· 一流 yīliú 명 일류 명 한 부류의   · 残疾 cánjí 명 장애(우)

☐ ★
☆
☆

0398 **和平**
hépíng

> 명 형 평화(롭다)

鸽子是和平的象征。

비둘기는 평화의 상징이다.

· 象征 xiàngzhēng 명 동 상징(하다)

☐ ★
☆
☆

0399 **核心**
héxīn

> 명 핵심

人要有自己的核心竞争力。

사람은 자신만의 핵심 경쟁력이 있어야 한다.

· 竞争力 jìngzhēnglì 명 경쟁력

□ ★
☆
☆
0400 **恨**

hèn

명 동 원망(하다), 증오(하다)

我只恨自己没有能力帮助她。

나는 그녀를 도울 능력이 없는 내 자신이 원망스러울 뿐이다.

□ ★
☆
☆
0401 **猴子**

hóuzi

명 원숭이

猴子很害怕狮子。

원숭이는 사자를 무서워한다.

• 狮子 shīzi 명 사자

□ ★
☆
☆
0402 **后背**

hòubèi

명 등

由于天热，他后背湿透了。

날이 더워서 그의 등이 흠뻑 젖었다.

• 湿透 shītòu 통 흠뻑 젖다, 적시다

□ ★
★
☆
0403 **后果**

hòuguǒ

명 (좋지 않은) 결과, 뒤탈

这件事情的后果十分严重，你说现在该怎么办。

이번 일 결과가 많이 심각해. 이제 네가 어떻게 해야 할지 말해 봐.

□ ★
★
☆
0404 **呼吸**

hūxī

명 동 호흡(하다)

早上睡醒后，心血管和呼吸系统还需要一段时间
才能恢复到正常状态。

아침에 깨어난 후, 심혈관과 호흡기 계통은 시간이 더 있어야 정상적인 상태로 회
복될 수 있다.

• 睡醒 shuìxǐng 통 잠에서 깨다   • 心血管 xīnxuèguǎn 명 심혈관
• 恢复 huīfù 통 회복하다   • 状态 zhuàngtài 명 상태

□ ★☆☆ 0405 **忽然**
hūrán

갑자기

这是我今天早上听广播时忽然想出来的主意。

이것은 내가 오늘 아침 라디오 방송을 듣다가 갑자기 떠오른 생각이다.

□ ★★☆ 0406 **忽视**
hūshì

소홀히 하다, 등한시하다

环保问题绝对不能忽视。

환경보호 문제는 절대로 소홀히 할 수 없다.

• 环保 huánbǎo 환경보호 [环境保护의 약칭]　• 绝对 juéduì 절대로

□ ★☆☆ 0407 **胡说**
húshuō

허튼소리(를 하다)

他假装听不懂，说："你在胡说些什么，准是喝醉了吧。"

그는 못 알아듣는 척하고 말했다. "너는 무슨 헛소리들을 하고 있어. 분명 술 취했구나."

• 准 zhǔn 틀림없이, 꼭　• 醉 zuì 취하다

□ ★☆☆ 0408 **胡同**
hútòng

골목

我小时候住在北京的胡同里。

나는 어릴 때 베이징의 골목에 살았다.

□ ★☆☆ 0409 **壶**
hú

주전자

因为壶太大，那些柴烧尽了，水也没开。

주전자가 너무 커서 그 장작들이 다 타고도 물은 끓지 않았다.

• 柴 chái 장작　• 烧 shāo 타다, 불을 붙이다
• 尽 jìn 다하다, 끝나다

0410 **蝴蝶**

몡 나비

húdié

除非经过痛苦的羽化，才能变成美丽的蝴蝶。

고통스러운 우화 과정을 거쳐야만 비로소 아름다운 나비가 될 수 있다.

· 痛苦 tòngkǔ 몡 통 고통(스럽다) · 羽化 yǔhuà 몡 통 (곤충이) 우화(화다)

0411 **糊涂**

혱 흐리멍덩하다

hútu

老师也被她搞糊涂了。

선생님도 그녀 때문에 어리둥절했다.

0412 **滑**

혱 미끄럽다 통 미끄러지다, 지치다

huá

刚下过雨，台阶有点儿滑，你小心点儿。

방금 비가 와서 계단이 조금 미끄러우니 조심하세요.

我不喜欢滑雪。

나는 스키 타는 것을 좋아하지 않는다.

· 台阶 táijiē 몡 계단, 섬돌

0413 **划**

통 (선을) 긋다

huà

要求考生针对划线的部分，从五个选项中做出选择。

수험생은 밑줄 친 부분에 대하여 5개의 보기 중 선택해야 한다.

· 考生 kǎoshēng 몡 수험생 · 选项 xuǎnxiàng 몡 선택지, 보기

0414 **花生**

몡 땅콩

huāshēng

花生也属于高脂肪食物。

땅콩도 고지방 식품에 속한다.

· 属于 shǔyú 통 …에 속하다 · 脂肪 zhīfáng 몡 지방

☐ ★ 0415 **华裔** 명 화교
☆☆
huáyì

他是一位杰出的华裔学者。
그는 걸출한 화교 학자이다.

· 杰出 jiéchū 형 걸출하다, 빼어나다 　· 学者 xuézhě 명 학자

☐ ★ 0416 **话题** 명 화제
★☆
huàtí

这不是个好话题，我们还是换个话题吧。
이건 좋은 화제가 아니니 화제를 바꾸는 것이 좋겠어요.

☐ ★ 0417 **化学** 명 화학
☆☆
huàxué

快乐激素是最有效的止痛化学物质。
엔도르핀은 가장 효과적인 진통화학물질이다.

· 快乐激素 kuàilèjīsù 명 엔도르핀
· 有效 yǒuxiào 형 유효하다, 효과가 있다
· 止痛 zhǐtòng 동 진통하다, 통증을 멈추게 하다

☐ ★ 0418 **怀念** 동 그리워하다, 생각하다
★☆
huáiniàn

他还一直被人们深深怀念着。
사람들은 여전히 줄곧 그를 많이 그리워한다.

☐ ★ 0419 **怀孕** 이합 임신하다
☆☆
huáiyùn

A: 给孕妇让座怎么是糊涂事呢？
임신부에게 자리를 양보한 게 어째서 멍청한 짓이야?

B: 关键是那个女的没怀孕，她很不高兴地说她不
是孕妇。
중요한 건 그 여자가 임신하지 않았다는 거야. 그녀가 기분 나빠하면서 자기
는 임신부 아니라고 말하더라고.

· 孕妇 yùnfù 명 임신부 　· 让座 ràngzuò 이합 자리를 양보하다

□ ★★★ 0420 **缓解**
huǎnjiě

圖 완화되다, 완화시키다

洗个澡可以缓解疲劳。

사워를 하면 피로를 완화시킬 수 있다.

정답목 缓解는 시험에 답으로 자주 나오는 단어로, 缓解가 들어간 동사구 중 가장 중요한 것은 '缓解压力(스트레스를 완화시키다)'입니다.

□ ★☆☆ 0421 **幻想**
huànxiǎng

圖 환상, 공상

《西游记》充满奇特的幻想，表现出丰富的艺术想像力。

「서유기」는 기이한 환상이 많이 나오며, 풍부한 예술적 상상력을 표현했다.

· 奇特 qítè 圖 기이하다 · 想象力 xiǎngxiànglì 圖 상상력

□ ★☆☆ 0422 **慌张**
huāngzhāng

圖 당황하다, 쩔쩔매다

如果电梯突然停住了，首先不要慌张，确定电梯是不是真的无法正常运行。

만약 엘리베이터가 갑자기 멈췄다면 우선 당황하지 말고 엘리베이터가 정말 정상 운행이 안 되는 것인지 확인한다.

· 停住 tíngzhù 圖 멈추다, 멎다 · 运行 wùnxíng 圖 운행(하다)

□ ★☆☆ 0423 **黄金**
huángjīn

圖 황금

假如你在别人眼中只是一块石头，就应该努力使自己变成一块黄金。

만약 다른 사람 눈에 당신이 그저 돌멩이로 보인다면 스스로가 황금이 되도록 노력해야 한다.

· 假如 jiǎrú 圖 만약, 가령

☐ ★☆☆ 0424 **灰**
huī

명 재

不小心把烟灰缸碰翻在地了。
부주의로 재떨이를 쳐서 땅에 엎었다.

• 烟灰缸 yānhuīgāng 명 재떨이 ・ 碰 pèng 통 부딪치다, 건드리다

☐ ★☆☆ 0425 **灰尘**
huīchén

명 먼지

书架上落了一层厚厚的灰尘。
책꽂이에 두터운 먼지가 쌓였다.

• 书架 shūjià 명 책꽂이, 서가 ・ 落 luò 통 떨어지다, 내리다

☐ ★★☆ 0426 **灰心**
huīxīn

이합 낙담하다, 의기소침하다

别灰心，您有这样的决心，前途还大有希望呢。
낙심하지 마세요. 당신이 이러한 결심을 했으니 미래는 대단히 희망적이잖아요.

• 决心 juéxīn 명 통 결심(하다)

☐ ★☆☆ 0427 **挥**
huī

통 흔들다, 휘두르다

人们都向他挥手致意。
사람들이 모두 그를 향해 손을 흔들어 인사했다.

• 致意 zhìyì 통 (다른 사람에게) 호의를 나타내다

☐ ★★☆ 0428 **恢复**
huīfù

통 회복하다, 회복시키다

在妻子的照顾下，他很快恢复了健康。
아내의 보살핌 속에서 그는 빠르게 건강을 회복했다.

□ ★☆☆ 0429 **汇率**
huìlǜ
圐 환율

今天汇率是多少?
오늘 환율이 어떻게 됩니까?

□ ★☆☆ 0430 **婚礼**
hūnlǐ
圐 결혼식, 혼례

他们都在等着您去主持婚礼。
그들은 모두 당신이 결혼식 사회 보기를 기다리고 있다.

• 主持 zhǔchí 圐 진행하다

□ ★☆☆ 0431 **婚姻**
hūnyīn
圐 혼인, 결혼

婚姻和一双鞋子一样,一定要选择适合自己的。
혼인은 신발에 쌍이 있는 것처럼 반드시 자기에게 맞는 사람을 선택해야 한다.

□ ★★☆ 0432 **活跃**
huóyuè
圐 활기 있다, 활동적이다 圐 활발히 하다, 활약하다

他在课堂上表现得很活跃。
그는 수업 시간에 매우 활동적이다.

• 课堂 kètáng 圐 (수업 중인) 교실, 수업 시간

□ ★☆☆ 0433 **火柴**
huǒchái
圐 성냥

在二十层的高度看着楼下,像火柴盒一样大小的
车子开来开去。
20여 층의 높이에서 건물 아래를 보고 있자니 성냥갑 크기의 자동차들이 지나다
닌다.

• 高度 gāodù 圐 고도, 높이 • 楼下 lóuxià 圐 건물 아래, 아래층
• 火柴盒 huǒcháihé 圐 성냥갑 • 大小 dàxiǎo 圐 크기 • 车子 chēzi 圐 차

□ ★☆☆ 0434 **伙伴**
huǒbàn

圏 동료, 동반자

哪怕是婴儿也能分辨出友好和不友好的伙伴，并且知道该和谁一起玩儿。

갓난아기도 우호적인 친구와 우호적이지 않은 친구를 분별해 낼 수 있고, 누구와 같이 놀아야 할지도 안다.

- 哪怕 nǎpà 쩹 설령 …이라 하더라도
- 婴儿 yīng'ér 圏 갓난아기
- 分辨 fēnbiàn 图 분별하다

□ ★☆☆ 0435 **或许**
huòxǔ

튀 아마, 혹시

或许再多等一两分钟，车子就会来。

혹시 1~2분만 더 기다리면 차가 올 수도 있다.

□ ★☆☆ 0436 **机器**
jīqì

圏 기계, 기기

全球每天至少有十五部机器在同时印刷他的作品。

전세계에서 최소 15대의 기계가 동시에 그의 작품을 인쇄하고 있다.

- 全球 quánqiú 圏 전세계
- 部 bù 圏 대 [기계를 세는 단위]
- 印刷 yìnshuā 图 인쇄하다

□ ★☆☆ 0437 **肌肉**
jīròu

圏 근육

我练了几个月，胳膊上的肌肉终于出来了。你看，怎么样?

나는 운동을 몇 달 했더니 드디어 팔에 근육이 생겼어. 이것 봐. 어때?

- 练 liàn 图 연습하다, 단련하다

□ ★☆☆ 0438 **基本**
jīběn

圏 圏 기본(적인)

我的目标基本上都实现了。

나의 목표는 기본적으로 모두 실현되었다.

- 目标 mùbiāo 圏 목표
- 实现 shíxiàn 图 실현하다

★★☆ 0439 **激烈**
jīliè

형 격렬하다, 치열하다

这几家单位竞争非常激烈。
이 회사들은 경쟁이 매우 치열하다.

★☆☆ 0440 **及格**
jígé

이합 시험에 합격하다, 통과하다

我小时候英语常不及格，还吃过几次大鸭蛋呢。
난 어렸을 때 종종 영어가 낙제였어. 빵점을 맞은 적도 몇 번 있었어.

· 吃鸭蛋 chīyādàn 시험에서 영점을 맞다

 문법 TIP

중국어로 '합격하다'라는 뜻의 단어는 생각보다 종류가 많습니다. 그 중 及格는 시험에서 60점 이상으로 합격하는 것을 말합니다. 60점 미만으로 불합격한 경우 不及格라고 합니다.

★☆☆ 0441 **极其**
jíqí

부 아주, 몹시

喝酒后开车，无论对自己还是对其他人，都是极其危险的。
음주운전은 자신한테든 다른 사람한테든 모두 대단히 위험한 것이다.

· 其他人 qítārén 명 다른 사람

★☆☆ 0442 **急忙**
jímáng

부 급히, 황급히

他急忙在船上刻了个记号。
그는 급히 배에다 표시를 했다.

· 记号 jìhao 명 기호, 표식

★☆☆ 0443 **急诊**
jízhěn

명 동 응급 진료(하다)

当到达急诊室时，幼小的生命已离开了人世。
응급실에 도착했을 때 어린 생명은 이미 세상을 떠났다.

· 急诊室 jízhěnshì 명 응급실 · 幼小 yòuxiǎo 형 나이가 어리다
· 人世 rénshì 명 인간 세상

☐ ★☆☆ 0444 **集合**
jíhé

> 動 집합하다(시키다), 모으다

这是大家的护照和房卡，先放下行李后请到一楼集合。
이것은 여러분의 여권과 객실 카드입니다. 먼저 짐을 놓고 1층으로 집합해 주세요.

• **房卡 fángkǎ** 명 객실 카드 키

☐ ★☆☆ 0445 **集体**
jítǐ

> 명 집단, 단체

公司组织的集体体检还没定具体日期。
회사에서 하는 단체 건강검진은 아직 구체적인 날짜가 정해지지 않았다.

• **组织 zǔzhī** 명 동 조직(하다)
• **体检 tǐjiǎn** 명 동 신체검사(하다), 건강검진(하다)
• **具体 jùtǐ** 형 구체적이다 • **日期 rìqī** 명 날짜, 기간

☐ ★★☆ 0446 **集中**
jízhōng

> 動 집중하다, 모으다

几乎所有的人都在集中力量解决问题。
거의 모든 사람들이 역량을 한 데 모아 문제를 해결하고 있다.

• **力量 lìliang** 명 힘, 역량

☐ ★☆☆ 0447 **计算**
jìsuàn

> 動 계산하다

我有一个朋友是计算机系毕业的，正在找工作。
컴퓨터과를 졸업한 친구가 한 명 있는데, 지금 직장을 구하고 있다.

• **系 xì** 명 학과

☐ ★★☆ 0448 **记录**
jìlù

> 명 動 기록(하다)

这幅画记录了北宋都城汴京清明时节的日常社会生活。
이 그림은 북송의 수도 변경의 청명절의 일상적인 사회 생활을 기록하였다.

• **北宋 BěiSòng** 고유 북송 [960~1127년에 존재했던 중국 왕조]
• **都城 dūchéng** 명 수도, 도성
• **汴京 Biànjīng** 지명 변경 [허난성(河南省)의 도시 카이펑(开封)의 옛 이름]
• **清明 qīngmíng** 명 청명(절) • **时节 shíjié** 명 시절

□ ★★☆ 0449 **记忆**　　　　　　　　　　　　　　　　　图 图 기억(하다)
jìyì

有趣的故事可以帮助儿童记忆。
재미있는 이야기는 아동의 기억에 도움이 된다.

□ ★★☆ 0450 **纪录**　　　　　　　　　　　　　　　　　图 (최고) 기록
jìlù

她打破了奥运会纪录。
그녀가 올림픽 기록을 깼다.

• 打破 dǎpò 图 타파하다, 깨다　• 奥运会 Àoyùnhuì 고유 올림픽

□ ★★☆ 0451 **纪律**　　　　　　　　　　　　　　　　　图 규율, 기율
jìlǜ

遵守纪律不会失去自由。
규율을 준수한다고 해서 자유를 잃게 되는 것은 아니다.

• 失去 shīqù 图 잃다, 잃어버리다　• 自由 zìyóu 图 图 자유(롭다)

□ ★☆☆ 0452 **纪念**　　　　　　　　　　　　　　　图 기념(품) 图 기념하다
jìniàn

A: 明天是咱俩的结婚纪念日，你有什么打算？
내일이 우리 두 사람의 결혼기념일인데, 당신은 무슨 계획이 있죠?

B: 我们照张相，留个纪念。
우리 기념으로 사진 한 장 찍어요.

• 结婚纪念日 jiéhūnjìniànrì 图 결혼기념일

□ ★☆☆ 0453 **系领带**　　　　　　　　　　　　　　　　넥타이를 매다
jìlǐngdài

我要系领带，去招聘会得穿正式点。
넥타이를 매야겠어. 채용박람회에 가는데 좀 갖춰 입어야지.

☆☆ 0454 **寂寞**

jìmò

웹 외롭다, 적막하다

孤独寂寞时，阅读可以消遣。

고독하고 적막할 때 독서로 마음을 달랠 수 있다.

· 孤独 gūdú 웹 고독하다
· 消遣 xiāoqiǎn 몡 소일거리 통 소일거리를 하다, (마음을) 달래다

☆☆ 0455 **夹子**

jiāzi

몡 집게, 클립

他打开公文夹子拿出一份文件给我看。

그는 서류철을 열고 서류 하나를 꺼내 내게 보여주었다.

□ ★☆☆ 0456 **家庭**
jiātíng
圆 가정

家庭、朋友和一份令人满意的工作为你带来的幸
福感，要远远超过金钱。
가정, 친구 그리고 만족스러운 일이 당신에게 가져다 주는 행복감은 돈을 한참 뛰
어넘는다.

• 令 lìng 图 …하게 하다, …을 시키다 • 远远 yuǎnyuǎn 图 멀리, 크게
• 金钱 jīnqián 圆 금전, 돈

□ ★★☆ 0457 **家务**
jiāwù
圆 가사, 집안일

夫妻双方要共同分担家务。
부부가 함께 가사를 분담해야 한다.

• 夫妻 fūqī 圆 부부 • 分担 fēndān 图 분담하다

□ ★☆☆ 0458 **家乡**
jiāxiāng
圆 고향

除了春节，他们很少有机会回到家乡与家人团聚。
춘절 외에는 그들이 고향에 돌아가 가족들과 함께 할 기회가 드물다.

• 团聚 tuánjù 图 (가족 · 친구들이) 한자리에 모이다

□ ★☆☆ 0459 **嘉宾**
jiābīn
圆 귀빈, 게스트

观众朋友们，让我们以热烈的掌声欢迎今天的嘉宾。
관중 여러분, 오늘의 초대손님을 뜨거운 박수로 환영해 주십시오.

• 掌声 zhǎngshēng 圆 박수 소리

☐ ★★☆ 0460 **甲**
jiǎ

圐 첫째, 제일

桂林拥有甲天下的山水风光，一流的生态环境和
独特的城市风貌。

구이린은 천하 제일의 경치와 일류 생태 환경, 독특한 도시의 모습을 가지고 있다.

- 桂林 Guìlín 〔지평〕구이린 · 山水 shānshuǐ 圐 산수
- 风光 fēngguāng 圐 풍경, 경치 · 生态 shēngtài 圐 생태
- 风貌 fēngmào 圐 경치, 풍광

☐ ★★☆ 0461 **假如**
jiǎrú

젭 가령, 만약

假如你遇到了困难，建议你在笔记本或日记本上
端端正正地写下'不要紧'三个字。

만약 당신이 어려움에 처했다면, 노트나 일기장에 또박또박 '괜찮다'는 세 글자를
써보길 제안한다.

- 日记本 rìjìběn 圐 일기장 · 端正 duānzhèng 圐 단정하다 圐 바르게 하다

☐ ★☆☆ 0462 **假设**
jiǎshè

圐圐 가정(하다), 가설(하다)

假设汽水两块钱一瓶，两个空瓶可以换一瓶汽
水，如果你手里一共有六块钱，你最多能喝几瓶
汽水？

탄산음료가 한 병에 2위안이고, 빈 병 두 개로 탄산 음료 한 병을 바꿀 수 있다고
가정하고 만약 당신 수중에 총 6위안이 있다면 당신은 탄산음료를 최대한 몇 병
마실 수 있을까요?

- 空瓶 kōngpíng 圐 빈 병

☐ ★☆☆ 0463 **假装**
jiǎzhuāng

圐 가장하다, …인 체하다

他怕客人知道自己不识字，就假装在读信。

그는 자신이 글자를 모른다는 것을 손님이 아는 것이 두려워 편지를 읽는 척 했다.

- 识字 shízì 〔이합〕글자를 알다

☐ ★★☆ 0464 **价值**
jiàzhí

國 가치

玉米具有很高的营养价值。
옥수수의 영양적 가치는 높다.

· 玉米 yùmǐ 國 옥수수 · 具有 jùyǒu 圄 갖추다, 지니다, 가지고 있다

☐ ★★☆ 0465 **驾驶**
jiàshǐ

圄 운전하다, 조종하다

他认为自己的驾驶技术很高。
그는 자신의 운전 기술이 좋다고 생각한다.

정답 콕 驾驶를 사용한 표현 중 대표적으로 시험에 나오는 것은 운전면허증을 가리키는 '驾驶执照'입니다. '驾驶执照'는 줄여서 '驾照'라고도 하고, 듣기나 독해 영역에 자주 등장합니다.

☐ ★☆☆ 0466 **嫁**
jià

圄 시집을 가다, 출가하다

按照民间的通俗说法，越优秀的女人越难嫁。
사람들이 흔히 하는 말대로 잘난 여자일수록 시집가기 힘들다.

· 民间 mínjiān 國 민간 · 通俗 tōngsú 圄 통속적이다
· 说法 shuōfa 國 의견, 표현 방식

☐ ★★☆ 0467 **坚决**
jiānjué

圐 (태도나 행동 등이) 단호하다, 결연하다

中国政府对此表示坚决反对。
중국 정부는 이에 대하여 단호한 반대를 표했다.

· 此 cǐ 団 이(것), 이때

☐ ★★★ 0468 **坚强**
jiānqiáng

圐 굳세다, 꿋꿋하다

凡是青年时期受过挫折的人都很幸运，因为他们
可以学到如何坚强。
청년 시절에 좌절을 겪는 모든 사람은 행운이다. 왜냐하면 그들은 어떻게 굳건해
지는지를 배울 수 있기 때문이다.

· 凡是 fánshì 圄 대체로, 모든 · 挫折 cuòzhé 圐 좌절, 실패

□ ★☆☆ 0469 **肩膀**

jiānbǎng

몡 어깨

长期对着屏幕阅读，容易带来很多后遗症：眼
干、肩膀疼、腰疼等。

장시간 스크린을 보면 안구 건조, 어깨 통증, 허리 통증 등의 많은 후유증을 유발
하기 쉽다.

· 长期 chángqī 몡 장시간 · 屏幕 píngmù 몡 화면, 스크린
· 后遗症 hòuyízhèng 몡 후유증 · 干 gān 혱 건조하다 · 腰 yāo 몡 허리

> **중국어 TIP**
> 肩膀이 들어가는 대표적 동사구는 '拍肩膀(어깨를 두드리다)'이며, 격려의 의미를 지니고 있습
> 니다.

□ ★☆☆ 0470 **艰巨**

jiānjù

혱 어렵고 막중하다

在每件事情的开头你都必须付出艰巨的努力。

모든 일을 시작할 때, 당신은 반드시 고된 노력을 치러야 한다.

· 付出 fùchū 통 (대가를) 지불하다, 치르다

□ ★☆☆ 0471 **艰苦**

jiānkǔ

혱 어렵고 고달프다, 힘들고 고생스럽다

训练的过程非常艰苦。

훈련 과정이 매우 고되다.

· 训练 xùnliàn 통 훈련하다

□ ★☆☆ 0472 **兼职**

jiānzhí

몡 이합 아르바이트(하다), 겸직(하다)

王老师刚给我推荐了一份兼职，可惜我没有时间。

왕 선생님께서 방금 나에게 아르바이트를 하나 추천해 주셨는데 안타깝게도 내가
시간이 없다.

· 推荐 tuījiàn 통 추천하다

★★
☆ 0473 **捡** 图 줍다

jiǎn

那个农民当然再也没有捡到撞死的兔子。

당연히 그 농민은 부딪쳐 죽은 토끼를 다시는 줍지 못했다.

· 农民 nóngmín 图 농부

★★
☆ 0474 **剪刀** 图 가위

jiǎndāo

你帮我拿把剪刀过来。

가위를 가져다 줘.

★★
☆ 0475 **简历** 图 약력, 이력

jiǎnlì

你带简历了吗?

이력서를 가져왔습니까?

★
☆ 0476 **简直** 图 그야말로

jiǎnzhí

这简直就是个奇迹。

이것은 그야말로 기적이다.

★★
☆ 0477 **建立** 图 건립하다, 맺다

jiànlì

素不相识的人之间也能建立某种联系。

모르는 사람 사이에도 모종의 관계가 생길 수 있다.

· 素不相识 sùbùxiāngshí 성어 이전에 전혀 만난 적이 없다, 안면이 없다

★
☆ 0478 **建设** 图图 건설(하다)

jiànshè

这是一个具有建设性和创造性的理念。

이것은 건설적이고 창조적인 이념이다.

· 理念 lǐniàn 图 이념

□ ★☆☆ 0479 **建筑**
jiànzhù

명 건축(물) 동 건축하다

后来他喜欢上了建筑设计。

나중에 그는 건축 설계를 좋아하게 되었다.

□ ★☆☆ 0480 **健身**
jiànshēn

동 몸을 건강히 하다

游泳是一种非常好的健身方法。

수영은 몸을 건강히 하는 매우 좋은 방법이다.

□ ★☆☆ 0481 **键盘**
jiànpán

명 건반, 키보드

音箱和键盘一共是四百八十元。

스피커와 키보드가 총 480위안이다.

• 音箱 yīnxiāng 명 스피커

□ ★★★ 0482 **讲究**
jiǎngjiu

명 중시하는 것, 주의하는 것 동 중시하다, 신경 쓰다

中国很讲究方位的排列。

중국은 방위의 배열을 중요시한다.

筷子是中餐中最主要的进餐用具，在使用上有很多讲究。

젓가락은 중국 음식에서 가장 주요한 식사 도구인데 사용상에 주의해야 할 점이 많이 있다.

• 中餐 zhōngcān 명 중국음식 • 进餐 jìncān 이합 식사를 하다, 음식을 먹다
• 用具 yòngjù 명 도구, 용구

□ ★☆☆ 0483 **讲座**
jiǎngzuò

명 강좌

明天下午的讲座我去不。

나는 내일 오후 강좌에 갈 수 없다.

☐ ★★☆ 0484 **酱油** 閏 간장

jiàngyóu

在中式餐馆吃饺子少不了酱油和醋。

중식당에서 만두를 먹을 때 간장과 식초를 뺄 수 없다.

· 中式 zhōngshì 閏 중국식의　· 餐馆 cānguǎn 閏 음식점

☐ ★★☆ 0485 **交换** 閏 閐 교환(하다)

jiāohuàn

在医院等候区，等候的时间一长病人们就聊起天
来，交换彼此的看病经验。

병원 대기실에서 기다리는 시간이 길면 환자들은 대화를 나누고 서로의 진찰 경
험을 교환한다.

☐ ★★☆ 0486 **交际** 閏 閐 교제(하다)

jiāojì

她活儿干得很卖力，工作做得也很好。就是不善
交际。

그녀는 열심히 일하고 업무도 잘 한다. 단지 사교성이 좀 떨어진다.

· 卖力 màilì 이합 전심전력하다
· 不善 búshàn 閐 잘하지 못하다, 능숙하지 못하다 閏 좋지 않다

☐ ★★☆ 0487 **交往** 閏 閐 왕래(하다), 교제(하다)

jiāowǎng

人们一般喜欢与自己相似的人交往。

사람들은 일반적으로 자기와 비슷한 사람과 사귀기를 좋아한다.

· 相似 xiāngsì 閐 (서로) 비슷하다

☐ ★★☆ 0488 **浇** 閐 (액체를) 뿌리다, 끼얹다

jiāo

海水又咸又苦，不能饮用，不能浇地，也难用于
工业。

바닷물은 짜고 써서 마실 수 없고 농업에 쓸 수 없으며, 공업에도 쓰기 어렵다.

· 海水 hǎishuǐ 閏 해수, 바닷물　· 饮用 yǐnyòng 閐 마시다
· 用于 yòngyú 閐 …에 쓰다

DAY 16

표제어부터 예문까지 모두 듣기 intensive16.mp3
표제어만 듣기 speed16.mp3

☐ ★☆☆ 0489 **胶水**
jiāoshuǐ
명 풀

他们用竹子、胶水、纸张和颜料,亲自制作了一只风筝。

그들은 대나무, 풀, 종이, 물감을 가지고 직접 연 하나를 만들었다.

• 纸张 zhǐzhāng 명 종이 • 颜料 yánliào 명 안료, 물감
• 风筝 fēngzheng 명 연

☐ ★★★ 0490 **角度**
jiǎodù
명 각도, (문제를 보는) 관점

两个人看问题的角度不同。

두 사람이 문제를 보는 관점이 다르다.

정답콕 角度는 문제를 보는 '각도', '관점'이라는 비유적인 뜻으로 시험에 매우 자주 등장합니다. 특히 전치사 从을 동반한 고정표현 '从…角度来看 (…의 관점/각도에서 보자면)'도 반드시 암기해야 합니다.

☐ ★☆☆ 0491 **狡猾**
jiǎohuá
형 교활하다

这只狐狸真是实在太狡猾了。

이 여우는 정말 너무나 교활하다.

• 狐狸 húli 명 여우

☐ ★☆☆ 0492 **教材**
jiàocái
명 교재

因为他觉得自己准备得很充分,所以连教案和教材都没带。

그는 자신이 충분히 준비했다고 생각했기 때문에 교수안과 교재조차도 가져오지 않았다.

• 教案 jiào'àn 명 교안, 교수안

□ ★☆☆ 0493 **教练**
jiàoliàn
圆 감독, 코치

教练应注意把训练和恢复结合起来。

감독은 훈련과 회복의 조화가 이루어지도록 주의해야 한다.

· 结合 jiéhé 圆 圆 결합(하다)

□ ★☆☆ 0494 **教训**
jiàoxùn
圆 교훈 圆 훈계하다, 꾸짖다

要学会从失败中吸取教训。

실패에서 교훈을 받아들일 줄 알아야 한다.

这位母亲大声教训了孩子。

이 어머니는 큰 소리로 아이를 훈계했다.

· 吸取 xīqǔ 圆 (교훈이나 경험을) 받아들이다

□ ★☆☆ 0495 **阶段**
jiēduàn
圆 단계, 계단

亮着灯睡觉会使人较难进入深睡阶段。

불을 켠 채 잠을 자는 것은 깊은 수면 단계에 들기 어렵게 할 수 있다.

· 亮 liàng 圆 밝다 圆 밝히다
· 进入 jìnrù 圆 (어떤 시기, 상태, 범위 등에) 들다, 진입하다

□ ★☆☆ 0496 **结实**
jiēshi
圆 튼튼하다, 질기다

他把羊圈修得结结实实的。

그는 양 우리를 아주 튼튼하게 수리했다.

· 羊圈 yángjuàn 圆 양 우리, 양사
· 修 xiū 圆 수리하다

□ ★☆☆ 0497 **接触**
jiēchù
圆 접촉하다

狗的玩耍因需要兴致而需要与能够提高兴致的人接触。

개는 재미있어서 장난을 치므로, 재미를 끌어올릴 수 있는 사람과 접촉해야 한다.

· 玩耍 wánshuǎ 圆 놀다, 장난치다
· 兴致 xìngzhì 圆 흥, 재미

☐ ★☆☆ 0498 **接待**
jiēdài
圖 접대하다

东道主一般泛指接待或宴请的主人。
주최자는 일반적으로 손님을 맞이하거나 연회를 열어 손님을 대접하는 주인을 가리킨다.

· 东道主 dōngdàozhǔ 圖 주최자, 손님을 초대한 주인
· 泛指 fànzhǐ 圖 넓게는 …을 가리킨다
· 宴请 yànqǐng 圖 연회를 베풀어 대접하다 · 主人 zhǔrén 圖 주인

☐ ★☆☆ 0499 **接近**
jiējìn
圖 접근하다, 가까이하다

我们希望能了解到更多历史事件，让后人研究的时
候可以尽可能地利用这些资料，接近历史的真相。
우리는 더 많은 역사적 사건을 조사하여 후세들이 연구할 때 최대한 이 자료들을
이용하여 역사의 진상에 다가갈 수 있기를 희망한다.

· 后人 hòurén 圖 후손, 후세 사람 · 尽可能 jìnkěnéng 團 되도록, 가능한 한
· 真相 zhēnxiàng 圖 진상, 실상

☐ ★☆☆ 0500 **节省**
jiéshěng
圖 아끼다, 절약하다

这样做可以节省很多费用。
이렇게 하면 많은 비용을 아낄 수 있다.

· 费用 fèiyòng 圖 비용

☐ ★★☆ 0501 **结构**
jiégòu
圖 구조

由于中国南北方的气候差异很大，所以两地的房
屋结构也大不相同。
중국의 남방과 북방은 기후 차이가 크기 때문에 두 지역의 가옥 구조도 많이 다르다.

· 房屋 fángwū 圖 가옥, 건물

□ ★
　☆　0502　**结合**　　　　　　　　　　　　　　　　　　　　　명통 결합(하다)
　　　　jiéhé
　　　　　　这两个人结合在一起会幸福吗?
　　　　　　이 두 사람이 결합하면 행복할 수 있을까?

□ ★★
　☆　0503　**结论**　　　　　　　　　　　　　　　　　　　　　명 결론, 결말
　　　　jiélùn
　　　　　　这次调查的结论是传统阅读仍有很大市场。
　　　　　　이번 조사의 결론은 전통적인 읽기 방식이 여전히 큰 시장성을 가지고 있다는 것
　　　　　　이다.

　　　　　　　　　　　　　　• 仍 réng 图 여전히, 아직도　• 市场 shìchǎng 명 시장

□ ★★
　☆　0504　**结账**　　　　　　　　　　　　　　　　　　　　　명통 계산(하다)
　　　　jiézhàng
　　　　　　您是用美元来结账吗?
　　　　　　달러로 계산하실 건가요?

　　　　　　　　　　　　　　　　　　　　　　　• 美元 měiyuán 명 미국 달러

정답 콕 🎯　结账은 듣기 영역에 자주 등장하는 단어이며 듣기 내용 중 结账이 들리고 장소를 묻는 문제가 나오면 답을 음
　　　　식점이나 상점으로 고르면 됩니다.

□ ★
　☆　0505　**戒**　　　　　　　　　　　　　　　　　　　　　　통 끊다
　　　　jiè
　　　　　　他已经下决心戒酒了。
　　　　　　그는 이미 술을 끊기로 결심했다.

□ ★
　☆　0506　**戒指**　　　　　　　　　　　　　　　　　　　　　명 반지
　　　　jièzhi
　　　　　　包里少了一枚钻石戒指。
　　　　　　가방 안에 다이아몬드 반지가 없어졌다.

　　　　　　　　　　• 枚 méi 양 [도장, 메달, 반지 등 작은 조각으로 된 사물을 세는 단위]
　　　　　　　　　　　　　　　　　　　• 钻石 zuànshí 명 다이아몬드

0507 届

jiè

㈜ 회(回), 기(期)

第十届国际马拉松赛报名时间将于本月30日截止。

제10회 국제마라톤대회 등록 기간이 이번 달 30일에 마감된다.

• 截止 jiézhǐ 图 마감하다

□ ★★☆ **0508 借口**

jièkǒu

㈜ 图 핑계(를 대다)

努力寻找借口来推卸自己的责任。

부단히 구실을 찾아 자기의 책임을 전가한다.

• 寻找 xúnzhǎo 图 찾다, 구하다
• 推卸 tuīxiè 图 (책임을) 미루다, 전가하다, 떠넘기다

□ ★☆☆ **0509 金属**

jīnshǔ

㈜ 금속

在我们使用的各类金属中，钢铁占90%以上。

우리가 사용하는 여러 종류의 금속 중 철강이 90% 이상을 차지한다.

• 占 zhàn 图 차지하다　• 以上 yǐshàng 图 이상

□ ★☆☆ **0510 尽快**

jǐnkuài

🖫 되도록 빨리

真正的生意人卖自己不喜欢的东西，因为这样才会想办法尽快把它卖出去。

진짜 장사꾼은 자기가 싫어하는 것을 판매한다. 그래야 그것을 최대한 빨리 팔아 버릴 방법을 강구하기 때문이다.

• 生意人 shēngyìrén 图 장사꾼, 사업가

□ ★★☆ **0511 尽量**

jǐnliàng

🖫 양을 다하다, 최대 한도에 이르다

尽量拿自己的长处和别人的短处竞争，要是打得过就打，打不过就跑。

최대한 자신의 장점으로 다른 사람의 단점과 경쟁해서 이길 수 있으면 싸우고 이길 수 없으면 피한다.

• 长处 chángchu 图 장점　• 短处 duǎnchu 图 단점

☐ ★★☆ 0512 **紧急**

jǐnjí

형 긴급하다

张主任善于处理紧急情况。

장 주임은 긴급 상황 처리를 잘한다.

• 善于 shànyú 동 …을 잘하다

☐ ★★☆ 0513 **谨慎**

jǐnshèn

형 신중하다

股票投资风险挺大的，你还是谨慎点儿吧。

주식 투자는 너무 위험하니 아무래도 좀 신중한 것이 좋겠어요.

☐ ★★☆ 0514 **尽力**

jìnlì

이합 힘을 다하다

我会尽力做到最好。

저는 최선을 다해 잘 해낼 것입니다.

☐ ★★☆ 0515 **进步**

jìnbù

명 동 진보(하다), 발전(하다)

这些照片拍得真好，看来你的进步很大啊。

이 사진들은 참 잘 찍었네. 보아하니 많이 발전했구나.

☐ ★☆☆ 0516 **进口**

jìnkǒu

이합 수입하다

我们工厂需要进口一批新设备。

우리 공장은 새로운 설비들을 수입해야 한다.

• 批 pī 양 떼, 무더기, 더미

☐ ★☆☆ 0517 **近代**

jìndài

명 근대

无论是古代、近代还是现代，爱情都是一个非常
突出的话题。

고대든 근대든 아니면 현대든 사랑은 언제나 매우 좋은 화제이다.

• 突出 tūchū 형 뛰어나다, 두드러지다 동 돋보이게 하다, 부각시키다

☆ ★ ☆ 0518 **经典**
jīngdiǎn

圏 경전, 고전

他在《电影传奇》中重现过许多经典电影场景。

그는 『영화전기』에서 전형적으로 유명한 장면들을 많이 재현했다.

· 传奇 chuánqí 圏 전기적이다 · 重现 chóngxiàn 图 재현하다
· 场景 chǎngjǐng 圏 정경, 모습, (연극, 영화, TV 드라마 등의) 장면

☆ ★ ☆ 0519 **经商**
jīngshāng

圏 이합 장사(하다)

我不懂得经商。

나는 사업을 모른다.

· 懂得 dǒngde 图 (뜻, 방법 등을) 알다

☆ ★ ☆ 0520 **经营**
jīngyíng

图 운영하다, 경영하다

他丈夫一直在经营一家酒吧。

그녀의 남편은 줄곧 바를 운영하고 있다.

· 酒吧 jiǔbā 圏 술집, 바(bar)

☐ ★★☆ 0521 **精力**

jīnglì

圆 정력, 정신과 체력

只有把精力集中到一个目标上，才能取得成功。
하나의 목표에 힘을 집중시켜야 성공을 거둘 수 있다.

☐ ★★☆ 0522 **精神**

jīngshén

圆 정신

参与志愿工作，在服务他人、服务社会的同时，
自身的精神和心灵也能得到满足。
자원봉사에 참여하는 것은 타인과 사회를 위해 봉사함과 동시에 자신의 정신적
만족 또한 얻을 수 있다.

- 志愿 zhìyuàn 圆 圄 지원(하다), 자원(하다) · 自身 zìshēn 団 자신, 본인
- 心灵 xīnlíng 圆 영혼, 마음 · 满足 mǎnzú 圄 만족하다, 만족시키다

> 중국어
> TIP
> 精神은 발음에 따라 뜻이 달라지는 단어입니다. 精神을 jīngshén으로 발음하면 '정신'이라는 뜻
> 이 되고, jīngshen으로 발음하면 '원기', 활력'의 뜻이 됩니다. 두 가지 뜻이 모두 시험에 출제되니
> 함께 알아두세요!

☐ ★☆☆ 0523 **酒吧**

jiǔbā

圆 술집, 바(bar)

您不能把宠物带进酒吧。
애완동물을 데리고 바에 들어갈 수 없습니다.

☐ ★☆☆ 0524 **救**

jiù

圄 구하다, 구조하다

他正要上吊自杀的时候，正好有人从附近走过，
看见了他，并且救了他。
그가 막 목을 매 자살하려고 할 때 마침 어떤 사람이 근처를 지나가다 그를 보고
구했다.

- 正 zhèng 凰 마침, 한창 · 上吊 shàngdiào 이합 목을 매다
- 自杀 zìshā 圄 자살하다

☐ ★☆☆ 0525 **救护车**
jiùhùchē

⤷ 구급차

送他去医院的不是出租车，也不是救护车，竟是一辆警车。

그를 병원에 후송한 것은 택시도 아니고 구급차도 아닌, 뜻밖에도 경찰차였다.

· 竟 jìng 閉 뜻밖에, 의외로 · 警车 jǐngchē 閉 경찰차

☐ ★☆☆ 0526 **舅舅**
jiùjiu

⤷ 외삼촌

舅舅不怎么喜欢下象棋。

외삼촌은 장기 두는 것을 별로 좋아하지 않는다.

· 象棋 xiàngqí 閉 중국식 장기

☐ ★★☆ 0527 **居然**
jūrán

閉 뜻밖에, 의외로

我下午整理书柜，居然找到舅舅送我的那块儿手表了。

나는 오후에 책장을 정리하다 뜻밖에도 외삼촌이 선물해 주신 그 손목시계를 찾았어.

☐ ★☆☆ 0528 **桔子**
júzi

閉 귤

桔子含有丰富的维生素。

귤은 풍부한 비타민을 함유하고 있다.

· 维生素 wéishēngsù 閉 비타민

☐ ★★★ 0529 **巨大**
jùdà

⤷ 아주 크다, 거대하다

绝境往往能唤起我们自身巨大的潜力。

종종 궁지에 몰리면 우리 자신의 거대한 잠재력을 끌어낼 수 있다.

· 绝境 juéjìng 閉 궁지, 절망적인 상태
· 唤起 huànqǐ 閉 불러일으키다, 끌어내다 · 潜力 qiánlì 閉 잠재력, 저력

□ ★★★ 0530 **具备** [동] 갖추다, 구비하다

jùbèi

京剧演员要具备比较好的自然条件。

경극 연기자는 선천적인 조건을 비교적 훌륭하게 갖추어야 한다.

□ ★☆☆ 0531 **具体** [형] 구체적이다

jùtǐ

具体内容请见网上的“报名须知”。

구체적인 내용은 인터넷상의 '신청 요강'을 참조하세요.

- 网上 wǎnshang [명] 온라인, 인터넷상
- 须知 xūzhī [명] 주의사항, 안내사항

□ ★☆☆ 0532 **俱乐部** [명] 클럽, 동호회

jùlèbù

他是中国足球俱乐部首次引进的外籍球员。

그는 중국 축구 클럽이 처음으로 영입한 용병 선수이다.

- 首次 shǒucì [명] 첫 번째, 제1회
- 引进 yǐnjìn [동] 도입하다
- 外籍 wàijí [명] 외국 국적
- 球员 qiúyuán [명] (구기 운동의) 선수

□ ★☆☆ 0533 **据说** [동] 듣자하니 …이라 한다

jùshuō

附近新开了一家酒吧，据说生意不错。

근처에 바가 새로 개업했는데 장사가 잘 된다더라.

□ ★☆☆ 0534 **捐** [동] 헌납하다, 기부하다

juān

我捐了我全部财富的百分之二十。

나는 내 재산의 20%를 기부했다.

- 财富 cáifù [명] 부, 자산

□ ★★☆ 0535 **决赛**
juésài

囝 결승(전)

如果能进前十二名，我就可以参加下个月底在上海举行的决赛了。

만약 12위 안에 들 수 있으면 나는 다음 달 말에 상하이에서 개최하는 결승에 참가할 수 있다.

□ ★★☆ 0536 **决心**
juéxīn

囝툉 결심(하다), 다짐(하다)

他决心成为一个对他人、社会有用的人。

그는 타인과 사회에 필요한 사람이 되겠다고 다짐했다.

· 有用 yǒuyòng 툉 쓸모가 있다, 유용하다

□ ★★☆ 0537 **角色**
juésè

囝 배역, 역할

其实她扮演的那个角色本来是我的。

사실 그녀가 연기한 그 역할은 원래 내 것이었다.

· 扮演 bànyǎn 툉 …의 역을 맡다

□ ★★☆ 0538 **绝对**
juéduì

囝 절대

拿冠军绝对没问题。

챔피언을 따는 것은 절대 문제 없다.

□ ★★☆ 0539 **军事**
jūnshì

囝 군사

气象条件影响军事活动。

기상 조건은 군사 활동에 영향을 미친다.

· 气象 qìxiàng 囝 기상

☐ ★
☆
☆
0540 **均匀**
jūnyún
형 균일하다, 고르다

空气的水平方向流动，是各地的气温和气压分布
不均匀造成的。

공기의 수평 방향 이동은 각지의 기온과 기압 분포가 균등하지 않아서 생기는 것
이다.

・气温 qìwēn 명 기온 　・气压 qìyā 명 기압 　・各地 gèdì 명 각지, 각처

☐ ★
☆
☆
0541 **卡车**
kǎchē
명 트럭

你以前开过卡车吗?

당신은 예전에 트럭 운전한 적이 있습니까?

☐ ★
★
☆
0542 **开发**
kāifā
동 개발하다

从某种意义上来说，人类社会的发展离不开优质
能源的开发。

어떤 의미에서 양질의 에너지원 개발을 떠나서는 인류 사회의 발전은 불가능하다.

☐ ★
★
☆
0543 **开放**
kāifàng
동 개방하다

本图书馆开放时间如下。

본 도서관의 개방 시간은 아래와 같습니다.

・如下 rúxià 동 다음과 같다

☐ ★
★
☆
0544 **开幕式**
kāimùshì
명 개막식

昨天晚上的开幕式，你看了没?

어젯밤에 개막식 봤어요?

□ ★☆☆ 0545 **开水** [명] 끓인 물
kāishuǐ

不用太担心啦，回去多喝开水，睡眠要充足，注意休息，很快就会好起来的。
너무 걱정하지 마세요. 돌아가서 끓인 물을 많이 마시고 잠을 충분히 자고 잘 쉬면 금방 좋아질 겁니다.

• 充足 chōngzú [형] 충분하다

□ ★☆☆ 0546 **砍** [동] (도끼 등으로) 찍다, 패다
kǎn

农夫砍倒了那棵不结果的苹果树。
농부는 열매가 안 열리는 그 사과나무를 베었다.

□ ★☆☆ 0547 **看不起** [동] 깔보다, 얕보다
kànbuqǐ

他担心别的同学会看不起自己。
그는 다른 친구들이 자기를 얕볼까 걱정한다.

□ ★☆☆ 0548 **看望** [동] 방문하다, 찾아뵙다
kànwàng

每个周末回父母家中看望他们、交流感情。
주말마다 부모님 댁에 가서 부모님을 찾아 뵙고 감정을 교류한다.

□ ★★☆ 0549 **靠** [동] 의지하다, 의탁하다 / 신뢰하다, 믿다
kào

光靠锻炼是很难减肥的。
운동만으로는 살을 빼기 어렵다.

他是我的朋友，人很实在，靠得住。
그는 내 친구인데, 사람이 진실하고 믿을만해요.

• 靠得住 kàodezhù [형] 믿을만하다

□ ★☆☆ 0550 **颗**

kē

图 알, 알갱이

快乐的人，不是上帝赐予他快乐的事，而是给了他一颗快乐的心。

즐거운 사람은 하느님이 그에게 즐거운 일을 준 것이 아니라 즐거운 마음을 준 것이다.

- 不是…而是~ búshì…érshì~ 접 …이 아니라 ~이다
- 上帝 Shàngdì 명 상제, 하느님   · 赐予 cìyǔ 동 하사하다, 내려주다

□ ★★☆ 0551 **可见**

kějiàn

접 …을 알 수 있다

如今电视信号、手机信号等无不依赖于天上卫星发来的信号。由此可见，航天科技活动对人类生活的影响正在逐步增大。

현재는 TV, 휴대전화 등이 모두 하늘의 위성이 보내 온 신호에 의지하고 있다. 이로부터 인류 생활에 대한 우주 과학 기술 활동의 영향이 점차 커지고 있음을 알 수 있다.

- 如今 rújīn 명 현재   · 信号 xìnhào 명 신호   · 依赖 yīlài 동 의지하다
- 卫星 wèixīng 명 위성   · 由此可见 yóucǐkějiàn 이로부터 …을 알 수 있다
- 增大 zēngdà 동 증대하다, 늘리다, 커지다

문법 TIP

可见이 접속사로 쓰이는 경우 보통 두 번째 문장의 맨 앞에 위치하여 앞 문장에 대한 추론을 하는 역할을 합니다.

□ ★☆☆ 0552 **可靠**

kěkào

형 믿을 만하다

胆小不是什么缺点，只不过是非常谨慎罢了，而这样的人总是最可靠。

담이 작은 것은 결점이 아니며, 아주 신중할 뿐이다. 그리고 그런 사람이 항상 제일 믿음직스럽다.

□ ★☆☆ 0553 **可怕**

kěpà

형 두렵다, 무섭다

鲨鱼其实没有人们想像中的那么可怕。

상어는 사실 사람들이 상상하는 것만큼 그렇게 무섭지 않다.

- 鲨鱼 shāyú 명 상어   · 想像 xiǎngxiàng 명 동 상상(하다)

☐ ★☆☆ 0554 **克**
kè

⟮양⟯ 그램(g) [무게의 단위]

现代营养学建议成年人每天吃蔬菜300-500克。

현대 영양학은 성인에게 매일 야채 300–500그램을 먹도록 권장한다.

・成年人 chéngniánrén ⟮명⟯ 성인

☐ ★★☆ 0555 **克服**
kèfú

⟮동⟯ 극복하다

'不要紧'这三个字，可以帮助你克服困难、战胜
挫折。

'괜찮아' 이 세 글자는 당신이 어려움을 극복하고 좌절에 맞서 이기도록 도와줄 수
있다.

☐ ★☆☆ 0556 **刻苦**
kèkǔ

⟮형⟯ 고생을 참고 노력하다

能否把工作做得更好，就要看是否具有踏实肯
干、刻苦钻研的态度。

일을 더 잘 할 수 있는지의 여부는 착실하고 능동적인 태도와 각고의 노력으로 연
구하는 태도를 가지고 있는지를 봐야 한다.

・能否 néngfǒu ⟮동⟯ …할 수 있는가 ・踏实 tāshi ⟮형⟯ 착실하다, 마음이 놓이다
・肯干 kěngàn ⟮동⟯ 자발적으로 기꺼이 하다 ・钻研 zuānyán ⟮동⟯ 깊이 연구하다

☐ ★☆☆ 0557 **客观**
kèguān

⟮명⟯⟮형⟯ 객관(적이다)

人类对世界的认识永远都是主观的，而客观永远
只能是相对的。

세계에 대한 인류의 인식은 영원히 모두 주관적인 것이고, 객관적이란 영원히 상
대적인 것일 수밖에 없다.

・主观 zhǔguān ⟮명⟯⟮형⟯ 주관(적이다)

□ ★☆☆ 0558 **课程** [명] (교육) 과정, 커리큘럼

kèchéng

听说你在读企业管理网络课程，学得怎么样了？

기업 관리 사이버 과정을 공부하고 있다면서요? 어때요?

- 企业管理 qǐyèguǎnlǐ [명] 기업관리, 기업경영
- 网络 wǎngluò [명] 네트워크, 웹, 사이버

□ ★☆☆ 0559 **空间** [명] 공간

kōngjiān

所谓私人空间，是指我们身体周围的一定的空间。

이른바 "개인 공간"이란 우리 몸 주변의 일정한 공간을 가리키는 것이다.

- 所谓 suǒwèi [형] 소위, 이른바
- 私人 sīrén [형] 사적인, 민간의

□ ★★☆ 0560 **空闲** [형] 한가하다, 비어있다

kòngxián

在上司较空闲时，他们会找各种轻松的话题跟上司闲聊。

상사가 비교적 여유가 있을 때, 그들은 여러 가지 가벼운 화제들을 찾아 상사와 한담을 나눈다.

- 上司 shàngsi [명] 상사, 상급자
- 闲聊 xiánliáo [동] 한담하다

□ ★★★ 0561 **控制** [동] 통제하다, 조절하다

kòngzhì

高速公路上要注意控制车速。

고속도로에서는 차량의 속도에 주의해야 한다.

- 车速 chēsù [명] 차의 속도

정답 콕 控制는 5급 독해 1부분에 답으로 자주 등장하는 단어로, 동반되는 목적어 중 특히 중요한 것들은 感情(감정), 情绪(정서), 机会(기회) 등입니다.

□ ★☆☆ 0562 **口味** [명] 입맛, 취향

kǒuwèi

我以为你爱吃口味重的菜。

나는 네가 맛이 강한 음식을 좋아하는 줄 알았어.

☐ ★☆☆ 0563 **夸** kuā　　　　　　　　　　　　　　　　　圄 칭찬하다 / 과장하다

有些女人认为，夸她"可爱"就意味着你认为她长得不好看。

어떤 여성들은 "귀엽다"라고 칭찬하면 당신이 그녀를 못생겼다고 생각하는 것으로 여긴다.

☐ ★☆☆ 0564 **夸张** kuāzhāng　　　　　　　　　　　　　　　　圄 과장하다

和一个年轻人交谈时，不妨稍微夸张地赞扬他的才能和勇气。

젊은 사람과 대화할 때는 그 사람의 재능과 용기를 약간 과장해서 칭찬하는 것도 괜찮다.

· 交谈 jiāotán 圄 이야기를 나누다
· 不妨 bùfáng 囝 (…하는 것도) 괜찮다, 무방하다
· 赞扬 zànyáng 圄 찬양하다, 칭찬하다 　· 才能 cáinéng 圄 재능

☐ ★☆☆ 0565 **会计** kuàiji　　　　　　　　　　　　　　　　　圄 회계(사)

看你的简历，你好像没有做过会计？

이력서를 보니 회계를 해본 적이 없는 것 같더군요.

☐ ★☆☆ 0566 **宽** kuān　　　　　　　　　　　　圄 (폭, 범위, 면적, 한도, 마음 등이) 넓다

长江很宽。

양쯔강은 폭이 넓다.

· 长江 Chángjiāng 교위 창장, 양쯔강

☐ ★☆☆ 0567 **昆虫** kūnchóng　　　　　　　　　　　　　　　　　圄 곤충

昆虫的分布范围很广。

곤충의 분포 범위는 매우 넓다.

· 广 guǎng 圄 넓다

★★
☆ 0568 **扩大**
kuòdà

图 (범위, 규모, 수량 등을) 확대하다

你要扩大你的工作范围。

너는 업무 범위를 확대시켜야 한다.

★
☆ 0569 **辣椒**
làjiāo

명 고추

红色食品的代表有西红柿、辣椒等。

붉은색 식품에는 대표적으로 토마토, 고추 등이 있다.

· 食品 shípǐn 图 식품

★
☆ 0570 **拦**
lán

图 가로막다, 저지하다

他被门卫拦在门外了。

그는 문 밖에서 경비에게 저지 당했다.

★
☆ 0571 **烂**
làn

图 썩다, 부패하다

鸡蛋变臭，蔬菜烂掉，主要是细菌、真菌在起作用。

달걀이 냄새가 나고 야채가 물러지는 것은 주로 세균과 진균류가 작용을 일으키고 있는 것이다.

· 细菌 xìjūn 图 세균   · 真菌 zhēnjūn 图 진균류
· 起作用 qǐzuòyòng 작용을 일으키다

★
☆ 0572 **朗读**
lǎngdú

图 낭독하다

朗读出声音是阅读速度慢的原因之一。

소리 내어 낭독하는 것은 읽기 속도가 느린 원인 중 하나이다.

☆☆ 0573 **劳动**
láodòng
뗑통 노동(하다)

家务劳动不能代替体育运动。
가사노동으로 운동을 대체할 수 없다.

☆☆ 0574 **劳驾**
láojià
回합 실례합니다, 미안합니다

劳驾，现在几点了?
실례합니다, 지금이 몇 시죠?

☆☆ 0575 **老百姓**
lǎobǎixìng
뗑 백성, 국민

发明活字印刷术的毕升是宋朝的一个普通老百姓。
활자인쇄술을 발명한 필승은 송나라의 일반 백성이었다.

• 活字印刷术 huózìyìnshuāshù 뗑 활자인쇄술
• 毕升 Bìshēng 回뗑 필승 [북송시기 발명가]
• 宋朝 Sòngcháo 고유 송나라, 송대(宋代)

☆☆ 0576 **老板**
lǎobǎn
뗑 사장

老板不欣赏我，所以我情绪不好。
사장이 나를 좋아하지 않아서 나는 기분이 좋지 않다.

• 欣赏 xīnshǎng 통 감상하다, 마음에 들다

☆☆ 0577 **老婆**
lǎopo
뗑 부인, 아내

你和你的老婆都是独生子女，你可以要两个孩子。
너와 네 아내가 모두 외동이니 너는 아이를 둘 낳아도 된다.

• 独生子女 dúshēngzǐnǚ 뗑 외아들, 외동딸

□ ★☆☆ 0578 **老实** [형] 진실하고 성실하다

lǎoshi

同事都夸他老实能干。

동료들이 모두 그를 정직하고 능력 있다고 칭찬한다.

· 能干 nénggàn [형] 능력 있다, 유능하다

□ ★☆☆ 0579 **老鼠** [명] 쥐

lǎoshǔ

一只老鼠向狮子挑战，可被狮子拒绝了。

쥐 한 마리가 사자에게 도전했지만 사자에게 거절 당했다.

· 挑战 tiǎozhàn [명] [동] 도전(하다)

□ ★☆☆ 0580 **姥姥** [명] 외할머니

lǎolao

姥姥的一句话给我留下了深刻的印象。

외할머니의 한 마디가 나에게 깊은 인상을 남겼다.

· 深刻 shēnkè [형] (인상 등이) 깊다, 깊이가 있다

□ ★★☆ 0581 **乐观** [형] 낙관적이다

lèguān

积极乐观的态度能给我们带来好运。

적극적이고 낙관적인 태도는 우리에게 행운을 가져다 줄 수 있다.

· 好运 hǎoyùn [명] 행운

□ ★☆☆ 0582 **雷** [명] 천둥

léi

天上突然打雷下雨了。

하늘에서 갑자기 천둥이 치고 비가 내렸다.

· 打雷 dǎléi [이합] 천둥 치다

☐ ★★☆ 0583 **类型**
lèixíng
图 유형

你喜欢哪种类型的音乐?
당신은 어떤 유형의 음악을 좋아하십니까?

☐ ★★☆ 0584 **冷淡**
lěngdàn
图 냉담하다, 냉정하다

他的表情很冷淡，好像对病人的痛苦一点儿都不在意。
그의 표정은 냉정해서 마치 환자의 고통에 대해 조금도 신경 쓰지 않는 것 같았다.

☐ ★★☆ 0585 **厘米**
límǐ
图 센티미터(cm) [길이의 단위]

《清明上河图》是中国十大传世名画之一，北宋风俗画作品，画宽24.8厘米，长528.7厘米。
『청명상하도』는 중국 10대 고전명화 중 하나로 북송 시기 풍속화 작품이며, 화폭이 24.8 센티미터, 길이가 528.7 센티미터이다.

• 传世 chuánshì 图 세상에 전해지다, 후세에 전해지다
• 名画 mínghuà 图 명화

□ ★★☆ 0586 **离婚**
líhūn
몡 이합 이혼(하다)

夫妻双方同时工作并分担家务，比靠丈夫一个人
养家的婚姻更稳定，离婚率更低。

부부가 모두 일하고 가사를 분담하는 것이 주로 남편 한 사람에 의존해 가족을 부
양하는 결혼보다 더 안정적이고 이혼율이 낮다.

· 养家 yǎngjiā 이합 가정을 부양하다
· 稳定 wěndìng 혱 안정적이다 · 率 lǜ 몡 비율

□ ★☆☆ 0587 **梨**
lí
몡 배

我儿子特别爱吃梨。

내 아들은 배를 무척 잘 먹는다.

□ ★★☆ 0588 **理论**
lǐlùn
몡 이론

现在不少科学家提出了哭有利于健康的理论。

현재 적지 않은 과학자가 우는 것이 신체 건강에 이롭다는 이론을 제기했다.

· 提出 tíchū 통 제기하다

□ ★★☆ 0589 **理由**
lǐyóu
몡 이유, 까닭

你说的理由缺乏说服力。

네가 말한 이유는 설득력이 부족하다.

· 缺乏 quēfá 통 결핍되다, 결여되다
· 说服 shuōfú 통 설득하다, 납득시키다

□ ★★☆ 0590 **力量**
lìliang

图 힘, 역량

集体的力量大。
단체의 힘은 강하다.

□ ★★☆ 0591 **立即**
lìjí

児 즉시, 당장

这个广告一登，票立即就卖光了。
이 광고가 나가자 표는 금방 매진되었다.

• 登 dēng 图 오르다, 기재하다, 게재하다

□ ★★☆ 0592 **立刻**
lìkè

児 곧, 즉시

乐广弄清朋友得病的原因之后，为了治好朋友的
病，立刻请朋友来到家中。
악광은 친구가 병이 난 원인을 알고 난 후 그의 병을 치료하기 위해 즉시 그를 집
으로 불렀다.

• 治病 zhìbìng 이합 병을 치료하다

정답콕 🎯 立刻와 立即는 조동사와 함께 술어 앞에서 술어를 꾸며주는 부사어로 쓰이기도 합니다. 이 때 어순은 [조동사
+立刻/立即+술어]가 된다는 것을 알고 있다면, 쓰기 영역 어순배열 문제를 풀 때 유용합니다.

□ ★☆☆ 0593 **利润**
lìrùn

图 이윤

今年公司纯利润几乎增长了一倍。
올해 회사의 순이윤은 거의 배로 늘었다.

• 追求 zhuīqiú 图 추구하다   • 剩下 shèngxià 图 남기다

□ ★☆☆ 0594 **利息**
lìxī

图 이자

此次贷款利息上调了0.5%。 이번에 대출 이자가 0.5% 올랐다.

• 上调 shàngtiáo 图 (가격 등을) 상향 조정하다

☐ ★☆☆ 0595 **利益** 명 이익, 이득

lìyì

企业要维护公司的利益。

기업은 회사의 이익을 유지하고 보호해야 한다.

• 企业 qǐyè 명 기업

☐ ★★☆ 0596 **利用** 동 이용하다

lìyòng

所谓可再生能源是指在自然界中可以不断再生、永续利用的能源。

재생에너지란 이른바 자연계에서 끊임없이 재생되고 영원히 이용 가능한 에너지를 가리킨다.

• 可再生能源 kězàishēngnéngyuán 명 재생에너지
• 再生 zàishēng 동 재생하다 • 永续 yǒngxù 부 끊임없이

☐ ★☆☆ 0597 **连忙** 부 급히, 재빨리

liánmáng

坐在旁边的妻子连忙替我向警察解释了。

옆에 앉은 아내가 나를 대신해 재빨리 경찰에게 설명했다.

• 解释 jiěshì 동 해석하다, 설명하다

☐ ★★☆ 0598 **连续** 동 연속하다, 계속하다

liánxù

黄河连续不断地为中国各地输送着活力与生机。

황허는 끊임없이 중국 각지에 활력과 생기를 운반해 준다.

• 黄河 Huánghé 지명 황허 • 输送 shūsòng 동 수송하다, 운송하다
• 活力 huólì 명 활력, 활기 • 生机 shēngjī 명 생기

☐ ★☆☆ 0599 **联合** 명 동 연합(하다)

liánhé

咱们干脆就联合开一个公司吧。

우리 아예 공동으로 회사를 하나 차립시다.

☐ ★☆☆ 0600 **恋爱** 　　　　　　　　　　　　　　　　　圆통 연애(하다)

liàn'ài

婚姻和恋爱是完全不同的两回事。

결혼과 연애는 완전 별개의 일이다.

• 两回事 liǎnghuíshì 서로 다른 별개의 일

☐ ★★☆ 0601 **良好** 　　　　　　　　　　　　　　　　　圐 양호하다, 좋다

liánghǎo

他们没有受过良好的教育。

그는 양질의 교육을 받지 못했다.

☐ ★☆☆ 0602 **粮食** 　　　　　　　　　　　　　　　　　圐 양식, 곡물

liángshi

湖广地区是全国最重要的粮食产地。

후광 지역은 전국에서 가장 중요한 곡물 생산지이다.

• 产地 chǎndì 圐 생산지

☐ ★☆☆ 0603 **亮** 　　　　　　　　　　　　　　　　　圐 밝다, 빛나다

liàng

加油站的灯光不太亮。

주유소의 불빛이 그다지 밝지 않다.

• 灯光 dēngguāng 圐 불빛

☐ ★★☆ 0604 **了不起** 　　　　　　　　　　　　　　　　　圐 대단하다, 굉장하다

liǎobuqǐ

你真是太了不起了！一天之内，你竟有这么大的

进步！

너 정말 대단하구나! 하루 안에 이렇게 많이 발전할 수 있다니!

□ ☆☆ 0605 **列车**
lièchē

图 열차

由于前方江苏省部分地区出现暴雨天气，列车将减速运行。

전방 장쑤 성 일부 지역의 폭우로 인해 열차가 감속 운행됩니다.

· 江苏省 Jiāngsūshěng [지명] 장쑤 성 · 暴雨 bàoyǔ 图 폭우
· 减速 jiǎnsù [이합] 속도를 줄이다

□ ★★☆ 0606 **临时**
línshí

图 图 잠시의, 임시로

临时住几天。

임시로 며칠 묵다.

□ ★★★ 0607 **灵活**
línghuó

图 민첩하다 / 융통성 있다

一个优秀的企业应具有灵活应对市场变化的能力。

우수한 기업은 시장 변화에 유연하게 대처하는 능력을 갖추어야 한다.

· 企业 qǐyè 图 기업 · 具有 jùyǒu 图 지니다
· 应对 yìngduì 图 대응하다

정답툭 🎯 灵活는 듣기나 독해 영역에서 답으로 자주 출제되는 단어로, 灵活의 여러 뜻 중 특히 '융통성이 있다'라는 뜻
이 중요합니다.

□ ☆☆ 0608 **铃**
líng

图 종, 벨

那天，我刚看完足球比赛，就按响了楼上邻居的门铃。

그날 나는 축구경기를 다 보고 나서 바로 윗집의 초인종을 눌렀다.

· 楼上 lóushàng 图 위층 · 门铃 ménlíng 图 초인종

☆☆ 0609 **零件**
língjiàn

몡 부품, 부속품

我正在组装书架呢，少了几个零件。

지금 책꽂이를 조립하고 있는데, 부품 몇 개가 부족하다.

· 组装 zǔzhuāng 图 조립하다

☆☆ 0610 **零食**
língshí

몡 간식, 군것질

时间不早了，该睡觉了，怎么还吃零食？

시간이 늦었어. 잘 때가 됐는데 왜 또 군것질이니?

★☆ 0611 **领导**
lǐngdǎo

몡 지도(자), 리더 图 이끌다, 지도하다

给领导送什么礼物好？

상사에게 무슨 선물을 하는 것이 좋을까?

他对待顾客的态度让老板相信他可以领导好一个
客服部。

고객을 대하는 그의 태도는 사장님으로 하여금 그가 고객서비스 팀을 잘 이끌어
갈 수 있을 것이라고 믿게 하였다.

☆☆ 0612 **领域**
lǐngyù

몡 영역, 분야

你以前在这个领域工作过吗？

전에 이 분야에서 일한 적이 있습니까?

★☆ 0613 **浏览**
liúlǎn

图 훑어보다, 찾아보다

我们将根据浏览量进行评比，前五名将成为签约
歌手。

저희는 조회수를 근거로 평가를 진행하며 상위 5위까지 전속 가수가 될 것입니다.

· 评比 píngbǐ 图 비교하여 평가하다
· 签约 qiānyuē 图 (계약서 등에) 서명하다, 계약하다

☐ ★★☆ 0614 **流传** liúchuán [동] 유전하다, 대대로 전해 내려오다

很多唐诗还是广为流传。

많은 당시가 아직도 널리 전해져 내려온다.

• 唐诗 tángshī [명] 당시 • 广为 guǎngwéi [부] 널리, 폭넓게

☐ ★☆☆ 0615 **流泪** liúlèi [이합] 눈물을 흘리다

姑姑听到这个消息后伤心地流泪了。

고모는 이 소식을 듣고 마음 아파하며 눈물을 흘리셨다.

☐ ★☆☆ 0616 **龙** lóng [명] 용

眼睛是整条龙的关键，要是给它画上眼睛，它有了精神，就会飞走了。

눈은 용 전체에서 가장 중요한 부분이기 때문에 만약 눈을 그려 주면 살아서 날아가 버릴 것이다.

• 整 zhěng [형] 완전하다, 온전하다

☐ ★☆☆ 0617 **漏** lòu [동] 새다, 새어나가다

小李家水管漏水了。

샤오리 집의 수도관에 물이 샌다.

• 水管 shuǐguǎn [명] 수도관, 송수관, 호스

☐ ★☆☆ 0618 **陆地** lùdì [명] 육지, 땅

大象是陆地上最大的哺乳动物。

코끼리는 육지에서 가장 큰 포유동물이다.

• 哺乳动物 bǔrǔdòngwù [명] 포유동물

DAY 20

표제어부터 예문까지 모두 듣기 **intensive20.mp3**
표제어만 듣기 **speed20.mp3**

□ ★☆☆ 0619 **陆续**
lùxù

및 연이어, 잇따라

我们公司刚成立不久，已经陆续接了几个工程，
相信会越来越好。

우리 회사는 설립한지 얼마 되지 않았는데 이미 몇 건의 프로젝트를 연이어 받았
다. 갈수록 더 좋아질것이라 믿는다.

· 工程 gōngchéng 몡 공사, 공정, 프로젝트

□ ★☆☆ 0620 **录取**
lùqǔ

통 (시험 등을 통해) 합격 시키다, 뽑다

我儿子被那所名牌大学录取了。

내 아들은 그 명문 대학에 합격했다.

· 所 suǒ 몡 채, 동, 개 [학교나 병원 등을 세는 단위]
· 名牌 míngpái 몡 유명 상표, 유명 브랜드

정답콕 ⊙ 录取는 학교에서 학생을 선발하거나 회사에서 채용하는 것을 뜻하는 단어로 '被录取(채용이 되다)'라는 표현
이 시험에 잘 등장합니다.

□ ★☆☆ 0621 **录音**
lùyīn

몡 이합 녹음(하다)

不需购买专业录音设备。

전문적인 레코딩 설비까지 구매할 필요 없다.

□ ★☆☆ 0622 **轮流**
lúnliú

통 돌아가며 차례로 하다, 교대로 하다

他以前穷得连一条裤子都要全家人轮流穿。

예전에 그는 온 집안 식구가 바지 한 벌조차 돌아가며 입어야 할 정도로 가난했다.

· 全家人 quánjiārén 몡 온 가족

★
☆
☆　0623　**论文**　　　　　　　　　　　　　　　　　명 논문

lùnwén

你的那篇小论文写得怎么样了?

당신의 그 소논문은 어떻게 되어 갑니까?

★
☆
☆　0624　**逻辑**　　　　　　　　　　　　　　　　　명 논리

luójí

这篇论文中, 这一段逻辑有点乱, 你得修改一下。

이 논문에서 이 부분은 논리가 분명하지 않으니, 약간 수정해야 합니다.

・ 修改 xiūgǎi 통 고치다, 수정하다

★
☆
☆　0625　**落后**　　　　　　　　　　　　　　　형 낙후되다, 뒤처지다

luòhòu

工艺越落后, 生产成本越高。

가공 기술이 낙후될수록 생산 원가가 높다.

・ 工艺 gōngyì 명 공예, 가공 방법, 기술
・ 生产成本 shēngchǎn chéngběn 명 생산원가

★
☆
☆　0626　**骂**　　　　　　　　　　　　　　　　　통 욕하다, 꾸짖다

mà

猎狗因为没有追到兔子所以挨了主人一顿骂。

사냥개는 토끼를 잡지 못해서 주인에게 한 바탕 욕을 먹었다.

・ 猎狗 liègǒu 명 사냥개　・ 追 zhuī 통 뒤쫓다, 따라잡다
・ 挨骂 áimà 통 욕을 먹다

★
☆
☆　0627　**麦克风**　　　　　　　　　　　　　　　　　명 마이크

màikèfēng

最近, 音乐学院举行儿童演唱会, 麦克风前都是
七八岁的小孩子。

최근 음대에서 어린이 음악회를 개최했는데, 마이크 앞에는 모두 7~8세의 어린이
가 있었다.

・ 学院 xuéyuàn 명 단과대학　・ 演唱会 yǎnchànghuì 명 음악회

□ ★★☆   0628   **馒头**   [명] 만터우

mántou

我买来了几个馒头。

내가 만터우 몇 개를 사 왔다.

□ ★★★   0629   **满足**   [동] 만족하다, 만족시키다

mǎnzú

冰激凌文学满足了广大青少年读者的娱乐需求。

아이스크림 문학은 많은 청소년 독자의 오락적 수요를 만족시켰다.

- 文学 wénxué [명] 문학   · 青少年 qīngshàonián [명] 청소년
- 娱乐 yúlè [명][동] 오락(하다)

□ ★★☆   0630   **毛病**   [명] 고장, 문제 / 병, 질병

máobìng

请帮我看看有没有什么毛病，给我提提修改意见。

무슨 문제점이 있는지 좀 봐주시고 수정 의견 좀 제시해 주세요.

他背着脚有毛病的弟弟出来了。

그는 다리가 불편한 남동생을 업고 나왔다.

정답콕 毛病은 기계의 고장뿐만 아니라 개인의 결점, 일의 잘못, 몸에 생긴 병까지 이르는 다양한 표현이 가능하기 때문에 매우 중요합니다.

□ ★★☆   0631   **矛盾**   [명] 모순, 갈등

máodùn

有些矛盾是难以避免的。

약간의 갈등은 피하기 어렵다.

정답콕 矛盾은 말이나 행동의 앞뒤가 안 맞는 것을 나타내는 '모순'의 의미보다 '갈등'의 의미로 시험에 자주 등장합니다. 矛盾이 들어가는 대표적인 동사구 '产生矛盾(갈등이 발생하다)'를 함께 알아두세요!

☐ ★ ☆ ☆ 0632 **冒险**
màoxiǎn
回합 모험하다

一个不愿冒险和付出的人，必定将一事无成。
모험을 싫어하고 대가를 지불하려 하지 않는 사람은 절대 아무것도 이루지 못한다.

· 愿 yuàn 图 바라다, 원하다 · 必定 bìdìng 图 반드시, 기필코
· 一事无成 yíshìwúchéng 성어 한 가지 일도 이루지 못하다, 아무런 성취도 없다

☐ ★ ☆ ☆ 0633 **贸易**
màoyì
图 무역

我做过两年的对外贸易。
나는 2년간 대외무역을 한 적이 있다.

· 对外 duìwài 图 (외부, 외국 등과) 대외적으로 관계를 맺다

☐ ★ ☆ ☆ 0634 **眉毛**
méimao
图 눈썹

老人的白眉毛长得快。
노인의 흰 눈썹은 빨리 자란다.

☐ ★ ☆ ☆ 0635 **媒体**
méitǐ
图 매(개)체, 미디어

各大媒体都在报道这条消息。
모든 대형 매체가 소식을 보도하고 있다.

☐ ★ ☆ ☆ 0636 **煤炭**
méitàn
图 석탄

所谓"能源作物"是指能用来代替石油和煤炭等化
石能源，为人类提供新能源的农作物。
소위 에너지 작물이란 석유와 석탄 등의 화석 에너지원을 대체하여 인류에게 신
에너지를 제공하는 데 쓸 수 있는 농작물을 가리킨다.

· 石油 shíyóu 图 석유 · 化石 huàshí 图 화석
· 人类 rénlèi 图 인류 · 农作物 nóngzuòwù 图 농작물

□ ★★☆ 0637 **美术**
měishù

图 미술

被称为"中华第一街"的王府井大街南起东长安
街，北至中国美术馆。

"중화제일가"라 불리는 왕푸징 거리는 남쪽 동창안제에서 시작하여 북쪽 중국미
술관까지 이른다.

- 称为 chēngwéi 图 …이라 칭하다, 부르다
- 中华 Zhōnghuá 고유 중화, 중국 · 王府井 Wángfǔjǐng 지명 왕푸징
- 至 zhì 图 …까지 이르다

□ ★★☆ 0638 **魅力**
mèilì

图 매력

微笑会让一个人看上去更有魅力、更有自信。

미소는 사람을 더욱 매력적이고 자신 있게 보이도록 한다.

□ ★★☆ 0639 **梦想**
mèngxiǎng

图 꿈, 갈망

没有柜台，没有租金就可以开店？网上商城就可
以实现这个梦想。

매장과 임대료 없이 상점을 열 수 있을까? 인터넷 쇼핑몰이 이 꿈을 실현시켜 줄
수 있다.

- 开店 kāidiàn 이합 (상점을) 개업하다
- 商城 shāngchéng 图 대형 상가, 쇼핑몰

□ ★☆☆ 0640 **秘密**
mìmì

图 비밀

你可以告诉他任何你心里的秘密。

당신은 그에게 당신 마음속의 어떤 비밀도 말할 수 있다.

☆ □ ★
☆

0641 **秘书**

mìshū

图 비서

秘书的工作就是这样，得随时都准备着应对各种可能发生的变化。

비서의 업무는 이러하다. 언제든지 발생 가능한 각종 변화에 대처할 준비가 되어 있어야 한다.

· 随时 suíshí 图 수시로, 그때 그때

☆ □ ★
★

0642 **密切**

mìqiè

图 밀접하다, 긴밀하다

用茶量的多少与消费者的习惯有着密切的关系。

차(茶) 양의 많고 적음과 소비자의 습관은 밀접한 관계가 있다.

· 消费者 xiāofèizhě 图 소비자

☆ □ ★
☆

0643 **蜜蜂**

mìfēng

图 꿀벌

爱因斯坦曾经说过："假如蜜蜂从地球上消失，人类最多只能活4年。"

아인슈타인은 일찍이 "만약 꿀벌이 지구상에서 사라진다면 인류는 길어야 4년밖에 살 수 없다"라고 말했다.

· 爱因斯坦 Āiyīnsītǎn 인명 아인슈타인

★ □ ★
★

0644 **面对**

miànduì

图 직면하다, 대면하다

只有勇敢面对困难，迅速采取措施，主动承担责任才能把损失降到最少。

오직 용감히 어려움과 맞서고 신속하게 조치를 취하며 주동적으로 책임을 져야만 손실을 최소화 할 수 있다.

· 迅速 xùnsù 图 신속하다 · 主动 zhǔdòng 图 주동적인, 자발적인
· 损失 sǔnshī 图 손실 图 손해 보다

☆☆ 0645 **面积**

míanjī

形 면적

把阳台和卧室打通，这样卧室面积大了，采光也更好了。

베란다와 침실을 트면 침실 면적이 넓어지고 채광도 더 좋아진다.

• 打通 dǎtōng 동 통하게 하다   • 采光 cǎiguāng 명동 채광(하다)

★★ 0646 **面临**

míanlín

동 직면하다, 당면하다

这种梦说明你正面临挑战，但是你还没有做好准备。

이런 꿈은 당신이 도전에 직면하였으나 아직 준비가 되지 않았다는 것을 설명한다.

정답 콕 面临은 HSK 시험의 답으로 종종 출제되는 단어입니다. 面临의 목적어는 주로 부정적인 뜻을 가진 考验(시련), 危机(위기), 挑战(도전), 压力(스트레스) 등이 동반됩니다.

☆☆ 0647 **苗条**

miáotiao

形 날씬하다

她那苗条的身材令人很羡慕。

그녀의 그 날씬한 몸매는 사람들의 부러움을 산다.

• 身材 shēncái 명 몸매

★☆ 0648 **描写**

miáoxiě

명동 묘사(하다)

长期以来，鲨鱼一直被电影、电视和书籍描写为海洋中最可怕的杀手。

오랫동안 상어는 줄곧 영화, TV, 책에서 가장 무서운 바닷속 살인마로 묘사되어 왔다.

• 长期以来 chángqīyǐlái 오랫동안   • 书籍 shūjí 명 서적, 책
• 杀手 shāshǒu 명 킬러

□ ★☆☆ 0649 **敏感** [형] 민감하다, 예민하다

mǐngǎn

蓝色可以减轻身体对疼痛的敏感度。

파란색은 신체 통증에 대한 민감도를 경감시킬 수 있다.

- 蓝色 lánsè [명] 파란색
- 减轻 jiǎnqīng [동] 줄이다
- 疼痛 téngtòng [명] 아픔, 통증 [형] 아프다

□ ★☆☆ 0650 **名牌** [명] 유명 상표, 유명 브랜드

míngpái

我把那块名牌手表给卖掉了。

나는 그 명품 손목시계를 팔아버렸다.

☐ ★☆☆ 0651 **名片**
míngpiàn
명 명함

这次的名片没印好，有些地方印得很模糊。

이번 명함이 인쇄가 잘 안 됐어요. 어떤 곳은 흐릿하게 인쇄됐네요.

- 印 yìn 명 도장, 자국 동 찍다, 인쇄하다
- 模糊 móhu 형 모호하다, 분명하지 않다

☐ ★☆☆ 0652 **名胜古迹**
míngshènggǔjì
명 명승고적

我准备和朋友去西安看名胜古迹。

나는 친구와 명승고적을 보러 시안에 갈 계획이다.

- 西安 Xī'ān 지명 시안

☐ ★★☆ 0653 **明确**
míngquè
형 명확하다 동 명확하게 하다

随着科学研究的深入，笑使身心更健康这一功能
也更为明确了。

과학 연구가 깊어짐에 따라 웃음이 심신을 더욱 건강하게 한다는 기능 역시 더 명확해졌다.

在采取军事行动之前一定要明确目标和战略。

군사 행동을 취하기 전에 반드시 목표와 전략을 명확히 해야 한다.

- 深入 shēnrù 동 깊이 들어가다 형 깊다, 투철하다
- 身心 shēnxīn 명 심신   · 更为 gèngwéi 부 더욱

☐ ★★★ 0654 **明显**
míngxiǎn
형 뚜렷하다, 분명하다

没有明显的进步。

뚜렷한 발전이 없다.

☆ **0655** **明星**　　　　　　　　　　　　　　　명 스타
míngxīng

这次闭幕式邀请了许多明星。

이번 폐막식에 많은 스타들을 초대했다.

- 闭幕式 bìmùshì 명 폐막식

☆ **0656** **命令**　　　　　　　　　　　명 통 명령(하다)
mìnglìng

楚王命令守门的士兵关闭了城门，叫晏子从旁边
的洞口爬进去。

초왕은 문을 지키는 병사에게 성문을 닫도록 명령하고 안자를 옆의 구멍 입구로
기어들어가게 했다.

- 守门 shǒumén 이합 문을 지키다
- 晏子 Yànzǐ 인명 안자 [안회, 공자의 제자] · 洞口 dòngkǒu 명 구멍 입구

☆ **0657** **命运**　　　　　　　　　　　　　　　명 운명
mìngyùn

要知道什么事情可以改变命运，什么事情只能浪
费时间。

어떤 일이 운명을 바꿀 수 있는지, 어떤 일이 단지 시간낭비일 뿐인지를 알아야
한다.

☆ **0658** **摸**　　　　　　　　　　명 어루만지다, 쓰다듬다
mō

女儿在饭桌上把蛋壳敲破，剥掉后，用手摸了摸
里面的蛋白。

딸아이는 달걀 껍질을 식탁 위에 두드려 깨서 벗긴 다음, 손으로 안의 흰자를 만
져보았다.

- 饭桌 fànzhuō 명 식탁 · 蛋壳 dànké 달걀 껍질
- 剥 bāo 통 (껍질 등을) 벗기다, 까다 · 蛋白 dànbái 명 단백질, (달걀) 흰자

□ ★☆☆ 0659 **模仿** 图 모방하다
mófǎng

小孩子特别喜欢模仿别人。
어린아이는 다른 사람을 모방하는 것을 대단히 좋아한다.

□ ★☆☆ 0660 **模糊** 图 모호하다, 분명하지 않다
móhu

历史会随着历史人物的消失逐渐变得模糊。
역사는 역사적 인물의 소실과 함께 점차 흐릿해져간다.

□ ★☆☆ 0661 **模特** 图 모델
mótè

模特是一种和时尚密切相关的职业。
모델은 트렌드와 밀접하게 관련된 직업이다.

• 相关 xiāngguān 图 서로 관련이 있다

□ ★☆☆ 0662 **摩托车** 图 오토바이
mótuōchē

这个星期六我骑摩托车带你去郊外看看?
이번 주 토요일에 오토바이에 너를 태우고 교외에 가볼까?

• 郊外 jiāowài 图 교외

□ ★☆☆ 0663 **陌生** 图 생소하다, 낯설다
mòshēng

刚毕业初入职场的他，对一切都感到新鲜、陌生。
막 졸업하고 처음 직장에 들어간 그는 모든 것이 새롭고 낯설게 느껴졌다.

• 初 chū 图 처음의, 원래의 • 职场 zhíchǎng 图 직장

□ ★☆☆ 0664 **某** 때 어느, 어떤
mǒu

这家公司突然因为某些原因倒闭了。
이 회사는 갑자기 어떤 원인들로 인해 파산했다.

• 倒闭 dǎobì 图 (상점, 회사, 기업 등이) 도산하다

★
☆☆ 0665 **木头**　　　　　　　　　　　　　　　　　　　　　圆 나무, 목재
mùtou

用手无法从木头里拔出钉子，必须要用工具。
손으로 나무의 못을 뽑을 수 없고 반드시 공구를 사용해야 한다.

拔 bá 圄 뽑다　·钉子 dīngzi 圆 못

★
☆☆ 0666 **目标**　　　　　　　　　　　　　　　　　　　　　圆 목표
mùbiāo

用化整为零的方法有助于实现最终目标。
집중된 것을 분산시키는 방법을 활용하는 것은 최종 목표를 실현하는 데 도움이
된다.

·化整为零 huàzhěngwéilíng 생어 집중된 것을 분산시키다
·最终 zuìzhōng 圆 圈 최종(의)

★
☆☆ 0667 **目录**　　　　　　　　　　　　　　　　　　　　　圆 목록, 목차
mùlù

图书目录就是一把开启知识宝库的钥匙。
도서의 목차는 지식의 보고를 여는 열쇠이다.

·开启 kāiqǐ 圄 열다, 개방하다　·宝库 bǎokù 圆 보고

★
☆☆ 0668 **目前**　　　　　　　　　　　　　　　　　　　　　圆 지금, 현재
mùqián

就目前情况来看，火星有可能成为人类第二家园。
현재 상황으로 보면 화성이 인류 제2의 삶의 터전이 될 가능성이 있다.

·就…看 jiù…kàn …을 보면　·火星 huǒxīng 圆 화성
·家园 jiāyuán 圆 고향, 가정

★
☆☆ 0669 **哪怕**　　　　　　　　　　　　　　　　　　　　　圙 설령 …이라 해도
nǎpà

哪怕它可以超过一辆汽车，又有什么用呢?
설령 그것이 자동차를 앞설 수 있다 한들 또 무슨 소용이 있겠는가?

☐ ★★☆ 0670 **难怪** 　　　　　　　　　　　　　　　　　　　图 어쩐지, 과연

nánguài

A: 小李本科学的就是法律。
샤오리가 본과에서 공부한 것이 법률이에요.

B: 难怪他对法律那么熟悉。
어쩐지 법률에 대해서 그렇게 잘 알더라니.

☐ ★★☆ 0671 **难免** 　　　　　　　　　　　　　图 면하기 어렵다, …하게 되어 있다

nánmiǎn

朋友间难免会产生矛盾。
친구 사이에 충돌이 생기기 마련이다.

☐ ★☆☆ 0672 **脑袋** 　　　　　　　　　　　　　　　　　　　图 머리, 두뇌

nǎodai

牛顿被树上掉下的苹果砸中脑袋便想出了万有引
力定律。
뉴턴은 나무에서 떨어지는 사과에 머리를 맞고 만유인력 법칙을 생각해냈다.

- 牛顿 Niúdùn 인명 뉴턴　　• 掉下 diàoxia 图 낙하하다, 떨어지다
- 砸 zá 图 찧다, 깨뜨리다, 망치다　　• 中 zhòng 图 명중하다, 당하다
- 万有引力 wànyǒuyǐnlì 图 만유인력　　• 定律 dìnglù 图 (과학적) 법칙

☐ ★☆☆ 0673 **内部** 　　　　　　　　　　　　　　　　　　　图 내부

nèibù

对细胞内部结构及其功能的深入研究，促进了生
命科学的发展。
세포의 내부 구조와 그 기능에 대한 깊이 있는 연구는 생명과학의 발전을 촉진시
켰다.

☐ ★☆☆ 0674 **内科** 　　　　　　　　　　　　　　　　　　　图 내과

nèikē

A: 感冒该挂什么科的号?
감기는 무슨 과로 접수해야 하나요?

B: 挂内科。
내과로 접수하세요.

☆☆ 0675 **嫩**
nèn
형 부드럽다, 연하다

春天来了，湖边的柳树都发出了青青的嫩芽。
봄이 왔다. 호숫가의 버드나무들이 모두 파릇파릇한 새싹을 틔웠다.

· 湖边 húbiān 명 호숫가 · 柳树 liǔshù 명 버드나무
· 发出 fāchū 동 (싹을) 틔우다 · 嫩芽 nènyá 명 새싹

☆☆ 0676 **能干**
nénggàn
형 능력 있다, 유능하다

那位姑娘既漂亮又能干。
그 아가씨는 예쁘고 능력있다.

· 既…又~ jì…yòu~ …하기도 하고 ~하기도 하다

☆☆ 0677 **能源**
néngyuán
명 에너지(원)

可再生能源对环境无害或者危害极小。
재생에너지는 환경에 무해하거나 해가 매우 적다.

· 无害 wúhài 형 무해하다, 해롭지 않다 · 危害 wēihài 명 동 해(를 끼치다)

☆☆ 0678 **嗯**
ńg
ňg
감탄 응, 어 [의문·의외임, 또는 긍정의 표현·대답할 때 씀]

A: 她也去吉林吗？
그녀도 지린에 가니?

B: 嗯！她老家也是吉林的。
응! 그녀의 고향도 지린이야.

· 吉林 Jílín 지명 지린 · 老家 lǎojiā 명 고향(집)

☆☆ 0679 **年代**
niándài
명 시대, 연대

故事描写了一群二十世纪三四十年代中国高级知识分子的生活和思想。
이야기는 20세기 3~40년대 중국의 고급 지식인들의 생활과 사상을 묘사했다.

· 分子 fènzi 명 (국가나 단체 등을 구성하거나 어떤 특징을 지닌) 사람

□ ★☆☆ 0680 **年纪**
niánjì

圀 나이, 연세

年纪大了，记性太差，老觉得没跟你说呢。

나이가 드니 기억력이 너무 떨어지네. 자꾸만 너에게 말을 안 한 것 같아.

· 记性 jìxing 圀 기억력

□ ★☆☆ 0681 **念**
niàn

圀 (소리 내어) 읽다 / (학교에) 다니다, 공부하다

跟着老师念课文。

선생님을 따라서 본문을 읽는다.

我18岁就开始念大学。

나는 18살에 (이미) 대학에 다니기 시작했다.

□ ★★☆ 0682 **宁可**
nìngkě

圀 (차라리) …하더라도, …하는 한 이 있어도

宁可一夜不睡，也要写完这篇稿子。

밤을 새서라도 이 원고를 다 쓰겠다.

他宁可自己饿着肚子，也不把那块名牌儿手表给卖掉。

그는 자신이 배를 굶는 한이 있어도 그 명품 시계는 팔지 않는다.

· 稿子 gǎozi 圀 원고

문법
TIP

> 宁可는 뒷문장 맨 앞에 오는 전치사에 따라 해석이 달라지므로, 고정 표현으로 외워야 합니다.
> '宁可A，也要B (A하더라도 B하겠다)'와 '宁可A，也不B (차라리 A를 하지 B하지는 않겠다)'를 구분해서 외워두면 시험을 완벽히 대비할 수 있습니다.

□ ★☆☆ 0683 **牛仔裤**
niúzǎikù

圀 청바지

最近紧身牛仔裤和破洞牛仔裤非常流行。

요즘 스키니진과 찢어진 청바지가 매우 유행이다.

· 紧身 jǐnshēn 圀 몸에 꼭 끼는, 타이트한
· 破洞 pòdòng 圀 뚫린 구멍 이합 구멍이 나다

☐ ★☆☆ 0684 **农村**
nóngcūn

명 농촌

她是一位农村女孩子，家里很穷。
그녀는 농촌 여자 아이이고 집이 가난하다.

☐ ★☆☆ 0685 **农民**
nóngmín

명 농민

古时候，有个农民正在田里劳动。
옛날에 어떤 농민이 밭에서 일을 하고 있었다.

☐ ★☆☆ 0686 **农业**
nóngyè

명 농업

相信随着科学技术的发展，颜色在农业上的应用
也将越来越广泛。
과학 기술의 발전에 따라 농업 방면에서의 색의 활용도 갈수록 광범위해질 것이
라 믿는다.

☐ ★☆☆ 0687 **浓**
nóng

형 진하다

有些少数民族爱喝浓茶。
어떤 소수민족들은 진한 차를 즐겨 마신다.

☐ ★☆☆ 0688 **女士**
nǚshì

명 여사, 부인

您好？您是黄女士吧？我们是来安装空调的。
안녕하세요? 황 여사님이시지요? 저희는 에어컨을 설치하러 왔습니다.

0689 欧洲
Ōuzhōu

圈 유럽

老板送了我两张欧洲艺术品展览会的门票。
사장님께서 유럽예술품전람회 티켓을 두 장 주셨어요.

- 艺术品 yìshùpǐn 圈 예술품 · 展览 zhǎnlǎn 圈 圄 전람(하다)
- 门票 ménpiào 圈 입장권, 티켓

0690 偶然
ǒurán

圈 우연하다 圄 우연히

这件偶然的事请使小司马光出了名。
이 우연한 사건이 어린 사마광을 유명해지게 했다.

最好的东西，往往是出乎意料偶然得来的。
가장 좋은 것은 왕왕 뜻밖에도 우연히 얻어지는 것이다.

- 司马光 Sīmǎ Guāng 인맹 사마광 [『자치통감』을 쓴 송나라 정치가]
- 出名 chūmíng 이합 유명해지다, 명성이 있다
- 出乎意料 chūhūyìliào 성에 뜻밖이다, 예상을 벗어나다

0691 拍
pāi

圄 치다, 두드리다 / 촬영하다, 찍다

他的故事被拍成了电影。
그녀의 이야기는 영화로 만들어졌다.

老师拍了拍我的肩膀。
선생님은 내 어깨를 두드려주셨다.

0692 派
pài

圄 파견하다

真不好意思，公司派我去香港出差，只好改天再
和你见面了。
정말 미안한데, 회사에서 홍콩으로 출장을 가라고 해서 너랑은 어쩔 수 없이 다른
날 만나야겠다.

- 香港 Xiānggǎng 지맹 홍콩 · 改天 gǎitiān 圈 다른 날, 나중

□ ★★☆ 0693 **盼望** [동] 간절히 바라다

pànwàng

他说儿女最盼望的就是父母身体健康。

그는 자녀가 가장 바라는 것은 바로 부모의 건강이라고 말했다.

• 儿女 érnǚ [명] 자녀

□ ★★☆ 0694 **培训** [동] 훈련하다, 양성하다

péixùn

这次上岗前的集中培训，使他们的专业技能得到了提升。

이번 근무 전 집중 교육은 그들의 전문 기능을 업그레이드 시켰다.

• 上岗 shànggǎng [이합] 일을 얻다, 근무를 하다

• 技能 jìnéng [명] 기능, 솜씨 • 提升 tíshēng [동] 진급하다, 등용하다

□ ★★★ 0695 **培养** [동] 배양하다, 기르다

péiyǎng

养宠物对培养人的爱心和责任感有帮助。

애완동물을 키우는 것이 사랑과 책임감을 기르는 데 도움이 된다.

• 养 yǎng [동] 기르다 • 任责感 zérèngǎn [명] 책임감

정답 콕

培养은 5급 전 영역에 고루 등장하는 단어입니다. 培养이 녹음에 들리거나, 시험지에 보이면 가장먼저 목적어 习惯(습관)을 떠올려야 합니다. 그밖에 人才(인재), 能力(능력) 도 목적어로 동반될 수 있다는 것을 알아 두면 좋습니다.

□ ★★☆ 0696 **赔偿** [명][동] 배상(하다), 변상(하다)

péicháng

我们正在调查原因，赔偿资金也已经准备好了。

우리는 현재 원인을 조사 중이며, 보상금도 이미 모두 준비되었다.

• 资金 zījīn [명] 자금

□ ★★☆ 0697 **佩服** [동] 경탄하다, 탄복하다

pèifú

这个农民很佩服自己的聪明。

이 농부는 자신의 총명함에 감복했다.

□ ★★☆ 0698 **配合** [명][동] 협력(하다), 협조(하다)

pèihé

这次多亏了大家的积极配合，要不然不能完成得这么顺利。

이번에 모두의 적극적인 협조가 있었기에 망정이지 그렇지 않았다면 이렇게 순조롭게 끝내지 못했을 겁니다.

• 要不然 yàoburán [접] 그렇지 않으면

□ ★☆☆ 0699 **盆** [명][양] 대야, 화분

pén

我觉得买几盆花儿放这儿更好一些。

여기에 꽃 화분 몇 개를 사다 놓으면 좋을 것 같아.

□ ★★☆ 0700 **碰** [동] 부딪치다, 마주치다

pèng

你猜，我刚才在门口碰到谁了。

내가 방금 입구에서 누구를 만났는지 맞혀봐.

□ ★★☆ 0701 **批** [양] 무리, 떼

pī

小长在今年的这批新人里表现最突出。

샤오장은 올해 신입들 중에서 가장 뛰어나다.

• 新人 xīnrén [명] 신입, 새 인물

□ ★★☆ 0702 **批准** [명][이합] 허가(하다), 승인(하다)

pīzhǔn

该协会经有关部门批准成立了。

그 협회는 관계 부처의 비준을 거쳐 설립하다.

• 该 gāi [대] (앞에서 언급한) 이, 그, 저 • 协会 xiéhuì [명] 협회
• 经 jīng [동] 거치다, 경과하다 • 有关 yǒuguān [형] 관련 있는

□ ★☆☆ 0703 **披** [동] (옷 등을 몸에) 걸치다

pī

我们立刻汇入了脸上涂着国旗、身上披着国旗、手里拿着国旗的人流。

우리는 얼굴에 국기를 그리고, 몸에 국기를 걸치고, 손에 국기를 들고 있는 인파 속으로 곧장 합류했다.

• 汇 huì [동] 한 곳으로 모이다, (돈을) 부치다
• 国旗 guóqí [명] 국기 • 人流 rénliú [명] 인파

□ ★★☆ 0704 **疲劳** [형] 피로하다, 피곤하다

píláo

在汽车或地铁上看书容易造成眼睛疲劳。

자동차나 전철에서 책을 읽는 것은 눈의 피로를 초래하기 쉽다.

□ ★☆☆ 0705 **匹** [양] 필 [말이나 노새 또는 비단, 포목 등을 세는 단위]

pǐ

这位大臣花了几个月的时间，终于打听到某处人家有一匹千里马。

이 대신은 몇 개월의 시간을 들여 마침내 모처의 어떤 집에 천리마가 한 필 있는 것을 수소문해냈다.

• 大臣 dàchén [명] 대신, 중신 • 某处 mǒuchù [대] 모처, 어느 곳
• 人家 rénjiā [대] 집, 가문, 가정 • 千里马 qiānlǐmǎ [명] 천리마

☆ ★
☆

0706 **片**

piàn

囤 영화
囤 조각, 편 [넓은 면적, 범위, 풍경, 분위기, 소리, 마음 등을 세는 단위]

小孩子喜欢看动画片。
아이는 만화 보는 것을 좋아한다.

职员们听了，发出一片热烈的欢呼声。
직원들이 듣고서 뜨거운 환호성이 나왔다.

· 职员 zhíyuán 囤 직원 · 发出 fāchū 图 (소리를) 내다
· 欢呼 huānhū 图 환호하다

HSK TIP

片의 특히 '영화'라는 뜻으로 시험에 자주 등장합니다. 动画片(만화영화), 纪录片(다큐멘터리 영화)등 영화 장르를 나타내는 현도 함께 알아두세요.

☆ ★
☆

0707 **片面**

piànmiàn

囤 일방적이다, 단편적이다

有些人片面地认为只有那些不愁衣食，并且有大
量空余时间的人才会做志愿者。
어떤 사람들은 먹고 살 걱정 없고 시간이 남아도는 사람이나 자원봉사자를 할 것
이라는 단편적인 생각을 한다.

· 愁 chóu 图 걱정하다 · 衣食 yīshí 囤 옷과 음 식, 기본적인 생활
· 空余 kòngyú 囤 남아있는, 비어 있는
· 志愿者 zhìyuànzhě 囤 지원자, 자원봉사자

☆ ★
☆

0708 **飘**

piāo

图 휘날리다, 흩날리다

无论你今天多么用力打扫，明天的落叶还是飘下来。
오늘 당신이 얼마나 애써 비질을 했든 간에 내일의 낙엽은 여전히 떨어진다.

· 用力 yònglì 图 힘을 들이다, 힘을 쓰다
· 落叶 luòyè 囤 낙엽 图 잎이 떨어지다

□ ★☆☆ 0709 **拼音**
pīnyīn

圓 병음

为了给孩子们的阅读带来更大的乐趣和方便，书中还配有大量插图和汉语拼音。

어린이들이 읽기에 더 큰 재미와 편의를 주기 위하여 책에 다량의 삽화와 한어 병음도 함께 넣었다.

· 乐趣 lèqù 圓 재미, 즐거움 · 插图 chātú 圓 삽화

□ ★☆☆ 0710 **频道**
píndào

圓 채널

你再转一下体育频道看看。

스포츠 채널 좀 다시 한 번 돌려 봐.

· 转 zhuǎn 圖 돌(리)다, 회전하다, 전환하다

□ ★☆☆ 0711 **平**
píng

圓 평평하다

首先承认代沟的存在，然后用交谈的方式与孩子沟通，这样才能填平代沟。

우선 세대차이가 있는 것을 인정한 다음, 대화의 방식으로 아이와 소통을 해야 세대차이를 메울 수 있다.

· 代沟 dàigōu 圓 세대차이

□ ★☆☆ 0712 **平安**
píng'ān

圓 평안하다, 무탈하다

A: 喂，哥，嫂子生了吗？是男孩儿还是女孩儿？

여보세요, 오빠. 올케언니 아이 낳았어요? 아들인가요, 딸인가요?

B: 是个男孩儿，母子平安。

아들이고, 산모와 아이 모두 별 일 없어.

· 嫂子 sǎozi 圓 형수, 손위 올케

☐ ★★☆ 0713 **平常**
píngcháng

圈 평소, 평상시 圈 보통이다

正确的喝水方式，是平常多补充水分，等感到口渴才喝，就来不及了。

물을 마시는 정확한 방법은 평상시에 수분을 많이 보충해 주는 것이다. 목 마름을 느낀 후에 마시면 늦는다.

长得很平常的女子往往会找到自己满意的对象。

평범한 외모의 여성이 종종 만족스러운 결혼 상대를 만난다.

‧ 水分 shuǐfèn 圈 수분, 물기 ‧ 口渴 kǒukě 圈 목 마르다

☐ ★☆☆ 0714 **平等**
píngděng

圈 圈 평등(하다)

在法律面前人人平等。

법 앞에서 모든 사람은 평등하다.

‧ 面前 miànqián 圈 앞

☐ ★☆☆ 0715 **平方**
píngfāng

圈 제곱, 평방

每10平方米放一到两盆花草，就可以净化空气。

10제곱미터 당 한 두 개의 화초를 두면 공기를 정화할 수 있다.

‧ 花草 huācǎo 圈 화초
‧ 净化 jìnghuà 圈 정화하다, 순화하다

DAY 23

표제어부터 예문까지 모두 듣기 **intensive23mp3**
표제어만 듣기 **speed23.mp3**

☐ ★★☆ 0716 **平衡**
pínghéng
圆 평형, 균형

这种方法能帮人获得心理平衡。

이 방법이 심리적인 균형을 이루는 데 도움을 줄 수 있다.

· 心理 xīnlǐ 圆 심리 (상태)

☐ ★★☆ 0717 **平静**
píngjìng
刨 (마음, 환경 등이) 차분하다, 평화롭다

失败时，要平静地对待失败，这也算是另一种意义上的成功。

실패했을 때, 차분하게 실패를 대해야 한다. 이 또한 또 다른 의미의 성공이라 할 수 있다.

· 另 lìng 때 다른

☐ ★★☆ 0718 **平均**
píngjūn
刨 평균의

北方漠河县年平均气温低于零度。

북방 모허 현의 연평균 기온은 영도 이하이다.

· 漠河县 Mòhéxiàn 지명 모허 현 [헤이룽장성(黑龙江省)에 있는 지명]
· 年平均气温 niánpíngjūnqìwēn 연평균 기온
· 低于 dīyú 밑돌다, …보다 낮다 · 零度 língdù 圆 영도

☐ ★☆☆ 0719 **评价**
píngjià
圆 图 평가(하다)

要客观地评价自己。

자신을 객관적으로 평가해야 한다.

★★☆ 0720 **凭**
píng

전 …에 근거하여

一年内您凭发票可以享受免费保修。

1년 내에 영수증을 가지고 오시면 무상수리 받으실 수 있습니다.

- 享受 xiǎngshòu 몡 즐거움 동 누리다
- 保修 bǎoxiū 동 보증 수리하다

★☆☆ 0721 **迫切**
pòqiè

혱 절박하다, 절실하다

表达了渴望祖国更加强大的迫切心情。

조국이 더욱 강대해지기를 갈망하는 절박한 심정을 표현했다.

- 渴望 kěwàng 동 갈망하다 · 祖国 zǔguó 몡 조국
- 更加 gèngjiā 뷔 더욱 · 强大 qiángdà 동 강대하다

★☆☆ 0722 **破产**
pòchǎn

몡 이합 파산(하다)

那家工厂面临破产的危险。

그 공장은 파산의 위험에 직면해 있다.

★★☆ 0723 **破坏**
pòhuài

몡 동 파괴(하다)

不懂得幽默的人很可能一不小心就破坏气氛。

유머를 모르는 사람은 자칫 분위기를 망치기 쉽다.

- 气氛 qìfēn 몡 분위기

★★☆ 0724 **期待**
qīdài

몡 동 기대(하다)

日子过得很艰难的人也会期待明天的太阳。

어렵게 사는 사람도 내일의 태양을 기대할 수 있다.

- 日子 rìzi 몡 생활, 나날

☆
★☆☆ 0725 **期间** 명 기간
qījiān

国庆节期间将举行大规模的庆祝活动。
국경일 기간에 대규모 경축행사를 거행할 예정이다.

• 庆祝 qìngzhù 통 경축하다

★☆☆ 0726 **其余** 대 그 나머지, 남은 것
qíyú

每天工作四个小时，其余的时间用来读书和娱乐。
매일 4시간 일하고 그 나머지 시간은 독서와 오락에 쓴다.

★☆☆ 0727 **奇迹** 명 기적
qíjì

那本书创造了销售奇迹。
그 책은 매출의 기적을 만들었다.

★☆☆ 0728 **企业** 명 기업
qǐyè

老王的企业规模不断扩大，他下一步准备开发南
方市场。
라오왕의 기업 규모가 계속 확장되고 있다. 그는 다음 단계로 남방 시장을 개발하
려 한다.

★★★ 0729 **启发** 명 깨우침, 영감 통 일깨우다, 영감을 주다
qǐfā

她用衣服上的花朵启发了孩子的想象力。
그녀는 옷에 있는 꽃송이로 아이의 상상력에 영감을 주었다.

★★☆ 0730 **气氛** 명 분위기
qìfēn

他善于化解尴尬的气氛。
그는 어색한 분위기를 푸는 것을 잘 한다.

• 善于 shànyú 통 …에 능하다, …을 잘하다　• 化解 huàjiě 통 없애다, 풀리다

□ ★☆☆

0731 **汽油**
qìyóu

명 휘발유, 가솔린

你看新闻了吗? 汽油又要涨价了。

뉴스 봤어요? 기름값이 또 오른대요.

• 涨价 zhǎngjià 이합 물가가 오르다, 가격을 올리다

□ ★☆☆

0732 **谦虚**
qiānxū

형 겸손하다, 겸허하다

"谦虚"指不自满, 肯接受批评, 并虚心向人请教。

"겸허"는 자만하지 않고 기꺼이 비평을 받아들이며 또한 다른 사람에게 겸허히 가르침을 청하는 것을 가리킨다.

• 自满 zìmǎn 형 자만하다 • 肯 kěn 조동 기꺼이 …하다
• 请教 qǐngjiào 이합 가르침을 청하다

□ ★☆☆

0733 **签**
qiān

동 서명하다, 사인하다

要是有我的快递, 麻烦你帮我签收一下。

만약에 제 우편물 있거든 죄송하지만 대신 좀 받아 주세요.

• 快递 kuàidì 명 특급우편, 택배
• 签收 qiānshōu 동 (우편물) 수령 사인을 하다

□ ★★☆

0734 **前途**
qiántú

명 전도, 앞길

改革开放是决定中国前途命运的正确抉择。

개혁개방은 중국 미래의 운명을 결정짓는 정확한 선택이다.

• 抉择 juézé 동 선택하다, 선정하다

□ ★☆☆

0735 **浅**
qiǎn

형 얕다, 옅다 / (내용이나 감정 등이) 깊지 않다

连那些技术比我差、资历比我浅的人都升职、加薪了, 而我还是拿着过去的工资。

기술이 나보다 못하고 경력이 나보다 못한 사람들조차도 모두 승진하고 급여도 인상됐는데 나는 여전히 예전 월급을 받는다.

• 资历 zìlì 명 자격과 경력 • 升职 shēngzhí 명동 승진(하다)
• 加薪 jiāxīn 이합 임금이 오르다

□ ★☆☆ 0736 **欠** qiàn [동] 빚지다

财商不高的人不仅理不好财，甚至还可能欠别人一大笔钱。

FQ가 높지 않은 사람은 재정 관리를 잘 못할 뿐 아니라 심지어 다른 사람에게 큰 돈을 빚질 수도 있다.

- 财商 cáishāng [명] 금융이해력 지수, FQ
- 理财 lǐcái [이합] 재정을 관리하다, 재테크하다

□ ★☆☆ 0737 **枪** qiāng [명] 총, 창

那只兔子带着枪伤成功地逃回家了。

그 토끼는 총상을 입은 채 성공적으로 집으로 도망쳤다.

□ ★★☆ 0738 **强调** qiángdiào [동] 강조하다

孙武强调战争中要"知己知彼，百战不殆"。

손무는 전쟁에서 "지피지기면 백전불태"임을 강조한다.

- 孙武 Sūn Wǔ [인명] 손무 [춘추전국시대 병법가, 『손자병법』의 저자]
- 彼 bǐ [대] 그, 저, 상대, 반대편
- 殆 dài [형] 위태롭다
- 知己知彼，百战不殆 zhījǐzhībǐ, bǎizhànbúdài [성어] 상대편을 알고 나를 알면 백 번 싸워도 위태롭지 않다

□ ★☆☆ 0739 **强烈** qiángliè [형] 강렬하다

少年儿童的独立性要求很强烈，不愿意受成人的监督、指导。

소년기와 아동기의 독립성 요구는 매우 강렬하여 성인의 감독과 지도를 받아들이고 싶어하지 않는다.

- 少年 shàonián [명] 소년(기)
- 监督 jiāndū [명][동] 감독(하다)
- 指导 zhǐdǎo [명][동] 지도(하다)

★
☆
☆
0740 **墙**
qiáng

圐 담, 벽

墙上画着一朵花。

벽에 꽃 한 송이가 그려져 있다.

★
☆
☆
0741 **抢**
qiǎng

图 앞다투어 …하다, 시간을 다투어 …하다

就在此时，另一个人也发现了它，追过来抢着要买。

바로 이때 또 다른 한 사람도 그것을 발견하고는 뒤쫓아와 앞다투어 사려고 했다.

★
☆
☆
0742 **悄悄**
qiāoqiāo

图 은밀히, 몰래

他悄悄告诉我，打算在公路边开个汽车修理铺。

그는 도로변에 자동차 정비소를 차리려 한다고 나에게 조용히 알려주었다.

・公路 gōnglù 圐 도로 ・铺 pù 圐 (소규모의) 가게, 점포

★
☆
☆
0743 **瞧**
qiáo

图 보다

瞧您说的，远亲不如近邻，以后需要什么帮忙，
您尽管说。

무슨 그런 말씀을요. 멀리 있는 친척보다 가까운 이웃이 낫지요. 앞으로 무슨 도움
이 필요하시면 얼마든지 말씀하세요.

・远亲不如近邻 yuǎnqīnbùrújìnlín
속담 먼 친척보다 가까운 이웃이 더 낫다

★
★
★
0744 **巧妙**
qiǎomiào

图 교묘하다

世界上并不是只有人类才会撒谎，动物也会撒谎，
而且还很巧妙。

결코 이 세상에서 인류만이 거짓말을 할 수 있는 것이 아니다. 동물도 거짓말을
할 수 있고, 게다가 아주 교묘하다.

・撒谎 sāhuǎng 이합 거짓말을 하다

☆☆ 0745 **切**

qiē

圏 (칼이나 기계로) 끊다, 자르다

整个烹煮的食物比切碎后烹煮的更为可口。

통째로 익힌 음식이 썰어서 익힌 음식보다 더 맛있다.

• 整个 zhěnggè 圏 모든, 전부의　• 烹煮 pēngzhǔ 圄 익히다
• 切碎 qiēsuì 圄 잘라서 조각 내다　• 可口 kěkǒu 圏 맛있다, 입에 맞다

☆☆ 0746 **亲爱**

qīn'ài

圏 친애하다

亲爱的，你还记得那家珠宝店吗?

자기야, 그 보석상을 아직 기억해?

☆☆ 0747 **亲切**

qīnqiè

圏 친절하다, 친근하다

韩国人对外国人很亲切。

한국 사람은 외국인에게 참 친절하다.

☆☆ 0748 **亲自**

qīnzì

圏 직접, 친히

没想到他亲自下厨，为大家做了许多拿手菜。

그가 친히 주방에 가서 사람들에게 여러 가지 자신 있는 요리를 만들어 줄 것이라고 생각지도 못했다.

• 下厨 xiàchú 圄 (주방에 가서) 음식을 만들다
• 拿手菜 náshǒucài 圐 대표 요리

DAY 24

표제어부터 예문까지 모두 듣기 intensive24.mp3
표제어만 듣기 speed24.mp3

☐ ★★☆ 0749 **勤奋**
qínfèn

형 부지런하다, 근면하다

同学们都很羡慕他的经历，老师们都夸他勤奋。

학생들은 모두 그의 경험을 부러워하고, 선생님들은 모두 그가 부지런하다고 칭찬한다.

· 经历 jīnglì 명 동 경험(하다)

☐ ★☆☆ 0750 **青**
qīng

형 푸르다, 젊다

弹性水库，就是那些装点着青山的森林。

탄성댐(녹색댐)이란 바로 푸른 산을 장식하고 있는 숲을 말한다.

· 弹性 tánxìng 명 탄성, 탄력성, 유연성   · 水库 shuǐkù 명 저수지, 댐
· 装点 zhuāngdiǎn 동 꾸미다, 장식하다   · 青山 qīngshān 명 푸른 산

☐ ★☆☆ 0751 **青春**
qīngchūn

명 청춘

20岁的人，失去了童年；30岁的人，失去了浪漫；40岁的人，失去了青春。

20세의 사람은 어린 시절을 잃고, 30세의 사람은 낭만을 잃으며 40세의 사람은 청춘을 잃는다.

· 童年 tóngnián 명 어린 시절, 유년

☐ ★☆☆ 0752 **青少年**
qīngshàonián

명 청소년

冰激凌文学的最大特点是轻松、活泼、幽默，适合青少年的口味。

아이스크림 문학의 가장 큰 특징은 가볍고, 발랄하고, 유머러스한 것으로 청소년의 구미에 잘 맞는다.

· 冰激凌文学 bīngjīlíngwénxué 아이스크림 문학
[청소년 문학작품을 가리키는 신조어]

DAY 24 · 175

☐ ★★☆ 0749 **勤奋**
qínfèn

형 부지런하다, 근면하다

同学们都很羡慕他的经历，老师们都夸他勤奋。

학생들은 모두 그의 경험을 부러워하고, 선생님들은 모두 그가 부지런하다고 칭찬한다.

· 经历 jīnglì 명 동 경험(하다)

☐ ★☆☆ 0750 **青**
qīng

형 푸르다, 젊다

弹性水库，就是那些装点着青山的森林。

탄성댐(녹색댐)이란 바로 푸른 산을 장식하고 있는 숲을 말한다.

· 弹性 tánxìng 명 탄성, 탄력성, 유연성   · 水库 shuǐkù 명 저수지, 댐
· 装点 zhuāngdiǎn 동 꾸미다, 장식하다   · 青山 qīngshān 명 푸른 산

☐ ★☆☆ 0751 **青春**
qīngchūn

명 청춘

20岁的人，失去了童年；30岁的人，失去了浪漫；40岁的人，失去了青春。

20세의 사람은 어린 시절을 잃고, 30세의 사람은 낭만을 잃으며 40세의 사람은 청춘을 잃는다.

· 童年 tóngnián 명 어린 시절, 유년

☐ ★☆☆ 0752 **青少年**
qīngshàonián

명 청소년

冰激凌文学的最大特点是轻松、活泼、幽默，适合青少年的口味。

아이스크림 문학의 가장 큰 특징은 가볍고, 발랄하고, 유머러스한 것으로 청소년의 구미에 잘 맞는다.

· 冰激凌文学 bīngjīlíngwénxué 아이스크림 문학
[청소년 문학작품을 가리키는 신조어]

□ ★☆☆ 0753 **轻视** [동] 경시하다, 무시하다

qīngshì

千万不要轻视平凡的工作。

부디 평범한 일을 무시하지 마라.

• 平凡 píngfán [형] 평범하다

□ ★★★ 0754 **轻易** [형] 수월하다, 경솔하다

qīngyì

只有你知道不能轻易地下结论。

오직 당신만이 경솔하게 결론을 내려서는 안 된다는 것을 알고 있다.

• 下结论 xiàjiélùn 결론을 내리다

정답 콕 轻易는 5급 모든 영역에 자주 등장하는 중요한 단어로 '경솔하다'의 뜻이 중요하며 주로 부사어로 쓰여 '경솔하게, 수월하게'로 해석된다는 것을 암기해 두어야 합니다.

□ ★☆☆ 0755 **清淡** [형] (음식이) 담백하다

qīngdàn

你不是喜欢吃辣的吗，今天怎么这么清淡？

너 매운 거 좋아하지 않아? 오늘은 웬일로 이렇게 심심해?

□ ★☆☆ 0756 **情景** [명] 광경, 정경

qíngjǐng

老师看到这样的情景，明白了他的目的。

선생님은 이러한 광경을 보고 그의 목적을 알았다.

□ ★★★ 0757 **情绪** [명] 정서, 기분

qíngxù

深呼吸有助于缓解急躁，烦闷，紧张的情绪。

심호흡은 초조함, 걱정, 긴장감을 풀어주는 데 도움이 된다.

• 急躁 jízào [형] 초조하다, 조급하다

• 烦闷 fánmèn [형] (마음이) 답답하다, 고민스럽다

정답 콕 情绪는 독해 영역에 답으로 자주 출제됩니다. 情绪를 목적어로 하는 동사 控制(제어하다), 影响(영향을 끼치다), 产生(생기다)을 함께 암기하면 정답을 쉽게 고를 수 있습니다.

□ ★★☆ 0758 **请求**
qǐngqiú

图图 요구(하다), 부탁(하다)

他向他的上司提出了一个请求，但却遭到了拒绝。
그는 그의 상사에게 한 가지 요청을 했지만 거절당했다.

· **遭到** zāodào 图 (좋지 않은 사태를) 당하다, 겪다

□ ★★☆ 0759 **庆祝**
qìngzhù

图 경축하다

你找到这么好的工作，我们当然要好好庆祝一下啊。
네가 이렇게 좋은 직장에 취직했는데 당연히 우리가 마음껏 축하해 줘야지.

□ ★★☆ 0760 **球迷**
qiúmí

图 구기운동 마니아, 팬

A: 你觉得哪支球队能获得冠军进决赛？
당신은 어느 팀이 우승하고 결승에 갈 것 같아요?

B: 这个你得问球迷，我还算不上真正的球迷。
그건 마니아한테 물어보셔야죠. 저는 아직 진정한 마니아라고 할 수는 없어요.

· **支** zhī 阳 [가늘고 긴 물건이나 음악, 팀, 주식 등을 세는 단위]
· **算不上** suànbúshàng 图 …이라 할 수 없다

> 迷는 '마니아'라는 뜻입니다. 예를들어 '축구 마니아'는 중국어로 球迷라고 합니다. 양사 群 또는
> 伙를 사용하여 나타낼 수 있습니다.

□ ★☆☆ 0761 **趋势**
qūshì

图 추세

以信息技术为代表的世界高新技术产业向中国转
移的趋势日益明显。
정보기술을 대표하는 세계 첨단기술 산업이 중국으로 이동하는 추세가 나날이 뚜
렷해진다.

· **产业** chǎnyè 图 산업
· **转移** zhuǎnyí 图 전이하다, 옮기다

☐ ★★☆ 0762 **取消**
qǔxiāo

명 동 취소(하다)

飞往上海的航班被临时取消了。
상하이행 항공편이 일시적으로 취소되었다.

☐ ★★☆ 0763 **娶**
qǔ

동 아내를 얻다, 장가들다

今生得到你是我最大的幸福，如果有来生，我还
希望能娶到你。
이 생에서 당신을 얻은 것은 나의 가장 큰 행복입니다. 만약 다음 생이 있다면 나
는 또 당신을 아내로 맞이하기를 희망합니다.

☐ ★☆☆ 0764 **去世**
qùshì

동 돌아가시다

他回到家乡，又去看那位老人，老人几年前已经
去世了。
그는 고향에 돌아와 또 그 노인을 뵈러 갔는데, 노인은 몇 년 전에 이미 돌아가셨다.

☐ ★★☆ 0765 **圈**
quān

명 원, 동그라미 / 범위

性格热情的人的交际圈比其他人更广。
성격이 열정적인 사람의 사교 범위는 다른 사람보다 더 넓다.

☐ ★★☆ 0766 **权力**
quánlì

명 권력

"鱼缸"法则运用到管理中，能有效地防止管理者
滥用权力。
"어항" 법칙이 관리에 운용되면 관리자가 권력을 남용하는 것을 효과적으로 방지
할 수 있다.

· 法则 fǎzé 명 법칙　· 防止 fángzhǐ 동 방지하다
· 滥用 lànyòng 동 남용하다

★
☆
☆
0767 **权利**
quánlì
图 권리

在制定目标之后，管理者应该给员工充分的权利，提供各种必要的资源。

목표를 제정하고 나면 관리자는 직원들에게 충분한 권리를 주고, 필요한 각종 자원을 제공해야 한다.

· 制定 zhìdìng 图 제정하다 · 员工 yuángōng 图 직원
· 资源 zīyuán 图 자원

★
☆
☆
0768 **全面**
quánmiàn
图 전면적이다, 총체적이다

领导者在雇用人的时候，必须十分谨慎，应全面考察候选人各方面的素质和能力。

리더는 사람을 고용할 때 반드시 매우 신중해야 하며, 마땅히 후보자의 각 방면의 자질과 능력을 전반적으로 살펴야 한다.

· 雇用 gùyòng 图 고용하다 · 考察 kǎochá 图 고찰하다
· 候选人 hòuxuǎnrén 图 (입)후보자 · 素质 sùzhì 图 소양, 자질

★
☆
☆
0769 **劝**
quàn
图 권하다, 권고하다

邻居劝他说赶紧把羊圈修一修，可他却说："反正羊已经丢了，修羊圈还有什么用呢？"

이웃이 그에게 빨리 양 우리를 수리하라고 권했으나, 그는 "어차피 양은 이미 잃었는데 양우리를 수리하는 게 무슨 소용이 있어요?"라고 말했다.

★
★
★
0770 **缺乏**
quēfá
图 모자라다, 결핍되다

狐狸既狡猾又缺乏母性，常和子女们争食。

여우는 교활할 뿐 아니라 모성도 부족해서 새끼들과 먹이를 두고 자주 다툰다.

· 母性 mǔxìng 图 모성
· 争食 zhēngshí 먹을 것을 두고 다투다

★★
☆ 0771 **确定** 　　　　　　　　　　　　　　　　　　　　　　　　　国 확정하다
quèdìng

A: 你确定就是这种？我怎么觉得包装有点儿不一样呢。
이거 확실해? 난 어째 포장이 좀 다른 것 같아.

B: 应该没错，我记得就是这个标志。
맞을 거야. 내 기억에 바로 이 마크였어.

・包装 bāozhuāng 圆 固 포장(하다)

★
☆ 0772 **确认** 　　　　　　　　　　　　　　　　　　　　　　　国 固 확인(하다)
quèrèn

你再打电话确认一下吧。
당신이 다시 전화해서 확인 한 번 해보세요.

★
☆ 0773 **群** 　　　　　　　　　　　　　　　　　　　　　　　　圆 앱 무리, 떼
qún

森林里住着一群猴子。
숲 속에 한 무리의 원숭이가 살고 있다.

★
☆ 0774 **燃烧** 　　　　　　　　　　　　　　　国 연소하다, (감정이) 타오르다
ránshāo

燃烧需要氧气，而空气里约五分之一是氧气。
연소에는 산소가 필요한데, 공기 중에 약 1/5이 산소이다.

・氧气 yǎngqì 圆 산소 　・约 yuē 凰 약, 대략

★
☆ 0775 **绕** 　　　　　　　　　国 감다, 감기다 / (일이나 문제 등이) 뒤얽히다
rào

木星绕太阳公转一周约需12年。
목성은 태양을 한 바퀴 공전하는데 대략 12년이 걸린다.

这个问题一直绕在他的心头。
이 문제는 줄곧 그의 마음 속에서 떠나질 않았다.

・公转 gōngzhuàn 国 공전하다

□ ★★☆ 0776 **热爱**
rè'ài
圐 열렬히 사랑하다

他热爱着自己的工作和生活。
그는 자신의 일과 생활을 열렬히 사랑한다.

□ ★★☆ 0777 **热烈**
rèliè
圐 열렬하다

志愿者受到了热烈的欢迎。
자원봉사자들은 열렬한 환영을 받았다.

□ ★★☆ 0778 **热心**
rèxīn
圐 열심이다, 열성적이다 / 친절하다, 마음이 따뜻하다

他总是热心地向媒体推荐有潜力的青年画家。
그는 잠재력이 있는 청년 화가를 항상 대중 매체에 열성적으로 추천했다.

谢谢你和你母亲，你们真是热心人。
당신과 당신 어머니께 감사 드립니다. 당신들은 정말 친절한 분들이에요.

□ ★☆☆ 0779 **人才**
réncái
圐 인재

"用人不疑，疑人不用"是一种合理的人才管理观念。
"사람을 썼으면 의심하지 말고, 의심스러운 사람은 쓰지 말라"는 합리적인 인재 관리 관념이다.

· 疑 yí 圐 의심하다

□ ★☆☆ 0780 **人口**
rénkǒu
圐 인구

香港的地域虽狭小，人口却特别多。
홍콩 지역은 협소하지만 인구는 대단히 많다.

· 地域 dìyù 圐 지역 · 狭小 xiáxiǎo 圐 협소하다

□ ★☆☆ 0781 **人类**
rénlèi
® 인류

能源的发展、能源和环境的关系等是目前全世
界、全人类共同关心的问题。

에너지의 발전, 에너지와 환경의 관계 등은 현재 전 세계와 전 인류가 공통으로
관심 갖는 문제이다.

□ ★☆☆ 0782 **人民币**
rénmínbì
® 위안화, 런민비, 인민폐

A: 这是以前的人民币? 我还是第一次见。
이거 옛날 런민비야? 나는 처음 봤어.

B: 我也是，竟然还有一角一分的纸币。
나도 그래. 1쟈오랑 1펀짜리 지폐도 있네.

• 角 jiǎo ® 쟈오 [중국 화폐 단위, 块의 10분의 1]
• 分 fēn ® 펀 [중국 화폐 단위, 角의 10분의 1] • 纸币 zhǐbì ® 지폐

□ ★☆☆ 0783 **人生**
rénshēng
® 인생

放弃是一种人生态度，懂得放弃的人往往会得到
更大的幸福。

포기는 일종의 삶의 태도이다. 포기할 줄 아는 사람이 종종 더 큰 행복을 얻게 된다.

□ ★☆☆ 0784 **人事** 圐 인사
rénshì

当人事部门面对较多简历无法一一面试的时候，
会先通过电话面试来筛选应聘者。

인사부에서 비교적 많은 이력서에 대해 일일이 면접을 볼 수 없을 때, 먼저 전화
면접을 통해 지원자를 뽑는다.

· 人事部 rénshìbù 圐 인사부 · 面试 miànshì 圐圙 면접시험(을 보다)
· 筛选 shāixuǎn 圙 (체로) 걸러내다, 선별하다

□ ★☆☆ 0785 **人物** 圐 인물
rénwù

书中作者描写了那个年代各式各样的人物。

책에서 작가는 그 시대 각양각색의 인물을 묘사했다.

· 各式各样 gèshìgèyàng 圙어 각양각색

□ ★☆☆ 0786 **人员** 圐 인원
rényuán

出席明天会议的人员已经确定下来了。25位专
家，加上工作人员，一共31人。

내일 회의 출석 인원이 이미 확정됐습니다. 25분의 전문가와 스태프까지 더해서
총 31명입니다.

· 专家 zhuānjiā 圐 전문가 · 加上 jiāshàng 圙 더하다 圙 그 위에, 게다가

□ ★☆☆ 0787 **忍不住** 圙 참을 수 없다, 견딜 수 없다
rěnbúzhù

她终于忍不住开口了。

그녀는 참지 못하고 마침내 입을 열었다.

· 开口 kāikǒu 이합 입을 열다, 말을 하다

□ ★
☆
☆ 0788 **日常**

rìcháng

形 일상(의), 일상적인

当初我之所以选择是因为他尊重我，体贴我，也
乐意和我分担日常生活中的各种责任。

당초에 내가 선택한 이유는 그가 나를 존중해 주고, 자상히 보살펴 주고, 또한 일
상생활의 각종 책임을 기꺼이 나와 분담하려 하기 때문이다.

・ 之所以 zhīsuǒyǐ 接 …한 까닭은
・ 体贴 tǐtiē 动 (자상하게) 돌보다, 보살피다
・ 乐意 lèyì 动 기꺼이 …하길 원하다

□ ★
☆
☆ 0789 **日程**

rìchéng

名 일정

A: 我想看一下具体的行程安排。

구체적인 여행 일정을 좀 보고 싶은데요.

B: 请稍等会儿，我给您拿一下日程表。

잠시만 기다려 주세요. 제가 일정표를 가져다 드리겠습니다..

・ 行程 xíngchéng 名 여정, 노정, 진행과정 ・ 稍 shāo 副 조금, 잠시

□ ★
☆
☆ 0790 **日历**

rìlì

名 달력, 일력

A: 你看日历了吗？今天几月几号了？还需要我启
发吗？

달력 봤어요? 오늘이 몇 월 며칠이죠? 내 힌트가 더 필요해요?

B: 你到底想说什么？

당신 도대체 무슨 말이 하고 싶은 거죠?

□ ★
☆
☆ 0791 **日期**

rìqī

名 날짜, 기간

我们已经按照合同上要求的日期发货了，您放
心，后天肯定能到。

저희가 이미 계약서 상에 요구된 날짜대로 물건을 보냈으니 안심하세요. 모레는
반드시 도착할 수 있습니다.

・ 发货 fāhuò 动 출하하다, 화물을 발송하다

□ ★☆☆ 0792 **日用品**
rìyòngpǐn
圆 생필품, 생활용품

一般日用品类价格又上涨了。
일반 생필품류의 가격이 또 올랐다.

· 类 lèi 圆 종류

□ ★★☆ 0793 **日子**
rìzi
圆 날, 날짜 / 생활, 형편

A: 今天是个很重要的日子，你不会真的忘了吧？
오늘 중요한 날인데 당신 진짜 잊은 건 아니겠죠?

B: 啊，想起来了，今天是我们的结婚纪念日。
아, 생각났어요. 오늘 우리 결혼기념일이죠.

□ ★★☆ 0794 **如何**
rúhé
때 어떠한가, 어떻게

如何使自己变得更强，才是解决问题的根本。
어떻게 자신을 더 강하게 하느냐가 문제 해결의 기본이다.

□ ★☆☆ 0795 **如今**
rújīn
圆 현재, 오늘날

如今，围棋不仅在亚太地区广泛流行，并且还逐
渐受到世界各地人们的欢迎。
오늘날 바둑은 아태지역에서 널리 유행할 뿐 아니라, 전 세계 사람들에게도 점차
환영 받고 있다.

· 亚太 YàTài 圆 아시아와 태평양

□ ★☆☆ 0796 **软**
ruǎn
圆 부드럽다

她对我的态度软下来了。
나에 대한 그녀의 태도가 부드러워졌다.

0797 **软件**
ruǎnjiàn

® 소프트웨어, 프로그램

我正在下载一个杀毒软件。

나는 백신 프로그램 하나를 다운로드하고 있다.

· 下载 xiàzài **⑤** 다운로드하다
· 杀毒软件 shādú ruǎnjiàn **®** 백신 프로그램

0798 **弱**
ruò

® (몸, 목소리, 성격 등이) 약하다

电梯里手机的信号比较弱。

엘리베이터 안은 휴대전화 신호가 비교적 약하다.

· 信号 xìnhào **®** 신호

0799 **洒**
sǎ

⑤ (흩)뿌리다, 엎지르다

酒瓶子落地，摔了个粉碎，白酒洒了一地，散放
着酒香。

술병이 바닥에 떨어져 깨져서 산산조각이 나고, 바이주가 바닥에 엎질러지자 술
냄새가 퍼졌다.

· 落地 luòdì **이합** 땅에 떨어지다 · 摔 shuāi **⑤** 떨어지다, 넘어지다
· 粉碎 fěnsuì **®** 산산조각이 나다 **⑤** 분쇄하다
· 白酒 báijiǔ **®** 바이주, 백주 · 散放 sànfàng **⑤** 발산하다, 배포하다

0800 **嗓子**
sǎngzi

® 목(소리), 목청

你多吃点梨。听说梨对嗓子有好处。

배를 많이 먹어봐. 배가 목에 좋다더라.

0801 **色彩**
sècǎi

® 색채, 색깔 / 분위기, 느낌

民间手工艺品、音乐、舞蹈具有浓重的民族色彩。

민간 수공예품, 음악, 춤은 짙은 민족적 색채를 가지고 있다.

· 舞蹈 wǔdǎo **®⑤** 춤(추다) · 浓重 nóngzhòng **®** 농후하다

정답 콕 色彩는 '색채'라는 기본 뜻보다는 '분위기'등의 비유적이 표현이 훨씬 시험에 자주 등장하는 중요한 단어입니다.

☐ ★☆☆ 0802 **杀** shā [동] 죽이다

他们杀了那只能下金蛋的母鸡。
그들은 황금알을 낳는 암탉을 죽였다.

• 下蛋 xiàdàn [이합] 알을 낳다 • 母鸡 mǔjī [명] 암탉

☐ ★☆☆ 0803 **沙漠** shāmò [명] 사막

从前有一个人在无边的沙漠中迷失了方向。
옛날에 어떤 한 사람이 끝없는 사막에서 방향을 잃었다.

• 无边 wúbiān [형] 끝없다, 한없이 넓다 • 迷失 míshī [동] 길이나 방향을 잃다

☐ ★☆☆ 0804 **沙滩** shātān [명] 모래사장, 백사장

他躺在沙滩椅上。
그는 비치 의자에 누워 있다.

• 沙滩椅 shātānyǐ [명] 비치 의자, 썬텐 의자

☐ ★☆☆ 0805 **傻** shǎ [형] 어리석다, 미련하다

人们笑话愚公太傻。
사람들은 우공이 너무 어리석다고 비웃었다.

☐ ★★☆ 0806 **晒** shài [동] 햇볕을 쬐다, 햇볕에 말리다

今天阳光真好，我们把被子拿到阳台上晒一晒吧。
오늘 볕이 정말 좋으니 우리 이불을 베란다에 가져다 좀 말리자.

☐ ★★☆ 0807 **删除** [동] 삭제하다, 지우다

shānchú

你装的软件太多了，最好把不常用的程序给删除掉。

네가 설치한 소프트웨어가 너무 많아. 잘 안 쓰는 프로그램은 삭제해 버리는 것이 좋아.

☐ ★☆☆ 0808 **闪电** [명][동] 번개(가 번쩍하다)

shǎndiàn

阵雨有时伴有闪电和雷声，多发生在夏天。

소나기는 이따금 번개와 천둥을 동반하고, 여름에 많이 발생한다.

• 阵雨 zhènyǔ [명] 소나기 • 伴有 bànyǒu [동] 함께 발생하다
• 雷声 léishēng [명] 천둥소리

☐ ★☆☆ 0809 **扇子** [명] 부채

shànzi

扇子作为一种实用工具，在中国已有几千年的历史了。

부채는 실용적인 도구로서 중국에서 이미 몇 천 년의 역사를 가지고 있다.

• 作为 zuòwéi [동] …로 삼다, …(의 신분)으로서
• 实用 shíyòng [형] 실용적이다

☐ ★☆☆ 0810 **善良** [형] 선량하다,착하다

shànliáng

她是一个善良的人，甚至有点傻，总是牺牲自己。

그녀는 착한 사람이다. 심지어 좀 어리석어서 늘 자신을 희생한다.

• 牺牲 xīshēng [명][동] 희생(하다)

☐ ★★★ 0811 **善于** [동] …에 능하다

shànyú

他很善于与人交流。

그는 사람들과 교류를 잘한다.

정답 콕

善于의 목적어로는 보통 동사성 단어가 동반되며 5급 독해 2부분에 善于가 들어간 문장이 답으로 여러 번 등장한 적이 있습니다.

□ ★★☆ 0812 **伤害** [동] (몸, 정신, 감정을) 해치다, 손상 시키다

shānghài

熬夜会对身体造成伤害。

밤샘은 건강에 해롭다.

□ ★☆☆ 0813 **商品** [명] 상품, 제품

shāngpǐn

聪明的生意人卖自己不喜欢的商品。

똑똑한 장사꾼은 자기가 좋아하지 않는 상품을 판다.

DAY 26

표제어부터 예문까지 모두 듣기 **intensive26.mp3**
표제어만 듣기 **speed26.mp3**

☐ ★
☆
☆

0814 **商务**
shāngwù

명 비즈니스, 사업상의 업무

现在只有一个**商务**间。
현재 비즈니스룸은 하나 있습니다.

☐ ★
☆
☆

0815 **商业**
shāngyè

명 상업, 비즈니스

我们公司目前正同日本进行广泛的**商业**谈判。
우리 회사는 현재 일본과 광범위한 비즈니스 협상을 진행 중이다.

· 同 tóng 전 …와

☐ ★
☆
☆

0816 **上当**
shàngdàng

이합 속다, 꾐에 빠지다

我现在越来越觉得我们是**上当**了。
나는 지금 갈수록 우리가 속았다는 느낌이 든다.

☐ ★
☆
☆

0817 **蛇**
shé

명 뱀

毒**蛇**的卖价总比无毒**蛇**的还要高。
독사의 판매가는 항상 독 없는 뱀의 가격보다 더 높다.

중국어
TIP

蛇가 들어가는 성어 중 대표적인 것은 '**画蛇添足**(뱀을 그리는 데 다리를 그려 넣다)'이고, 쓸데 없는 짓을 하여 도리어 일을 잘못되게 한다는 것을 의미합니다. HSK 5급 독해 3부분에 관련 내용 이 지문으로 나온 적이 있습니다.

☐ ★★☆ 0818 **舍不得** [동] (아까워서) 차마 …하지 못하다, 아쉬워하다

shěbude

A: 好看，很适合你。没想到你舍得把那么长的头发剪了。

예쁘다. 잘 어울리네. 네가 그 긴 머리를 아쉬워하지 않고 잘라버릴 줄은 생각도 못했어.

B: 那有什么舍不得的。

아쉬울 것이 뭐 있겠어.

· 舍得 shěde [동] 아까워하다 · 剪 jiǎn [동] (가위로) 자르다

> [문법 TIP] 舍不得는 이별이나 헤어지는 것을 아쉬워하는 것을 나타낼 때만 사용할 수 있는 것이 아니라, '돈을 쓰기 아까워한다'라는 표현으로도 사용합니다.

☐ ★☆☆ 0819 **设备** [명] 설비, 시설

shèbèi

我们学校实验室的那几台设备太旧了。

우리 실험실의 설비들은 너무 낡았다.

☐ ★★★ 0820 **设计** [이합] 설계(하다), 디자인(하다)

shèjì

那个设计方案获得了单位批准。

그 디자인 안이 회사의 허가를 얻었다.

☐ ★☆☆ 0821 **设施** [명] 시설

shèshī

这坐城市的基础设施还不够完善。

이 도시는 기초시설이 아직 충분히 갖추어지지 않았다.

0822 射击
shèjī

명 동 사격(하다)

对于射击运动员来说，不但需要高超的技术，并
且还需要良好的心理素质。

사격 선수에게는 뛰어난 기술뿐 아니라 훌륭한 심리적 자질도 있어야 한다.

· 运动员 yùndòngyuán 몡 운동선수   · 高超 gāochāo 혭 출중하다, 특출나다

0823 摄影
shèyǐng

명 동 촬영(하다)

我喜欢摄影，想换个相机，不知道该买哪个牌子
的好。

나는 사진 촬영을 좋아해. 카메라를 바꾸고 싶은데 어떤 브랜드를 사야 좋을지 모
르겠어.

· 相机 xiàngjī 몡 사진기   · 牌子 páizi 몡 상표, 브랜드

0824 伸
shēn

동 (신체나 물체의 일부분을) 쭉 펴다, 내밀다

按照比赛规定，罚球时，裁判员伸出一根手指，
表示罚一次。

경기 규칙에 따라 자유투를 할 때 심판이 손가락 하나를 펴는 것은 자유투 한 번
을 뜻한다.

· 罚球 fáqiú 몡 이합 (농구에서) 자유투(를 하다), (축구에서) 페널티킥(을 하다)
· 裁判员 cáipànyuán 몡 심판   · 手指 shǒuzhǐ 몡 손가락

0825 身材
shēncái

명 몸매, 체격

楚王了解到他身材矮小，就命令手下的人在城门
旁边开了一个很低的洞。

초나라 왕은 그의 체격이 왜소함을 알고 아랫사람에게 성문 옆에 낮은 구멍을 하
나 내라고 명령했다.

· 矮小 ǎixiǎo 혭 왜소하다   · 手下 shǒuxià 몡 수하, 부하

☐ ★★☆

0826 **身份**
shēnfen

명 신분

我的身份证号最后一位数字是九，不是五。

제 신분증 번호 제일 뒷자리 숫자는 9입니다. 5가 아닙니다.

· 身份证 shēnfènzhèng 명 신분증

☐ ★★☆

0827 **深刻**
shēnkè

형 (인상 등이) 깊다, 깊이가 있다

这件事给他留下了一个深刻的教训。

이 일은 그에게 깊은 교훈을 남겼다.

☐ ★★☆

0828 **神话**
shénhuà

명 신화

这短短的几年内，他的资产就突飞猛进到十亿元，创造了一个商业神话。

짧은 몇 년 내에 그의 자산은 10억 원까지 비약적으로 늘어나 상업 신화를 창조했다.

· 资产 zīchǎn 명 자산
· 突飞猛进 tūfēiměngjìn 성어 비약적으로 발전하다

☐ ★★☆

0829 **神秘**
shénmì

형 신비하다

A: 什么事这么神秘？你说吧。

무슨 일인데 이렇게 비밀스러워? 말해봐.

B: 你得先保证绝对不告诉别人。

먼저 절대로 다른 사람에게 말하지 않겠다고 약속해.

□ ★☆☆ 0830 **升** [동] 오르다, 올리다 [양] 리터(ℓ)

shēng

霜在初升的阳光照耀下闪闪发光，等太阳升高后就融化了。

서리는 막 떠오르는 햇빛이 비출 때 반짝반짝 빛을 내고, 해가 높이 떠오른 후 녹아버린다.

1升等于1000毫升。

1리터는 1000밀리리터이다.

• 霜 shuāng [명] 서리 • 闪闪 shǎnshǎn [형] 반짝반짝, 깜빡깜빡
• 照耀 zhàoyào [동] 밝게 비추다 • 发光 fāguāng [동] 빛을 내다
• 毫升 háoshēng [양] 밀리리터(㎖)

□ ★☆☆ 0831 **生产** [동] 생산하다

shēngchǎn

这一发现可以应用到农业生产上。

이 발견은 농업 생산에 응용할 수 있다.

□ ★☆☆ 0832 **生动** [형] 생동감 있다, 생생하다

shēngdòng

"画龙点睛"比喻写作或说话时在关键地方加上精辟的语句，使内容更加生动传神。

'화룡점정'은 글을 쓰거나 말을 할 때 중요한 부분에 절묘한 말을 더하여 내용에 생동감을 더하는 것을 비유한다.

• 画龙点睛 huàlóngdiǎnjīng [성어] 화룡점정
• 精辟 jīngpì [형] 통찰력 있다, 치밀하다, 깊고 예리하다
• 语句 yǔjù [명] 구절, 문구 • 传神 chuánshén [형] 매우 생생하다

□ ★☆☆ 0833 **生长** [동] 생장하다, 나고 자라다

shēngzhǎng

在热带地区，铁树生长10年后就能开花结果。

열대지방에서 소철나무는 10년을 생장하면 꽃을 피우고 열매를 맺을 수가 있다.

• 热带 rèdài [명] 열대(기후, 지방) • 铁树 tiěshù [명] 소철나무
• 开花结果 kāihuājiéguǒ 꽃이 피고 열매를 맺다

□ ★☆☆ 0834 **声调**
shēngdiào
명 말투, 음색

那些善于聊天儿的人之所以能把谈话的气氛营造得很热烈，并不是声调比别人高。

대화에 능한 사람들이 대화 분위기를 뜨겁게 만들 수 있는 이유는 결코 억양이 다른 사람보다 높아서가 아니다.

· 营造 yíngzào 동 만들다, 수립하다, 경영하다

□ ★☆☆ 0835 **绳子**
shéngzi
명 밧줄, 끈

他为了避免打瞌睡用绳子把头发和房顶系在一起了。

그는 졸지 않기 위해 끈으로 머리와 지붕을 같이 묶었다.

· 房顶 fángdǐng 명 지붕, 옥상, 천장

□ ★☆☆ 0836 **省略**
shěnglüè
동 생략하다

可以通过省略的方式，略去不重要的成分以突出信息焦点。

생략법을 통해, 중요하지 않은 성분을 지우고 중요한 정보에 초점을 맞출 수 있다.

· 略去 lüèqù 동 생략하다, 삭제하다   · 焦点 jiāodiǎn 명 초점

□ ★★☆ 0837 **胜利**
shènglì
명 동 승리(하다)

坚持才能胜利。

(끝까지) 견지해야 비로소 승리할 수 있다.

□ ★★☆ 0838 **失眠**
shīmián
이합 잠을 이루지 못하다

不知为什么，最近我一直失眠。

이유는 모르겠는데, 내가 요즘 계속 잠을 잘 못 자요.

정답콕 失眠은 듣기 영역에 자주 등장하는 단어입니다. 녹음에서 失眠 들리고, 보기에 失眠이 있는 경우 답으로 고르면 됩니다.

★★★ 0839 **失去**
shīqù

동 잃다, 잃어버리다

对学习失去兴趣，是导致学习成绩下降的主要原
因之一。

공부에 흥미를 잃는 것은 학업 성적의 하락을 초래하는 주요 원인 중 하나이다.

• 下降 xiàjiàng 동 하강하다, 줄어들다

★☆☆ 0840 **失业**
shīyè

이합 직업을 잃다

经济危机来了，我们开的公司破产了，我也失业了。

경제 위기가 왔고 우리가 차린 회사는 파산했으며 나도 실직했다.

• 危机 wēijī 명 위기

★☆☆ 0841 **诗**
shī

명 시

老师在课堂上给我们朗读了一首白居易的诗。

선생님께서 수업시간에 우리들에게 백거이의 시 한 수를 낭독해 주셨다.

• 白居易 Bái Jūyì 인명 백거이 [당나라 시인]

★☆☆ 0842 **狮子**
shīzi

명 사자

如果我接受你的挑战，你就能得到曾与狮子比武
的殊荣。

만약에 내가 너의 도전을 받아들인다면 너는 사자와 겨루어 보았다는 영예를 얻
을 수 있겠지.

• 比武 bǐwǔ 이합 무예를 겨루다 • 殊荣 shūróng 명 특별한 영예

★☆☆ 0843 **湿润**
shīrùn

형 습윤하다, 촉촉하다

夏天都差不多，只是冬天北方比较干燥，而南方
更湿润。

여름은 모두 비슷하지만 겨울에 북방은 비교적 건조하고 남방은 더 습하다.

☐ ★☆☆ 0844 **石头** 명 돌

shítou

山上那么多石头，又能搬到哪里去呢？

위의 그 많은 돌들은 또 어디로 옮긴다는 거예요?

☐ ★☆☆ 0845 **时差** 명 시차

shíchā

目前全体队员都已克服了时差的影响，并适应了这儿干热的天气。

현재 전체 팀원이 모두 시차의 영향을 극복했고 이곳의 건조하고 더운 날씨에도 적응했다.

· 全体 quántǐ 명 전체 · 干热 gānrè 형 고온건조하다

DAY 27

표제어부터 예문까지 모두 듣기 **intensive27.mp3**
표제어만 듣기 **speed27.mp3**

☐ ★
 ☆
 ☆

0846 时代
shídài

圈 시대, 시절

我爱人在大学时代就热爱摄影。
내 아내는 대학 시절부터 촬영에 푹 빠졌다.

☐ ★
 ☆
 ☆

0847 时刻
shíkè

圈 시각, 시간 및 늘, 항상

我时刻提醒自己，尊重别人就是尊重自己。
나는 타인을 존중하는 것이 곧 자신을 존중하는 것이라고 스스로에게 늘 상기시켰다.

☐ ★
 ★
 ★

0848 时髦
shímáo

圈 圈 유행(이다), 현대적(이다)

重要的不是赶时髦，而是要考虑到季节的温度。
중요한 것은 유행을 따르는 것이 아니라 계절의 온도를 생각하는 것이다.

· 不是…而是~ búshì…érshi~ …이 아니라 ~이다
· 赶 gǎn 圄 뒤쫓다, 따라가다

중국어
TIP

时髦와 유의어 时尚은 뜻은 같지만, 뉘앙스의 차이가 있습니다. 时髦는 주관적으로 평가한 유행을 나타내는 반면, 时尚은 객관적으로 평가하는 유행을 나타냅니다. 또한 时髦는 경제적인 능력이 있어야만 따라잡을 수 있는 유행을 가리키지만, 时尚은 경제적 능력과 관계 없는 유행까지 나타냅니다.

☐ ★
 ☆
 ☆

0849 时期
shíqī

圈 시기

文彦博是北宋时期的政治家。
문언박은 북송시기 정치가이다.

· 文彦博 WénYànbó 인명 문언박 [송나라 정치가이자 서예가]
· 政治家 zhèngzhìjiā 圈 정치가

□ ★★★ 0850 **时尚**
shíshàng

图 유행, 트렌드

A: 我刚买了一件衣服，你看看这样式怎么样?
방금 옷을 한 벌 샀는데, 네가 보기에 스타일 어떤 것 같아?

B: 还可以，感觉挺时尚的。
괜찮네. 무척 세련된 느낌이야.

• 样式 yàngshì 图 형식, 스타일

□ ★☆☆ 0851 **实话**
shíhuà

图 참말, 솔직한 말

说实话，你的菜盐放得太多了，太咸了。
솔직히 말하면 네 음식은 소금을 너무 많이 넣었어. 너무 짜.

□ ★☆☆ 0852 **实践**
shíjiàn

图 图 실행(하다), 실천(하다)

要把理论与实践结合起来。
이론과 실천을 결합시켜야 한다.

□ ★★☆ 0853 **实习**
shíxí

图 图 실습(하다), 견습(하다)

她现在在一家出版社实习，要是表现好的话，应
该能留下。
그녀는 지금 한 출판사에서 인턴을 하고 있는데, 만약 일을 잘 한다면 계속 있을
수 있을 것이다.

• 出版社 chūbǎnshè 图 출판사

□ ★★☆ 0854 **实现**
shíxiàn

图 실현하다

他曾经设定的目标基本上都实现了。
일찍이 그가 세운 목표는 기본적으로 모두 실현되었다.

• 设定 shèdìng 图 설정하다

☐ ★☆☆ 0855 **实验**
shíyàn

형 동 실험(하다)

有位科学家曾做过一个实验。
이전에 어떤 과학자가 실험 한 적이 있다.

☐ ★☆☆ 0856 **实用**
shíyòng

형 실용적이다

这种节目专门介绍一些实用的生活常识。
이 프로그램은 실용적인 생활 상식들을 전문적으로 소개한다.

☐ ★☆☆ 0857 **食物**
shíwù

명 음식물

中国餐桌上的食物一般都不需要刀切。
중국의 식탁 위 음식은 보통 칼로 자를 필요가 없다.

• 餐桌 cānzhuō 명 식탁, 테이블

☐ ★★☆ 0858 **使劲儿**
shǐjìnr

이합 힘껏 하다, 힘을 쓰다

在山脚下的人应该使劲儿往上爬。
산 아래에 있는 사람은 힘을 다해 위로 올라가야 한다.

• 山脚 shānjiǎo 명 산기슭, 산자락

☐ ★☆☆ 0859 **始终**
shǐzhōng

부 시종일관, 한결같이

画家画的那片"树叶"一直挂在树枝上，始终没有
掉下来。
화가가 그린 그 "잎" 하나는 줄곧 나뭇가지에 걸려 끝까지 떨어지지 않았다.

• 树叶 shùyè 명 나뭇잎

□ ★☆☆ 0860 **士兵**
shìbīng

圆 병사, 사병

那些士兵的勇气真让人佩服。
그 병사들의 용기는 정말 사람을 탄복하게 한다.

□ ★☆☆ 0861 **市场**
shìchǎng

圆 시장

开发生产玩具，我觉得这个市场潜力比较大。
나는 완구 개발 생산은 시장 잠재력이 비교적 크다고 생각한다.

□ ★☆☆ 0862 **似的**
shìde

图 …처럼, …같다

你怎么了? 淋得像个落汤鸡似的。
어떻게 된 거야? 물에 빠진 생쥐 마냥 홀딱 젖었네.

· 淋 lín 图 (떨어지는 물이나 액체에) 젖다
· 落汤鸡 luòtāngjī 圆 국물에 빠진 병아리
　[온몸이 젖은 사람을 비유할 때 씀]

□ ★☆☆ 0863 **事实**
shìshí

圆 사실

事实上，铜牌获得者，虽然站在第三名的位置上，
但他们比银牌获得者要快乐得多。
동메달 획득자는 3위 자리에 서 있지만 사실상 은메달 획득자보다 훨씬 기쁘다.

· 铜牌 tóngpái 圆 동메달　· 银牌 yínpái 圆 은메달

□ ★☆☆ 0864 **事物**
shìwù

圆 사물

世界上的所有事物，总是在不断地发展变化。
세상의 모든 사물은 언제나 끊임없이 발전하고 변화한다.

□ ★★☆ **0865** **事先**
shìxiān
図 사전, 미리

许多人都认为**事先**做计划会很浪费时间，实际上，提前做好计划可以减少工作所用的总时间。

많은 사람들이 사전에 계획을 짜는 것이 시간 낭비라고 생각하는데, 사실상 미리 계획을 잘 짜면 일에 소요되는 총 시간을 단축할 수 있다.

· 总 zǒng 図 총괄적인

□ ★☆☆ **0866** **试卷**
shìjuàn
図 시험지

我有一天看她的**试卷**时，又是一阵惊讶。

어느 날 내가 그녀의 시험지를 봤을 때 또 한 번 깜짝 놀랐다.

· 阵 zhèn 図 바탕, 차례 · 惊讶 jīngyà 図 의아스럽다, 놀랍다

□ ★★☆ **0867** **收获**
shōuhuò
図 수확물, 성과, 수확

咱们在这儿都坐了快一个小时了，一点儿**收获**都没有。

우리가 여기 거의 한 시간을 앉아 있었는데 아무런 수확도 없어.

□ ★★☆ **0868** **收据**
shōujù
図 영수증

我把所有**收据**都放在信封里了。

나는 모든 영수증을 편지 봉투 안에 넣어 두었다.

□ ★★☆ **0869** **手工**
shǒugōng
図 수공, 손으로 하는 일

我们店里的商品全部都是**手工**制作的。每一件都是独一无二的。

저희 매장의 상품은 모두 수공으로 만든 것입니다. 모든 상품이 세상에서 오직 하나뿐이죠.

· 独一无二 dúyīwú'èr 성어 유일무이하다

☆ □
★
☆

0870 **手术**
shǒushù
图 图 수술(하다)

任何手术都有一定的风险。
어떤 수술이든 모두 어느 정도의 위험이 따른다.

☆ □
★
☆

0871 **手套**
shǒutào
图 장갑

戴着帽子或手套与别人握手是不礼貌的。
모자를 쓰거나 장갑을 긴 채로 다른 사람과 악수하는 것은 예의가 아니다.

☆ □
★
☆

0872 **手续**
shǒuxù
图 수속, 절차

出国需要办理哪些手续?
출국할 때 어떤 수속을 해야 합니까?

· 出国 chūguó 이합 출국하다

☆ □
★
☆

0873 **手指**
shǒuzhǐ
图 손가락

最早用来计数的是手指、脚趾，或小石子、小木
棍等。
최초에 수를 셀 때 쓴 것은 손가락, 발가락 또는 조약돌, 작은 나무 막대기 등이었다.

· 计数 jìshù 图 수를 세다 · 脚趾 jiǎozhǐ 图 발가락
· 石子 shízǐ 图 돌(멩이) · 木棍 mùgùn 图 나무 막대기

☆ □
★
☆

0874 **首**
shǒu
图 수 [시·사·노래 등을 세는 단위] 图 처음의

这首歌歌词很美。 이 노래는 가사가 아름답다.

首届网上歌手选拔大赛能够满足你当明星的愿望。
제1회 온라인가수 오디션은 당신의 스타의 꿈을 만족시켜줄 수 있습니다.

· 歌词 gēcí 图 가사 · 首届 shǒujiè 图 제1차
· 大赛 dàsài 图 큰 경기 · 愿望 yuànwàng 图 바람, 희망

★
★
☆
0875 **寿命**
shòumìng

圏 수명

宣纸的寿命很长。

화선지의 수명은 매우 길다.

• 宣纸 xuānzhǐ 圏 화선지

★
★
☆
0876 **受伤**
shòushāng

回합 상처를 입다, 다치다

听小李说你胳膊受伤了，严重吗?

샤오리가 그러던데 팔을 다쳤다면서? 심각해?

★
★
☆
0877 **书架**
shūjià

圏 책꽂이, 서가

书店老板在所有的书架上全摆满了这位作家的著作。

서점 주인은 모든 책꽂이에 전부 이 작가의 저서를 진열했다.

• 著作 zhùzuò 圏 저서, 저작물 圏 저작하다

★
☆
☆
0878 **梳子**
shūzi

圏 빗

在空气干燥的时候，用塑料梳子梳头发，头发会
随梳子飘起来。

공기가 건조할 때 플라스틱 빗으로 머리를 빗으면 머리가 빗에 따라 날리게 된다.

• 塑料 sùliào 圏 플라스틱, 비닐 • 梳 shū 圏圏 빗(질하다)

☐ ★★☆

0879 **舒适**
shūshì

형 쾌적하고 편안하다

坐公交车时，要想舒适，座位是必不可少的。

버스를 탔을 때 편안하려면 좌석은 필수이다.

· 公交车 gōngjiāochē 명 버스
· 必不可少 bibùkěshǎo 성어 없어서는 안 된다, 필수적이다

☐ ★★☆

0880 **输入**
shūrù

동 들여보내다, 입력하다

网上购物很方便。只要输入您想要的商品名称，
鼠标轻轻一点，商品就会送到家，可以为您节省
很多时间。

인터넷 쇼핑은 매우 편리하다. 당신이 필요로 하는 상품 명칭을 입력하고 마우스
를 살짝 누르기만 하면 상품이 집으로 배송되어 시간을 많이 절약해 줄 수 있다.

· 网上购物 wǎngshàng gòuwù 명 인터넷 쇼핑
· 名称 míngchēng 명 명칭

☐ ★☆☆

0881 **蔬菜**
shūcài

명 채소, 야채

医生建议他多吃点儿时令蔬菜和水果。

의사는 그에게 제철 채소와 과일을 많이 먹을 것을 제안했다.

· 时令 shílìng 명 계절, 제철

☐ ★★☆

0882 **熟练**
shúliàn

형 (동작, 기능, 기교 등이) 능숙하다, 숙련되다

没事，不用着急，那是因为你还不熟练，多练练
就好了。

괜찮아, 조급해할 것 없어. 그건 네가 아직 숙련되지가 않아서 그런 거니까 앞으로
연습을 좀 많이 하면 괜찮아져.

□ ★★★ 0883 **属于** [동] …에 속하다

shǔyú

每个人的心中都有属于自己的秘密。

사람마다 모두 자기만의 비밀이 있다.

정답 콕 5급 독해 2, 3부분에서 属于가 들어간 문장이 여러 번 답으로 출제된 적 있는 중요한 단어입니다. 특히 '属于自己(자신만의)'라는 표현을 알면 쓰기영역 어순배열 문제를 풀 때 도움이 됩니다.

□ ★☆☆ 0884 **鼠标** [명] 마우스

shǔbiāo

你那儿有多余的电池吗？我的无线鼠标没电了。

너한테 남는 건전지 있니? 내 무선 마우스 배터리가 다 됐네.

• 无线 wúxiàn [명][형] 무선(의)

□ ★★☆ 0885 **数** [동] 세다, 헤아리다

shǔ

他数了数袋里的钱，才发现确实少了5元钱。

그는 주머니 안의 돈을 세어 보고서야 정말 5위안이 없어졌다는 것을 알았다.

• 袋 dài [명][양] 주머니, 봉지

□ ★★☆ 0886 **数据** [명] 데이터

shùjù

据调查数据表明，女性的私人空间比男性大。

조사한 데이터에 따르면 여성의 사적 공간이 남성보다 큰 것으로 나타났다.

□ ★☆☆ 0887 **数码** [명] 디지털

shùmǎ

是关于数码产品使用情况的问卷，不会耽误您太长时间。

디지털 제품 사용 상황에 관한 설문조사인데요, 시간이 오래 걸리지 않을 겁니다.

• 问卷 wènjuàn [명] 설문조사, 앙케이트

□ ★★☆	0888	**摔倒**		图 넘어지다, 떼버리다

shuāidǎo

礼拜天我去滑冰不小心摔倒了，把腿上的肌肉给拉伤了。

일요일에 스케이트 타러 갔다가 실수로 넘어져서 다리 근육이 늘어났다.

· 礼拜 lǐbài 몡 주, 요일　· 滑冰 huábīng 몡 이합 스케이트(를 타다)

□ ★☆☆	0889	**甩**		图 뿌리치다, 떼버리다

shuǎi

那条猎狗很凶呀，兔子又带了伤，是怎么甩掉它的呢?

그 사냥개는 아주 사납고, 토끼는 상처도 있는데 어떻게 개를 따돌린 거지?

· 凶 xiōng 혱 흉악하다, 사납다

□ ★☆☆	0890	**双方**		몡 쌍방, 양쪽

shuāngfāng

双方还没有在合同上签名。

양측은 아직 계약서에 사인하지 않았다.

□ ★☆☆	0891	**税**		몡 세금

shuì

目前的税收制度有利于富人。

현재의 세수 제도는 부자에게 유리하다.

· 税收 shuìshōu 몡 세수, 세금수입　· 制度 zhìdù 몡 제도
· 富人 fùrén 몡 부자

□ ★☆☆	0892	**说不定**		悍 아마, 짐작컨대 (···일지도 모른다)

shuōbúdìng

你再去图书馆或书店转转，说不定会有收获的!

도서관이나 서점을 다시 한 번 돌아봐. 수확이 있을지도 모르잖아!

☐ ★☆☆ 0893 **说服**
shuōfú

国[합] 설득하다, 납득시키다

他终于被我说服了。
그는 마침내 나에게 설득당했다.

☐ ★☆☆ 0894 **丝绸**
sīchóu

명 비단, 실크

那里丝绸很有名。请你帮我买几条颜色淡点儿的
丝巾回来。
그곳은 실크가 유명해요. 색이 좀 연한 실크 스카프 몇 장 사다 주세요.

• 丝巾 sījīn 명 실크 스카프

☐ ★☆☆ 0895 **丝毫**
sīháo

부 조금도, 추호도

人类对生命的敬畏和神秘感丝毫不会减退。
생명에 대한 인류의 경외와 신비감은 조금도 줄어들 줄 모른다.

• 敬畏 jìngwèi 통 경외하다   • 减退 jiǎntuì 통 감퇴하다

☐ ★☆☆ 0896 **私人**
sīrén

형 사적인, 민간의

私人空间的大小因人而异，但大体上是前后0.6-
1.5米，左右1米。
사적인 공간의 크기는 사람에 따라 다르지만 대체적으로 전후 0.6~1.5m, 좌우 1m
이다.

• 因人而异 yīnrén'éryì 성어 사람에 따라 다르다
• 大体 dàtǐ 부 대체로, 대략

☐ ★☆☆ 0897 **思考**
sīkǎo

통 사색하다

人要是光做不思考，光学不思考，是不会有所进
步的。
사람이 만약 행동만 하고 생각하지 않거나 배우기만 하고 생각하지 않으면 발전
이 있을 수 없다.

• 有所 yǒusuǒ 통 어느 정도 …하다, 다소 …함이 있다

★★☆ 0898 **思想** sīxiǎng [명] 사상, 의식

握手是一种沟通思想、交流感情、增进友谊的重要方式之一。

악수는 생각을 소통하고, 감정을 교류하며 우의를 증진하는 중요한 방식 중 하나이다.

• 增进 zēngjìn [동] 증진하다, 증진시키다

★☆☆ 0899 **撕** sī [동] 찢다

很多伤员只能撕下身上的衣服紧急包扎自己的伤口。

많은 부상자들이 입고 있는 옷을 찢어서 급히 자신의 상처를 싸맬 수 밖에 없었다.

• 伤员 shāngyuán [명] 부상자 • 包扎 bāozā [동] 싸매다

• 伤口 shāngkǒu [명] 상처

★☆☆ 0900 **似乎** sìhū [부] 마치 …인 것같다

这个人似乎在哪儿见过。

마치 이 사람 어디선가 본 것 같다.

★★☆ 0901 **搜索** sōusuǒ [동] 수색하다, 검색하다

A: 你知道怎么在网上预约挂号吗?

인터넷에서 (병원) 예약 접수를 어떻게 하는지 알아?

B: 我也不太清楚，你自己上网搜索一下吧。

나도 잘 몰라. 네가 직접 인터넷에 접속해서 검색 한 번 해봐.

• 预约 yùyuē [명] [동] 예약(하다)

★☆☆ 0902 **宿舍** sùshè [명] 기숙사

我们单位有集体宿舍，你不用自己租房。

우리 회사는 단체 기숙사가 있어서 너는 따로 세를 얻을 필요가 없다.

• 租房 zūfáng [명] 셋방 [동] (가옥을) 임대하다

□ ★☆☆ 0903 **随身** [동] 몸에 지니다

suíshēn

我带着各30公斤的两个大箱子，加上随身行李，两只手不够用，只好一件一件地挪动。

나는 30킬로그램짜리 큰 트렁크 두 개에 핸드캐리어까지 있어서 손이 모자라 하나씩 옮겨야만 했다.

- 大箱子 dàxiāngzi [명] 트렁크
- 挪动 nuódòng [동] 옮기다, (위치를) 바꾸다

□ ★☆☆ 0904 **随时** [부] 수시로, 언제든지, 그때 그때

suíshí

您决定了随时都可以给我们打电话，这是我的名片。

결정하시면 언제든지 저희에게 전화 주시면 됩니다. 이것은 제 명함입니다.

- 随时随地 suíshísuídì [부] 언제 어디서나

□ ★☆☆ 0905 **随手** [동] …하는 김에 ~하다, 즉석에서 …하다, 손 가는 대로 하다

suíshǒu

老师随手捡起一块石头向远处扔去，然后再叫他去捡回来。

선생님은 즉석에서 돌멩이 하나를 주워 멀리 던진 후, 그에게 주워 오라고 했다.

- 远处 yuǎnchù [명] 먼 곳

□ ★☆☆ 0906 **碎** [동] 부서지다, 부수다

suì

儿子打碎了两个盘子。

아들이 접시 두 개를 깨뜨렸다.

□ ★★☆ 0907 **损失** [명][동] 손실(되다), 손해(를 입다)

sǔnshī

锻炼身体会损失很多热量。

운동은 열량을 많이 소모하게 된다.

- 热量 rèliàng [명] 열량

☐ ★★☆

0908 **缩短**

suōduǎn

圖 단축하다, 줄이다

高速公路缩短了城市与城市之间的距离。
고속도로는 도시와 도시 사이의 거리를 단축시켰다.

☐ ★★☆

0909 **所**

suǒ

조 …되다 / …하는 바 曾 채, 동

不要被别人的意见所左右。
다른 사람의 의견에 좌우되지 마라.

历史是人写出来的，你所走的每一步都是在书写
自己的历史。
역사는 사람이 쓰는 것이다. 당신이 걷는 한 걸음 한 걸음이 모두 자기 자신의 역
사를 쓰고 있는 것이다.

一个优秀的校长就是一所优秀的学校。
우수한 교장이 곧 우수한 학교이다.

☐ ★☆☆

0910 **锁**

suǒ

曾 자물쇠 圖 잠그다

这把锁的设计非常巧妙。
이 자물쇠의 디자인이 매우 교묘하다.

记得下次出去要锁门啊!
다음에는 나갈 때 문 잠그는 것을 잊지 마.

☐ ★☆☆ 0911 **台阶**
táijiē

國 계단

我们已经爬了八百多个台阶了。

우리가 벌써 800여 계단을 올라왔어.

☐ ★☆☆ 0912 **太极拳**
tàijíquán

國 태극권

太极拳是中国的一种传统武术。

태극권은 중국의 전통 무술이다.

・武术 wǔshù 國 무술

☐ ★☆☆ 0913 **太太**
tàitai

國 아내, 부인

我回去跟太太商量一下。

돌아가서 아내와 상의해 보겠습니다.

☐ ★★☆ 0914 **谈判**
tánpàn

動 담판하다, 협상하다

尹主任，您估计这次谈判的结果会怎么样？

윤 주임님, 주임님 생각에는 이번 협상 결과가 어떻게 될 것 같습니까?

☐ ★☆☆ 0915 **坦率**
tǎnshuài

形 솔직담백하다

我们坦率地交换了彼此的意见。

우리는 솔직 담백하게 서로의 의견을 교환했다.

☆☆ 0916 **烫**
tàng

〔형〕몹시 뜨겁다 〔동〕화상입다

水太烫了,不能喝。

물이 너무 뜨거워서 마실 수가 없어요.

腿被烫伤了。

다리를 데였어요.

☆☆ 0917 **逃**
táo

〔동〕도망치다, 달아나다

你偷了汽车是逃不了多远的。

차를 훔쳐서는 너는 얼마 도망갈 수 없어.

☆☆ 0918 **逃避**
táobì

〔동〕도피하다, 회피하다

逃避不是办法。

도피는 방법이 아니다.

☆☆ 0919 **桃**
táo

〔명〕복숭아

中国人为什么把学生比作桃李呢?

중국인은 왜 학생을 복숭아와 자두나무에 비유합니까?

• 李 Ⅱ〔명〕자두(나무), 오얏(나무)

☆☆ 0920 **淘气**
táoqì

〔형〕장난이 심하다

我小时候很淘气。

나는 어릴 때 장난이 심했다.

□ ★☆☆ 0921 **讨价还价**
tǎojiàhuánjià

[성어] 값을 흥정하다

在讨价还价时，卖菜的有点儿不耐烦地对他说。
값을 흥정할 때 채소 장수가 좀 귀찮아하며 그에게 말했다.

정답록

讨价还价는 5급 단어 중 유일한 성어입니다. 시험에서 讨价还价 이외의 성어가 등장하는 경우가 가끔 있습니다. 모르는 성어가 있어도 HSK 5급 시험에서는 필수 단어 1300개를 암기하고 있다면 문제를 해결하는데 지장이 없습니다. 모르는 성어를 해석하는 데 시간을 뺏기지 않도록 평소 HSK 문제를 풀 때 빠르게 아는 단어만으로 유추해 답을 찾는 연습을 해야 합니다.

□ ★☆☆ 0922 **套**
tào

[명][양] 세트

我们昨天看了一套房子。
우리는 어제 집을 하나 봤다.

□ ★☆☆ 0923 **特色**
tèsè

[명] 특색, 특징

你给我们推荐几个你们这儿的特色菜。
이곳의 대표 메뉴 몇 가지를 저에게 추천해 주세요.

□ ★☆☆ 0924 **特殊**
tèshū

[형] 특수하다, 특별하다

像结婚纪念日，这么特殊的日子，我听你的安排好了。
결혼기념일처럼 이렇게 특별한 날, 나는 당신의 계획에 따라야지.

□ ★☆☆ 0925 **特征**
tèzhēng

[명] 특징

文化多样性是人类社会的基本特征。
문화의 다양성은 인류 사회의 기본 특징이다.

· 文明 wénmíng [명][형] 문명(화 된), 교양(있는)
· 多样性 duōyàngxìng [명] 다양성

☐ ★ 0926 **疼爱**
　　 ☆
　　 ☆ téng'ài
동 매우 사랑하다

天下父母没有不疼爱自己的子女的。
세상의 부모들 중 자신의 자녀를 사랑하지 않는 사람은 없다.

☐ ★ 0927 **提倡**
　　 ☆
　　 ☆ tíchàng
동 제창하다

我们应该提倡竞争，应该保护竞争。
우리는 마땅히 경쟁을 제창하고 경쟁을 보호해야 한다.

☐ ★ 0928 **提纲**
　　 ☆
　　 ☆ tígāng
명 개요, 요강

你前天发给我的采访提纲我看了，我们现在开始?
저는 그제 보내주신 질문지를 봤습니다. 우리 지금 시작할까요?

☐ ★ 0929 **提问**
　　 ☆
　　 ☆ tíwèn
동 질문하다, 문제를 내다

如果老师提问的时候我不举手，同学会在课下叫
我傻瓜。
선생님께서 질문하실 때 내가 손을 들지 않으면 수업 후에 친구들이 나를 바보라
고 할 것이다.

　　· 举手 jǔshǒu 〔이합〕 손을 들다 　· 傻瓜 shǎguā 명 바보, 멍청이

☐ ★ 0930 **题目**
　　 ☆
　　 ☆ tímù
명 제목

老师说我的题目研究范围太大，得缩小范围。
지도교수님께서 내 제목의 연구 범위가 너무 넓어서 범위를 줄여야 한다고 말씀
하셨다.

☐ ★ 0931 **体会**
　　 ★
　　 ★ tǐhuì
동 체험하여 터득하다

他才真正体会到"给予比接受更幸福"的道理。
그는 비로소 "주는 것이 받는 것보다 더 행복하다"라는 이치를 진정으로 깨달았다.

□ ★★☆ 0932 **体贴** [동] 자상하게 돌보다

tǐtiē

A: 从明天开始我来做饭吧。你下个星期就要考试了，做饭太耽误时间了。

내일부터 내가 밥을 할게요. 당신은 다음 주에 시험이잖아요. 밥 하는 건 시간 너무 많이 걸려요.

B: 你真体贴，那么这段时间就辛苦你了。

당신 정말 다정해요. 그럼 그 동안 수고 좀 해줘요.

□ ★★☆ 0933 **体现** [동] 구현하다, 구체적으로 표현하다

tǐxiàn

人们对他的关注体现了他在社会的价值。

그에 대한 사람들의 관심은 사회에서의 그의 가치를 보여 주었다.

· 关注 guānzhù [명][동] 관심(을 가지고 주목하다)

□ ★★☆ 0934 **体验** [명][동] 체험(하다)

tǐyàn

A: 我以前看过京剧，但说实话，我听不懂。

나는 예전에 경극을 본 적이 있는데 솔직히 말해서 못 알아들었어.

B: 不用担心，现在的京剧都配有字幕，再去体验一回吧。

걱정하지 마. 요즘 경극은 모두 자막이 있으니까 다시 한 번 봐봐.

· 字幕 zìmù [명] 자막

□ ★☆☆ 0935 **天空** [명] 하늘

tiānkōng

傍晚时天空又突然飘起了雪花。

저녁 무렵 하늘에 갑자기 또 눈꽃이 흩날리기 시작했다.

· 雪花 xuěhuā [명] 눈송이, 눈꽃

□ ★☆☆ 0936 **天真**
tiānzhēn
® 천진하다

我们曾经看到天真的少年一旦开始堕落，就不免愈陷愈深，最终变得面目可憎。

우리는 일찍이 순진하던 소년이 일단 타락하기 시작하면 점점 깊이 빠지게 되어 결국에는 흉측하게 변하는 것을 보았다.

• 一旦 yídàn ⊞ 일단 • 堕落 duòluò ® 타락하다
• 不免 bùmiǎn ® 면할 수 없다 • 愈…愈～ yù…yù～ ⊞ …할수록 ～하다
• 陷 xiàn ® 빠지다 • 面目可憎 miànmùkězēng 몰골이 혐오스럽다

□ ★☆☆ 0937 **调皮**
tiáopí
® 장난이 심하다, 까불다

奶奶说我爸小时候比我还调皮呢。

할머니께서 아빠가 어렸을 때는 나보다도 장난이 더 심했다고 하시더라.

□ ★★☆ 0938 **调整**
tiáozhěng
® 조정하다, 조절하다

才写了个提纲，上司让我再调整一下结构。

이제 막 개요를 썼는데 상사가 나에게 다시 한 번 구조를 조정해 보라고 했다.

□ ★★★ 0939 **挑战**
tiǎozhàn
® 이합 도전(하다)

总裁，这个项目对我来说挑战性太大，我有点儿想放弃了。

대표님, 이 프로젝트는 저에게 있어서 도전성이 너무 큽니다. 저는 약간 포기하고 싶어졌습니다.

• 总裁 zǒngcái ® 총재, 총대표 • 项目 xiàngmù ® 항목, 프로젝트

□ ★★☆ 0940 **通常**
tōngcháng
® ® 통상(적이다)

习惯写细小字的人通常具有良好的观察力。

습관적으로 작은 글씨를 쓰는 사람은 보통 뛰어난 관찰력을 가졌다.

• 细小 xìxiǎo ® 아주 작다, 미세하다

□ ★☆☆ 0941 **统一**
tǒngyī
〔휑〕 **일치된, 단일한, 통일된**

现在市场上所谓的健康食品其实还没有统一正确的标准。

현재 시중에 있는 건강식품이라고 불리는 것은 사실 아직 통일된 정확한 기준이 없다.

□ ★★☆ 0942 **痛苦**
tòngkǔ
〔명〕〔휑〕 **고통(스럽다)**

他的表情显得很痛苦。

그의 표정이 고통스러워 보인다.

DAY 30

표제어부터 예문까지 모두 듣기 intensive30.mp3
표제어만 듣기 speed30.mp3

☆★☆ 0943 **痛快**
tòngkuài

图 통쾌하다, 즐겁다 / 시원시원하다 / 마음껏 하다

一时的痛快，对长远的发展并不是什么好事。
잠깐의 즐거움은 장기적인 발전에 절대 좋은 일이 아니다.

他很痛快地答应了我们的要求。
그는 우리의 요구에 호쾌하게 동의했다.

前面有一大片梅树林，梅子特别多，到时候我们
吃个痛快。
앞에 큰 매화나무 숲이 있는데 매실이 엄청 많으니 우리 그때 실컷 먹자.

· 一时 yìshí 图 한때, 잠시 图 갑자기 · 一大片 yídàpiàn 대단히 넓은
· 梅树林 méishùlín 매화나무 숲 · 梅子 méizi 图 매실
· 到时候 dàoshíhòu 때가 되다

☆★☆ 0944 **偷**
tōu

图 훔치다

从前有人偷了一袋洋葱，被人抓住后送到了法官
面前。
옛날에 어떤 사람이 양파 한 포대를 훔치고 잡혀서 법관 앞에 끌려 갔다.

· 洋葱 yángcōng 图 양파

☆★☆ 0945 **投入**
tóurù

图 (자금, 시간 등을) 투자하다 / 몰두하다

投入越大，损失越大。
투자가 클수록 손실이 크다.

它将于今年3月投入使用。
그것은 올해 3월 사용에 돌입한다.

☐ ★
☆
☆
0946 **投资**
tóuzī

図 이합 **투자(하다)**

我想做一点儿投资，买股票的话，建筑行业的怎么样？

내가 투자를 좀 하고 싶은데, 주식을 산다면 건설업은 어떨까요?

☐ ★
☆
☆
0947 **透明**
tòumíng

図 **투명하다**

这种透明伞结实吗？

이런 투명 우산이 튼튼한가요?

☐ ★
★
★
0948 **突出**
tūchū

図 **두드러지다, 뛰어나다** 图 **두드러지게 하다, 부각시키다**

他为我们公司做出了突出的贡献。

그는 우리 회사에 돋보이는 공헌을 했다.

有些人总是用放大镜看别人，这样会突出别人的缺点。

어떤 사람들은 늘 돋보기로 다른 사람을 바라보는데, 이러면 다른 사람의 결점을 부각시키게 된다.

• 放大镜 fàngdàjìng 図 돋보기, 확대경

정답콕 突出는 5급 전 영역에서 자주 등장하는 단어로, 반드시 형용사와 동사 용법 모두 암기해야 합니다.

☐ ★
☆
☆
0949 **土地**
tǔdì

図 **토지, 땅**

空气、水、能源和土地，是人类赖以生存的四大基本要素。

공기, 물, 에너지 그리고 토지는 인류 생존의 4대 기본 요소이다.

• 赖以 làiyǐ 图 의지하다, 의존하다
• 生存 shēngcún 図图 생존(하다)

☐ ★☆☆ 0950 **土豆**
tǔdòu

명 감자

'土豆'又叫'马铃薯'，是一种蔬菜。
'감자'는 '마령서'라고도 하며 채소의 일종이다.

• 马铃薯 mǎlíngshǔ 명 감자

☐ ★☆☆ 0951 **吐**
tù

동 토하다

他走到厕所里去吐了。
그는 화장실로 걸어가서 토했다.

☐ ★☆☆ 0952 **兔子**
tùzi

명 토끼

他一点力气也没花，就白捡了一只又肥又大的兔子。
그는 아무런 힘도 들이지 않고 공짜로 크고 살진 토끼를 잡았다.

• 肥 féi 형 지방이 많다, 살지다

☐ ★☆☆ 0953 **团**
tuán

명 단체, 집단

请问，劳动节还有去杭州的旅行团吗?
말씀 좀 묻겠습니다. 노동절에 항저우에 가는 여행팀이 아직 있습니까?

• 劳动节 Láodòngjié 고유 노동절, 근로자의 날
• 杭州 Hángzhōu 지명 항저우 • 旅行团 lǚxíngtuán 명 여행단

☐ ★☆☆ 0954 **推辞**
tuīcí

동 사양하다, 거절하다

要找一个推辞的借口。
거절할 핑계를 찾아야 한다.

☐ ★★☆ 0955 **推广**
tuīguǎng

동 널리 보급하다, 확대하다

给公司新产品做了推广宣传活动。
회사 신상품 프로모션 행사를 했다.

• 宣传 xuānchuán 명 동 광고(하다), 홍보(하다)

□ ★★☆ 0956 **推荐** [동] 추천하다

tuījiàn

我看你的相机也该换换了，推荐你也买这个牌子的吧。

네 카메라도 바꿀 때가 된 것 같은데, 너도 이 브랜드를 사렴.

□ ★★☆ 0957 **退** [동] 물러나다, 물러서다 / 반환하다, 물리다

tuì

有时，退一步，能一口气进几步。

어떤 때는 한 걸음 물러서면 단숨에 몇 걸음을 나아갈 수 있다.

买贵了就退钱。

비싸게 샀으면 환불해 드립니다.

• 一口气 yìkǒuqì [명] 한 숨, 한 호흡 [부] 단숨에, 한번에

□ ★☆☆ 0958 **退步** [이합] 퇴보하다

tuìbù

好长时间没打过球，水平明显退步了。

오랜 시간 치지 않았더니 실력이 확실히 줄었다.

• 打球 dǎqiú [이합] 구기 운동을 하다, 공놀이를 하다

□ ★★☆ 0959 **退休** [이합] 퇴직하다

tuìxiū

A: 退休手续都办好了吗?

퇴직 절차는 다 하셨어요?

B: 差不多了，礼拜五就正式退了。

거의 됐어요. 금요일에 정식으로 퇴직합니다.

□ ★★☆ 0960 **歪** [형] 비뚤다

wāi

您停车停歪了，后面的车进出不太方便。

차를 비뚤게 세워서 뒤차가 출입하기 불편하네요.

□ ★☆☆ 0961 **外公**

wàigōng

图 외할아버지

我记得那时候外婆和外公已经不住在一起了。

그 때 외할머니와 외할아버지는 이미 함께 살지 않으셨던 것으로 나는 기억한다.

· 外婆 wàipó 圈 외할머니

□ ★☆☆ 0962 **外交**

wàijiāo

图 외교

我在外交部当翻译。

나는 외교부에서 통번역 일을 한다.

· 外交部 wàijiāobù 圈 외교부

□ ★★★ 0963 **完美**

wánměi

圈 완전무결하다, 흠잡을 데 없이 완벽하다

这个世界上没有绝对完美的作品。

이 세상에 절대적으로 완벽한 작품은 없다.

정답 콕

完美가 들어가는 동사구 시험에 가장 많이 출제되는 것은 '追求完美(완벽을 추구하다)'입니다. 듣기나 독해 영역 문제를 풀 때 선택지를 먼저 보고 '不要过分追求完美(너무 지나치게 완벽을 추구하지 마시오)'라는 문 장이 있으면 답으로 의심해 볼 수 있습니다.

□ ★★☆ 0964 **完善**

wánshàn

圈 완전하다 图 완전하게 하다

哺乳动物是动物世界中形态结构最高级，生理机能最完善的动物。

포유동물은 동물 세계에서 형태 구조가 가장 고등하며, 생리 기능이 가장 완전한 동물이다.

· 形态 xíngtài 圈 형태   · 生理 shēnglǐ 圈 생리(학)
· 机能 jīnéng 圈 기능

☐ ★★☆ 0965 **完整**　　　　　　　　　　　　　　　　형 온전하다, 완전하다

wánzhěng

有一个圆被切去了一块儿，它想让自己恢复完整。
因此它四处寻找被切去的那一部分。

한 조각이 잘려 나간 원이 있었다. 그 원은 자신을 온전한 형태로 회복하고 싶었다.
그래서 그 원은 잘려 나간 그 부분을 사방으로 찾아다녔다.

· 圆 yuán 명 원

☐ ★☆☆ 0966 **玩具**　　　　　　　　　　　　　　　　명 완구, 장난감

wánjù

玩具被摔坏了。

장난감이 부서졌다.

· 摔坏 shuāihuài 동 깨지다, 부서지다

☐ ★★☆ 0967 **万一**　　　　　　　　　　　　　　　　접 만일, 만에 하나

wànyī

万一前面再遇到河的话，他还得砍树做船。

만에 하나 가다가 또 강을 만난다면 그는 또 나무를 베어 배를 만들어야 한다.

문법 TIP

万一는 다른 가정을 나타내는 접속사(如果, 要是, 假如 등)와 달리 발생지 않기를 바라는 상황
에서만 사용한다는 특징이 있습니다. 이 차이점을 구별하는 문제가 시험에 출제가 된 적이 있습니다.

☐ ★☆☆ 0968 **王子**　　　　　　　　　　　　　　　　명 왕자

wángzǐ

可她的那位"白马王子"却是个卡车司机。

그러나 그녀의 그 "백마 탄 왕자님"은 뜻밖에도 트럭 운전사였다.

· 白马王子 báimǎwángzǐ 명 백마를 탄 왕자, 이상형의 남자

☐ ★★☆ 0969 **网络**
wǎngluò

图 인터넷, 네트워크, 웹

A: 最近报纸和网络上都在谈"光盘行动"。
요즘 신문과 인터넷 상에서 모두 "빈 접시 운동"에 대해 이야기하고 있더군요.

B: 我也知道，就是号召大家文明用餐珍惜粮食反对浪费。
저도 알아요. 문화적인 식습관으로 양식을 아낄 것을 호소하고 낭비하지 말자는 거죠.

· 号召 hàozhào 图图 호소(하다) · 用餐 yòngcān 图 식사를 하다

☐ ★☆☆ 0970 **往返**
wǎngfǎn

图 왕복하다

刘总，这是您的飞机票，是往返的。
리우 대표님, 이것은 대표님의 비행기 티켓입니다. 왕복 티켓입니다.

☐ ★★☆ 0971 **危害**
wēihài

图 해를 끼치다, 해치다 图 위해, 해

缺乏睡眠危害健康。
잠이 부족하면 건강을 해친다.

☐ ★★☆ 0972 **威胁**
wēixié

图图 위협(하다)

你放心，我身体挺结实的，流感对我构不成威胁。
안심하세요. 저는 무척 튼튼해요. 유행성 감기는 저에게 위협이 안 됩니다.

· 流感 liúgǎn 图 유행성 감기

☐ ★★★ 0973 **微笑**
wēixiào

图图 미소(를 짓다)

微笑可以改变你的生活。
미소는 당신의 삶을 변화시킬 수 있다.

□ ★★☆ 0974 **违反** wéifǎn [동] **위반하다, 위배되다**

凡违反规定者，要罚款处理。

모든 규정 위반자는 벌금형에 처한다.

• 凡 fán [부] 무릇, 모든

□ ★☆☆ 0975 **围巾** wéijīn [명] **목도리, 스카프**

天气预报说今天降温，你把围巾，帽子和手套都给戴上吧。

일기예보에서 오늘 기온이 떨어진다 하니 목도리를 두르고 장갑도 끼고 모자도 쓰렴.

• 降温 jiàngwēn [동] 기온이 떨어지다, 온도를 내리다

DAY 31

표제어부터 예문까지 모두 듣기 intensive31.mp3
표제어만 듣기 speed31.mp3

□ ★★☆ 0976 **围绕** wéirào [동] 주위를 돌다 / 둘러싸다, 중심에 놓다

围绕地球的这层厚厚的大气是个流体。
지구를 둘러싸고 있는 이 두터운 대기는 하나의 유동체이다.

• 大气 dàqì [명] 대기 • 流体 liútǐ [명] 유동체

□ ★☆☆ 0977 **唯一** wéiyī [형] 유일한

如果你只是把心愿藏在心里，而不去实现它，那么唯一的结果，就是与它错过。
만약 당신이 그저 원하는 것을 마음 속에 간직하기만 하고 실현하려 하지 않는다면 유일한 결과는 바로 그것과 엇갈리는 것이다.

• 心愿 xīnyuàn [명] 바람, 염원 • 藏 cáng [동] 숨기다, 간직하다
• 错过 cuòguò [동] (시기나 대상을) 놓치다, 엇갈리다

□ ★☆☆ 0978 **维修** wéixiū [동] 보수하다, 수리하다

豪华车无论购买还是维修都很昂贵。
호화 차량은 구입을 하든 수리를 하든 모두 매우 비싸다.

• 昂贵 ánggui [형] 비싸다

□ ★★☆ 0979 **伟大** wěidà [형] 위대하다

伟大的英雄都是这么谦虚的。
위대한 영웅은 모두 이렇게 겸손하다.

□ ★☆☆ 0980 **尾巴**
wěiba
图 꼬리

有一天他梦见一条蛇正在咬它自己的尾巴。
어느 날 그는 뱀이 자기 꼬리를 물고 있는 꿈을 꾸었다.

· 咬 yǎo 图 깨물다

□ ★★☆ 0981 **委屈**
wěiqu
图 억울하다

孩子委屈地流下了眼泪。
아이는 억울해하며 눈물을 흘렸다.

· 眼泪 yǎnlèi 图 눈물

□ ★☆☆ 0982 **未必**
wèibì
图 반드시 …한 것은 아니다, 꼭 그렇다고는 할 수 없다

钱多未必好。
돈이 많은 것이 반드시 좋은 것은 아니다.

□ ★☆☆ 0983 **未来**
wèilái
图 미래, 희망

他对自己的前途充满信心，为自己设计了一个美好的未来。
그는 자신의 장래에 대해 자신감이 충만하고 자신을 위해 아름다운 미래를 설계했다.

· 美好 měihǎo 图 아름답다, 행복하다

□ ★★☆ 0984 **位于**
wèiyú
图 …에 위치하다

吐鲁番位于新疆中部，是中国葡萄主要生产地。
투루판은 신장 중부에 위치한 중국 주요 포도 생산지이다.

· 吐鲁番 Tǔlǔfān 지명 투루판   · 新疆 Xīnjiāng 지명 신장 [웨이우얼 자치구]
· 中部 zhōngbù 图 중부

정답콕 位于는 목적어로 반드시 지역이나 장소가 동반 되야 하는 특성을 가진 동사로 독해 1부분에서 밑줄 뒤에 지역이나 장소가 있는 경우 정답으로 바로 고를 수 있습니다.

★★☆ 0985 **位置**
wèizhi

图 위치

人生最重要的不是所站的位置，而是所朝的方向。
인생에서 가장 중요한 것은 서있는 위치가 아니라 바라보는 방향이다.

• 不是…而是~ búshì…érshì~ 图 …이 아니라 ~이다

★☆☆ 0986 **胃**
wèi

图 위

最近胃不舒服，医生让我少吃辣的。
요즘 위가 아픈데 의사가 매운 음식을 적게 먹으래.

★★☆ 0987 **胃口**
wèikǒu

图 식욕, 입맛

这儿的菜不合我的胃口。
여기 음식은 내 입맛에 안 맞는다.

• 不合 bùhé 图 맞지 않다

★★☆ 0988 **温暖**
wēnnuǎn

图 따뜻하다 图 따뜻하게 하다

许多鸟儿飞到温暖的地方过冬。
많은 새들이 따뜻한 곳으로 날아가 겨울을 난다.

一句话可以成为温暖他人一生的阳光。
한 마디 말이 타인의 일생을 따뜻하게 해주는 햇빛이 될 수 있다.

• 过冬 guòdōng 이합 겨울을 나다 • 一生 yìshēng 图 일생

★☆☆ 0989 **温柔**
wēnróu

图 온유하다, 따뜻하고 상냥하다

真诚的微笑透出的是宽容，是善意，是温柔，是爱意。
진실한 미소가 드러내는 것은 관용이자 선의이고 온유함이자 사랑이다.

• 真诚 zhēnchéng 图 진실하다 • 透 tòu 图 드러나 보이다
• 善意 shànyì 图 선의, 호의 • 爱意 àiyì 图 사랑, 애정

□ ★☆☆ 0990 **文件** 圏 문서, 파일

wénjiàn

把电脑回收站清空后，文件是否就被彻底删除了？答案是否定的。

컴퓨터의 휴지통을 비우고 나면 문서는 완전히 삭제된 것일까요? 답은 '아니오'입니다.

· 回收站 huíshōuzhàn 圏 컴퓨터의 휴지통

□ ★☆☆ 0991 **文具** 圏 문구

wénjù

A: 你用这些文具干什么？

너는 이 문구들을 가지고 뭐 할 거니？

B: 周六我要参加教师资格考试。

토요일에 교사자격 시험을 봐야 해.

· 教师 jiàoshī 圏 교사　· 资格 zīgé 圏 자격

□ ★☆☆ 0992 **文明** 圏 문명, 문화 圏 교양이 있는

wénmíng

一个举止不文明的父亲不可能培养出文明的孩子。

행동거지가 교양이 없는 아버지는 교양 있는 자녀를 길러낼 수 없다.

· 举止 jǔzhǐ 圏 행동거지

□ ★☆☆ 0993 **文学** 圏 문학

wénxué

她从小就对古代文学感兴趣。

그녀는 어릴 때부터 고대문학에 대해 흥미를 느꼈다.

□ ★☆☆ 0994 **文字** 圏 문자, 글자 / 글, 문장

wénzì

甲骨文是中国现存最古老的一种比较成熟的文字。

갑골문은 현존하는 중국의 가장 오래된 비교적 성숙된 문자이다.

· 甲骨文 jiǎgǔwén 圏 갑골문　· 现存 xiàncún 圏 현존하다
· 古老 gǔlǎo 圏 오래 되다

☐ ★☆☆ 0995 **闻**
wén

§ 냄새를 맡다

好香啊！门口我就闻到了。

맛있는 냄새네! 방금 전에 입구에서부터 나던데.

☐ ★☆☆ 0996 **吻**
wěn

§ 키스하다, 입맞추다

他拥抱我爸妈，还吻了我。

그는 우리 아빠 엄마와 포옹하고 나에게 입맞춤도 했다.

• 拥抱 yōngbào 통 껴안다, 포옹하다

☐ ★★★ 0997 **稳定**
wěndìng

형 안정되다, 안정적이다

我妈妈现在病情已经稳定了，但大夫说还需要住院观察一段时间。

우리 엄마는 이제 병세가 이미 안정됐지만, 의사가 얼마 동안 더 입원해서 지켜봐야 한다더군요.

• 病情 bìngqíng 명 병세

☐ ★☆☆ 0998 **问候**
wènhòu

§ 안부를 묻다, 문안드리다

他在贺词中向各位来宾表示亲切的问候。

그는 축사에서 내빈 여러분께 친근한 안부를 전했다.

• 贺词 hècí 명 축사 • 来宾 láibīn 명 내빈

☐ ★☆☆ 0999 **卧室**
wòshì

명 침실

客厅里，卧室里到处都是孩子的玩具。

거실과 침실 안 곳곳이 모두 아이 장난감이다.

☐ ★★☆ 1000 **握手** [명] [이합] **악수(하다)**

wòshǒu

会议结束后，他走到学生代表前，与他握手并向他表示祝贺。

회의가 끝난 후, 그는 학생 대표 앞으로 걸어가서 그와 악수하고 그에게 축하를 표했다.

☐ ★☆☆ 1001 **屋子** [명] **방**

wūzi

如果是我来做，我就把电梯安装在屋子外面。

만약에 내가 한다면 나는 엘리베이터를 방 밖에 설치하겠어.

☐ ★★☆ 1002 **无奈** [동] **하는 수 없다, 어쩔 수 없다**

wúnài

无奈之下，小王只得沮丧地回家了。

어쩔 수 없이 샤오왕은 낙담해서 귀가할 수 밖에 없었다.

• 沮丧 jǔsàng [형] 낙담하다

☐ ★☆☆ 1003 **无数** [형] **무수히 많다**

wúshù

最后的成功总是由前面无数次的失败累积而成的。

최후의 성공은 언제나 이전의 무수한 실패가 쌓여서 이루어지는 것이다.

☐ ★☆☆ 1004 **无所谓** [동] **개의치 않다, 상관 없다**

wúsuǒwèi

有没有盖子都无所谓。

뚜껑이 있든 없든 상관없다.

• 盖子 gàizi [명] 뚜껑, 덮개

☐ ★☆☆ 1005 **武术** [명] **무술, 우슈**

wǔshù

武术是中国的一种传统体育项目。

우슈는 중국 전통의 스포츠 종목이다.

★★☆ 1006 **勿** 　　　　　　　　　　　　　　　　　　　　　　　　　囝 …하지 마라, …해서는 안 된다

wù

门上挂着"请勿入内"的牌子。
문에 "들어가지 마시오"라는 팻말이 걸려있다.

★☆☆ 1007 **物理** 　　　　　　　　　　　　　　　　　　　　　　　　　囘 물리(학)

wùlǐ

他对数学、物理、天文、哲学都有兴趣。
그는 수학, 물리, 천문, 철학에 모두 흥미가 있다.

· 天文 tiānwén 囘 천문(학)　　· 哲学 zhéxué 囘 철학

DAY 32 ⎯⎯⎯ 🎧 표제어부터 예문까지 모두 듣기 **intensive32.mp3**
표제어만 듣기 **speed32.mp3**

□ ★☆☆ 1008 **物质**
wùzhì
⃞ (돈이나 생활 물자 등의) 물질

科学技术给人类带来了巨大的**物质**财富。
과학 기술은 인류에게 막대한 물질적 부를 가져다 주었다.

□ ★☆☆ 1009 **雾**
wù
⃞ 안개

因为大**雾**，目前所有航班均不能起飞。
짙은 안개 때문에 현재 모든 항공편이 이륙할 수 없습니다.

• 均 jūn ⃞ 균등하다, 고르다 ⃞ 모두, 다

정답 콕 시험에서 雾는 주로 大雾(짙은 안개)의 형태로 나오며 짙은 안개 때문에 비행기가 뜰 수 없다거나 교통이 불편하다는 내용으로 등장합니다.

□ ★★☆ 1010 **吸取**
xīqǔ
⃞ (교훈이나 경험 등을) 받아들이다

希望大家从中**吸取**教训。
사람들이 그 안에서 교훈을 얻기를 바란다.

□ ★★☆ 1011 **吸收**
xīshōu
⃞ 흡수하다

醋可以帮助消化，营养成分更容易**吸收**。
식초는 소화를 도와 영양성분이 더욱 쉽게 흡수될 수 있다.

□ ★☆☆ 1012 **戏剧**
xìjù
⃞ 희극, 연극

创作伟大的**戏剧**需要创造力。
위대한 연극을 창작하는 것에는 창의력이 필요하다.

• 创作 chuàngzuò ⃞ ⃞ (문예 작품을) 창작(하다)

□ ★☆☆ 1013 **系**
xì

图 학과

我毕业于复旦大学数学系。

나는 푸단대학교 수학과를 졸업했다.

· 复旦大学 FùdànDàxué [고유] 푸단대학교[상하이 소재 종합대학]

□ ★★☆ 1014 **系统**
xìtǒng

图 계통, 시스템 图 체계적이다

在控制神经系统的活动方面，人脑的左半球起主
要作用。

신경계 활동을 제어하는 방면은 인간의 좌뇌가 주로 작용을 한다.

我没有接受过系统的教育。

나는 체계적인 교육을 받은 적이 없다.

· 神经 shénjīng 图 신경

□ ★★★ 1015 **细节**
xìjié

图 세부적인 사항

通过细节来描写人物的心理。

디테일을 통해 인물의 심리를 묘사하다.

정답콕 🎯 细节는 5급 모든 영역에 자주 등장하는 단어로 특히 '重视细节(디테일한 부분을 중시하다)'가 답으로 많이 출제됩니다.

□ ★☆☆ 1016 **瞎**
xiā

图 눈이 멀다 图 제멋대로, 함부로

后来他耳朵也聋了，眼睛也瞎了。

나중에 그는 귀도 먹고 눈도 멀었다.

你们不看实际情况，坐在办公室里瞎想。

당신들은 실제 상황을 보지 않고 사무실에 앉아 마음대로 생각한다.

· 聋 lóng 图 (귀가) 먹다

下载
xiàzài

图 다운로드하다

你下载了好多不必要的程序。
너는 여러가지 불필요한 프로그램들을 다운받았다.

吓
xià

图 놀라다

他吓得浑身发抖。
그는 놀라서 온몸을 부들부들 떨었다.

1019

夏令营
xiàlìngyíng

图 여름 캠프

听说学校有个夏令营活动，咱们给儿子也报个名吧。
학교에서 여름 캠프 활동이 있다는데 아들도 등록해 줍시다.

1020

鲜艳
xiānyàn

图 (색이) 화려하고 아름답다

这条围巾是我太太自己织的，可我觉得颜色太鲜
艳了。
이 목도리는 내 아내가 직접 짠 것인데, 나는 색깔이 너무 화려한 것 같다.

• 织 zhī 图 (직물이나 털옷 등을) 짜다

정답 콕 鲜艳은 주로 듣기 영역에서 색이나 옷 등의 화려함을 나타냅니다. 녹음에서 鲜艳이 들리고, 선택 지에 鲜艳 또는 艳(화려하다)가 있다면 답으로 고르면 됩니다.

1021

显得
xiǎnde

图 …해 보이다

他的表现显得不自然。
그의 모습은 부자연스러워 보인다.

□ ★★☆ 1022 **显然**
xiǎnrán
휑 명백하다, 분명하다

椅子出现后，人们的坐姿显然升高了不少。

의자가 생긴 후 사람들의 앉은 자세가 확실히 많이 높아졌다.

· 坐姿 zuòzī 휑 앉은 자세

□ ★★★ 1023 **显示**
xiǎnshì
휑 나타내 보이다

据最新调查显示，只有37%的人愿意回到没有手机的时代。

최근 조사에 따르면 37%의 사람만이 휴대전화가 없는 시대로 돌아가길 원한다고 나타났다.

□ ★☆☆ 1024 **县**
xiàn
휑 현 [중국 행정 단위]

我出生于山东省高密县一个偏僻的山村里。

나는 산둥 성 까오미 현의 외딴 산골 마을에서 태어났다.

· 偏僻 piānpì 휑 궁벽하다, 외지다 · 山村 shāncūn 휑 산촌

□ ★☆☆ 1025 **现代**
xiàndài
휑 현대

现代人生活压力很大。

현대인은 생활 스트레스가 크다.

□ ★★☆ 1026 **现实**
xiànshí
휑 휑 현실(적이다)

在现实生活中，很多时候我们没有取得成功，往往是因为精力过于分散。

현실 생활에서 우리가 성공을 거두지 못하는 경우가 많은 이유는 종종 에너지가 지나치게 분산되어 있기 때문이다.

· 过于 guòyú 휑 지나치게 · 分散 fēnsàn 휑 분산하다, 분산시키다

1027 现象
xiànxiàng

圆 현상

夏眠是动物为了在缺少食物的季节里为了生存而减少活动量的自然现象。

여름잠은 먹이가 부족한 계절에 동물이 생존하기 위해서 활동량을 줄이는 자연 현상이다.

• 夏眠 xiàmián 圆 圀 하면(하다), 여름잠(을 자다)

1028 限制
xiànzhì

圆 圀 제한(하다)

这种红色的植物在北方很常见，但由于受气候的限制，它不适合在南方生长。

이러한 붉은색 식물은 북방에서는 흔하지만 기후의 제약 때문에 남방에서 생장하기에는 적합하지 않다.

1029 相处
xiāngchǔ

圀 함께 지내다, 함께 하다

我在这里有像亲人一样的老板和同事，我们相处得非常愉快。

나는 이곳에 가족 같은 사장님과 동료가 있고, 우리는 매우 즐겁게 잘 지낸다.

• 亲人 qīnrén 圆 직계 친족

정답 콕

相处는 시험에 '相处得很好，相处得非常融洽(사이 좋게 잘 지내다)'와 같이 정도보어가 쓰인 문장의 형태로 주로 출제됩니다. 또, '지내는 정도가 어떠하다'라는 뜻의 [相处得+정도보어]를 공식처럼 암기해 두면 어순배열을 하는데도 도움이 됩니다.

1030 相当
xiāngdāng

圖 상당히, 무척, 꽤 圀 엇비슷하다, 맞먹다

下午的手术进行得相当顺利。

오후 수술이 상당히 순조롭게 진행되었다.

一套房子的价格相当于他10年的工资。

집 한 채 가격이 그의 10년 봉급에 맞먹는다.

☆ ★ ☆

1031 相对
xiāngduì

图 상대적으로

这种品牌有相对固定的消费群体。
이 브랜드는 상대적으로 고정적인 소비층을 가지고 있다.

• 品牌 pǐnpái 図 상표, 브랜드　• 消费 xiāofèi 图 소비하다
• 群体 qúntǐ 図 단체, 집단

☆ ★ ☆

1032 相关
xiāngguān

图 (서로) 관련이 있다

相关的手续，你都问清楚了吗?
관련 수속은 모두 자세히 알아봤니?

☆ ★ ☆

1033 相似
xiāngsì

图 (서로) 비슷하다

十九世纪末，英国上层社会的人们发明了一种在
饭桌上进行的和网球相似的运动。
19세기 말 영국 상류 사회 사람들은 식탁에서 하는 테니스와 비슷한 운동을 만들
었다.

• 末 mò 図 끝, 말　• 上层 shàngcéng 図 위층, 상류

☆ ★ ☆

1034 香肠
xiāngcháng

图 소시지

这是我的一位朋友亲自做的香肠，你尝尝。
이것은 내 친구가 손수 만든 소시지야. 맛 좀 봐봐.

★ ★ ★

1035 享受
xiǎngshòu

图 누리다, 즐기다

猫希望享受独处的快乐，狗希望和别人分享快乐。
고양이는 혼자 있는 기쁨을 누리길 바라고, 개는 다른 사람과 즐거움을 공유하길
바란다.

• 独处 dúchǔ 图 혼자 있다, 독거하다　• 分享 fēnxiǎng 图 함께 누리다

정답 뇌

享受는 HSK 5, 6급 시험의 답으로 자주 출제됩니다. 享受의 대표적인 목적어를 生活(생활), 快乐(즐거움), 待
遇(대우), 优惠(특혜)를 함께 암기하면 유용하게 활용할 수 있습니다.

☐ ★☆☆ 1036 **想念** [동] 그리워하다

xiǎngniàn

在英国生活了3年多，心里最想念的还是家乡。

영국에서 3년 여 동안 생활하니 마음 속에 가장 그리운 것은 역시 고향이다.

☐ ★★☆ 1037 **想象** [명] [동] 상상(하다)

xiǎngxiàng

这个没有你想象的那么难，买本书看看就会了。

이건 네가 상상하는 것만큼 그렇게 어렵지 않아. 책 한 권 사서 보면 바로 할 수 있어.

☐ ★☆☆ 1038 **项** [양] 항, 항목

xiàng

充足的睡眠、乐观的心态、均衡的饮食和适当的运动，目前被国际社会公认为健康的四项标准。

충분한 수면, 낙관적인 심리 상태, 균형 잡힌 식사 그리고 적당한 운동은 이제 국제 사회가 공인하는 건강의 네 가지 기준이 되었다.

• 均衡 jūnhéng [형] 고르다, 균형 잡히다
• 适当 shìdàng [형] 적당하다, 적절하다 • 公认 gōngrèn [동] 공인하다

☐ ★☆☆ 1039 **项链** [명] 목걸이

xiàngliàn

我想给我老婆买一条项链，请你给我推荐一下吧。

아내에게 목걸이를 하나 사 주고 싶은데, 추천 좀 해 주세요.

☐ ★★☆ 1040 **项目** [명] 항목, 프로젝트

xiàngmù

这个项目的利润很高。

이 프로젝트의 이윤이 높다.

DAY 33

표제어부터 예문까지 모두 듣기 intensive33.mp3
표제어만 듣기 speed33.mp3

1041 象棋 xiàngqí　명 (중국식) 장기

你下象棋绝对不是我的对手，不管下多少盘结果都一样。
당신이 두는 장기는 절대 나의 적수가 안 됩니다. 몇 판을 두든 결과는 같습니다.

· 盘 pán 명 판 [장기나 바둑의 시합을 세는 단위]

1042 象征 xiàngzhēng　명 동 상징(하다)

鸽子象征着和平。
비둘기는 평화를 상징한다.

· 鸽子 gēzi 명 비둘기

1043 消费 xiāofèi　명 동 소비(하다)

刷卡消费时不要冲动。
카드 소비시 충동적으로 하지 마라.

· 刷卡 shuākǎ 이합 카드를 긁다　· 冲动 chōngdòng 명 동 충동(하다)

1044 消化 xiāohuà　동 소화하다

热量消耗的增大，会加快体内代谢的过程，促进营养物质的消化与吸收。
열량 소모의 증가는 체내 신진대사 과정을 빠르게 하고, 영양물질의 소화 흡수를 촉진시킨다.

· 消耗 xiāohào 명 동 소모(하다)　· 加快 jiākuài 동 속도를 올리다
· 代谢 dàixiè 명 동 신진대사(를 하다)　· 吸收 xīshōu 동 흡수하다

★★
☆ 1045 **消极**
xiāojí

혱 소극적이다 / 부정적이다

这起事件不会使两国友好合作关系受到任何消极影响。

이 사건은 양국의 우호적 협력관계에 어떠한 부정적인 영향도 끼치지 않을 것이다.

- 起 qǐ 옝 건 [사건이나 사고 등을 세는 단위]

★★
☆ 1046 **消失**
xiāoshī

동 소실되다, 없어지다

如果一种现象消失得像它出现时那么匆匆，我们就把它称做时尚。

만약 어떤 현상이 마치 처음 출현했을 때처럼 빠르게 사라진다면 우리는 그것을 유행이라고 말한다.

- 匆匆 cōngcōng 혱 총총하다 [매우 바쁜 모양을 묘사함]

★★
☆ 1047 **销售**
xiāoshòu

옝 동 판매(하다)

我要应聘销售经理。

나는 마케팅 매니저를 지원하려 한다.

★
☆☆ 1048 **小麦**
xiǎomài

옝 밀, 소맥

在红光照射下，水稻和小麦发育快，成熟早，辣椒生长快，结果多；在紫光照射下，西红柿能多产40%以上。

붉은 빛을 비추면 벼와 밀은 성장이 빠르고 빨리 여물며, 고추는 생장이 빠르고 열매가 많이 열린다. 보라색 빛을 비추면 토마토가 40% 이상 많이 생산될 수 있다.

- 照射 zhàoshè 동 비치다, 쪼이다 · 水稻 shuǐdào 옝 벼
- 发育 fāyù 동 발육하다 · 结果 jiēguǒ 동 열매를 맺다
- 紫 zǐ 혱 자색의, 보라색의

☐ ★ 1049 **小气** 圈 쩨쩨하다, 인색하다

xiǎoqi

为什么我交的男友都是那么小气?

왜 내가 사귀는 남자친구는 모두 그렇게 돈을 안 쓸까?

· 男友 nányǒu 몡 남자친구, 애인

☐ ★ 1050 **孝顺** 튕 효도하다 ⑱ 효성스럽다

xiàoshùn

年轻人应该孝顺老人。

젊은 사람들은 마땅히 어른을 공경해야 한다.

那个姑娘非常孝顺。

그 아가씨는 매우 효성스럽다.

☐ ★ 1051 **效率** ⑱ 능률, 효율

xiàolǜ

提前做好计划可以提高工作效率。

사전에 계획을 잘 세우면 일의 효율을 높일 수 있다.

☐ ★ 1052 **歇** 튕 휴식하다, 쉬다

xiē

看你满头大汗的,停下来歇一会儿。

온 얼굴에 땀 좀 봐. 그만하고 좀 쉬어.

· 满头大汗 mǎntóudàhàn 온 얼굴이 땀 투성이다

☐ ★ 1053 **斜** ⑱ 기울다

xié

A: 墙上的画是不是挂歪了?

벽에 그림이 비뚤게 걸렸어?

B: 嗯,是有点斜。

응, 좀 기울었어.

□ ★☆☆ 1054 **写作**   명 동 작문(하다), 글(을 쓰다)

xiězuò

经过长期努力，他终于完成了兵书的写作。

오랜 노력을 거쳐서 그는 마침내 병법서 집필을 마쳤다.

• 兵书 bīngshū 명 병법서

□ ★☆☆ 1055 **血**   명 피, 혈액

xiě
xuè

母亲流血了。

어머니는 피를 흘리셨다.

• 流血 liúxiě 동 피가 나다

□ ★★☆ 1056 **心理**   명 심리 (상태)

xīnlǐ

心理学家发现，气车的颜色可以反映车主的性格。

차의 색에 차주의 성격이 반영될 수 있다는 것을 심리학자가 발견했다.

• 车主 chēzhǔ 명 차주, 차량의 주인

□ ★☆☆ 1057 **心脏**   명 심장, 심장부

xīnzàng

大夫说她心脏有问题，幸亏送来得及时。

의사 선생님이 그녀는 심장에 문제가 있는데, 다행히 병원에 제때 이송되어 왔다고 한다.

□ ★★★ 1058 **欣赏**   동 감상하다 / 마음에 들어하다, 좋아하다

xīnshǎng

有的人可以很从容地欣赏窗外的景色。

어떤 사람은 여유 있게 창 밖의 풍경을 감상할 수 있다.

我是个很有能力的人，可为什么没人欣赏我呢?

나는 능력 있는 사람인데 왜 나를 좋아하는 사람이 없는 거지?

• 从容 cóngróng 형 태연하다, 여유 있다

정답쏙 欣赏의 두 가지 뜻 모두 시험에 잘 등장하며 '마음에 들어 하다'는 주로 듣기나 독해 영역에서 볼 수 있고 '감상하다'는 작문 영역에서 자주 볼 수 있습니다.

□ ★☆☆ 1059 **信号**
xìnhào

☐ 신호

地下室的信号不稳定，你去楼上打吧。
지하실은 신호가 불안정하니 위층에 가서 걸어요.

· 地下室 dìxiàshì 몡 지하실

□ ★☆☆ 1060 **信任**
xìnrèn

몡 동 신임(하다)

我们要互相信任。
우리는 서로 신임해야 한다.

□ ★☆☆ 1061 **行动**
xíngdòng

몡 동 행동(하다)

遇到地震千万不要恐慌，要沉着冷静，迅速采取
正确行动。
지진을 만나면 절대로 당황하지 말고 침착하고 냉정하게 신속 정확한 행동을 취
해야 한다.

· 恐慌 kǒnghuāng 톙 당황하다 · 沉着 chénzhuó 톙 침착하다

□ ★☆☆ 1062 **行人**
xíngrén

몡 행인

过了一会儿，街上的行人开始多起来。
잠시 후 거리의 행인이 많아지기 시작했다.

□ ★☆☆ 1063 **行为**
xíngwéi

몡 행위

言语行为受环境影响。
언행은 환경의 영향을 받는다.

· 言语 yányǔ 몡 말

☐ ★★☆ 1064 **形成** [동] 형성하다, 이루다

xíngchéng

经常跟父母一起吃饭的孩子更易形成健康的心理和自信、乐于助人的品格。

부모와 함께 자주 식사하는 아이가 건강한 마음과 자신감, 기꺼이 다른 사람을 돕는 성품을 형성하기 더 쉽다.

• 易 yì [형] 쉽다 • 品格 pǐngé [명] 품격, 품성

☐ ★★☆ 1065 **形容** [동] 형용하다

xíngróng

"虎头蛇尾"，这个成语形容一个人做事有始无终，坚持不下去。

'호두사미'라는 성어는 어떤 사람이 일을 할 때 있어서 시작만 있고 끝이 없거나, 끝까지 해내지 못하는 것을 형용한다.

• 虎头蛇尾 hǔtóushéwěi [성어] 용두사미
[거창하게 시작하나 끝이 미비함을 나타냄]

☐ ★☆☆ 1066 **形式** [명] 형식, 형태

xíngshì

纸币由于制作成本低，流通损耗小，易于保管、携带和运输，因此成为当今世界各国普遍使用的货币形式。

지폐는 제작원가가 낮고 유통 손실이 작으며, 보관, 휴대, 운송이 용이하기 때문에 오늘날 세계 각국이 보편적으로 사용하는 화폐 형태가 되었다.

• 流通 liútōng [동] 유통하다 • 损耗 sǔnhào [명][동] 손실(되다)
• 易于 yìyú [동] …하기 쉽다 • 保管 bǎoguǎn [동] 보관하다
• 携带 xiédài [동] 휴대하다 • 运输 yùnshū [동] 운송하다

☐ ★☆☆ 1067 **形势**
xíngshì

명 상황, (군사적) 형세

廉颇根据敌强己弱的**形势**，采取坚守阵地的战略，绝不主动出击。

염파는 적군이 강하고 아군이 약한 상황에 근거하여 진지를 지키는 전략을 취하면서 절대 먼저 출격하지 않았다.

• 廉颇 Lián Pō 인명 염파 [전국시대 말기 조나라의 명장]
• 强敌己弱 díqiángjǐruò 상대는 강하고 자신은 약하다
• 坚守 jiānshǒu 통 떠나지 않고 굳게 지키다 • 阵地 zhèndì 명 진지
• 绝不 juébù 부 절대 …이 아니다, 절대 …하지 않다
• 出击 chūjī 통 출격하다

☐ ★★☆ 1068 **形象**
xíngxiàng

명 이미지, 형상 형 생생하다, 구체적이다

其实男人比女人更重视自己的**形象**。

사실 여자보다 남자가 자신의 이미지를 더 중시한다.

书中的那些生动**形象**的比喻，体现了一个作家的智慧和幽默。

책 속의 그 생생한 비유들은 작가의 지혜와 유머를 보여주었다.

☐ ★☆☆ 1069 **形状**
xíngzhuàng

명 형상, (물체의) 외관

你看，从这个角度看那座山的**形状**是不是很像只兔子啊！

봐봐, 이 각도에서 보니 저 산의 형상이 토끼 같지 않아?

☐ ★☆☆ 1070 **幸亏**
xìngkuī

부 다행히, 운 좋게도

幸亏汽车司机赶紧停了车，否则非出交通事故不可。

다행히 운전기사가 재빨리 차를 세웠으니 망정이지 그러지 않았다면 분명히 교통사고가 났을 것이다.

□ ★★☆ 1071 **幸运**
xìngyùn

閔 閔 행운(이다)

有的人很幸运，一上公交车就有座。
어떤 사람은 운이 좋아 버스를 타면 바로 자리가 있다.

□ ★☆☆ 1072 **性质**
xìngzhì

閔 성질

A: 您好，我想咨询一下，注册一家公司大概需要
多少资金?
안녕하세요. 문의 좀 하고 싶은데요. 회사 등록하는 데 자금이 대략 얼마나 필요한가요?

B: 这要看公司的性质了。
그건 회사의 성격을 봐야 합니다.

· 咨询 zīxún 图 자문하다
· 注册 zhùcè 图 등록하다, 가입하다

☐ ★
　☆
　☆

1073 **兄弟**
xiōngdi

圆 형제

兄弟俩的关系一直都很亲密。

두 형제의 관계는 늘 매우 친밀하다.

• 亲密 qīnmì 圈 관계가 좋다, 친밀하다

☐ ★
　☆
　☆

1074 **胸**
xiōng

圆 가슴, 흉부

心胸狭窄的人就像显微镜一样，把小事过分放
大，大事却看不见。

도량이 좁은 사람은 작은 일을 마치 현미경처럼 지나치게 확대하고 큰 일은 보지
못한다.

• 心胸 xīnxiōng 圆 도량, 흉금　• 狭窄 xiázhǎi 圈 좁다, 협소하다
• 放大 fàngdà 图 확대하다

☐ ★
　☆
　☆

1075 **休闲**
xiūxián

图 오락 활동을 하다, 레저 활동을 즐기다

你只是陪客户去看京剧表演，穿休闲点儿，用不
着系领带。

당신은 단지 고객을 모시고 경극을 보러 가는 것이니 좀 편안하게 입으세요. 넥타
이는 매지 않아도 돼요.

• 客户 kèhù 圆 고객, 바이어
• 用不着 yòngbuzháo 图 필요하지 않다, 쓸모가 없다

☐ ★
　☆
　☆

1076 **修改**
xiūgǎi

图 수정하다

我把论文写完了，正想请你帮我看看有什么毛
病，给我提提修改意见吧。

나는 논문을 다 썼어. 마침 너에게 문제가 있는지 좀 봐 달라고 하려던 참인데, 수
정할 의견을 좀 줘 봐.

□ ★★☆ 1077 **虚心**

xūxīn

圈 겸손하다

虚心好学使人不断进步。

자만하지 않고 배움을 좋아하는 것은 사람을 끊임없이 발전시킨다.

· 好学 hàoxué 圈 배우는 것을 좋아하다

HSK TIP

虚心이 들어가는 격언 중에 '虚心使人进步, 骄傲使人落后 (겸허한 마음은 사람을 진보하게 하고, 교만은 사람을 퇴보시킨다)'라는 것이 있습니다. 이 내용을 99번 작문이나 100번 작문에 적용을 시키면 좋은 문장을 만들 수 있습니다.

□ ★☆☆ 1078 **叙述**

xùshù

圈 圈 서술(하다)

《本草纲目》记录了1892种药物，并且对每一种药物的产地、形态、栽培及功效等都进行了叙述。

「본초강목」은 1892종의 약재를 기록하고, 또한 각 약재의 산지, 형태, 재배와 효능에 대해 모두 서술했다.

· 本草纲目 běncǎogāngmù 圈 「본초강목」   · 药物 yàowù 圈 약물, 약품
· 栽培 zāipéi 圈 재배하다   · 及 jí 圈 및, …과   · 功效 gōngxiào 圈 효능

□ ★★☆ 1079 **宣布**

xuānbù

圈 선포하다, 공표하다

公司经理向全体职员宣布了一个消息。

회사 대표가 전 직원에게 한 가지 소식을 발표했다.

□ ★☆☆ 1080 **宣传**

xuānchuán

圈 圈 광고(하다), 홍보(하다)

他答应我为这部电影做宣传。

그는 이 영화를 홍보하겠다고 했다.

□ ★☆☆ 1081 **学历**

xuélì

圈 학력

我的学历比丈夫高，收入也相对比较高。

나의 학력이 남편보다 높고, 수입도 상대적으로 높다.

□ ★☆☆ 1082 **学术**
xuéshù

图 학술

这一学说曾在学术界引起了巨大反响。

이 학설은 일찍이 학술계에 거대한 반향을 일으켰다.

· 学说 xuéshuō 图 학설 · 学术界 xuéshùjiè 图 학술계
· 反响 fǎnxiǎng 图 반향

□ ★☆☆ 1083 **学问**
xuéwen

图 학문

如何利用音乐来缓解压力也是一门学问。

음악을 이용해 스트레스를 완화시키는 방법도 하나의 학문이다.

□ ★★☆ 1084 **寻找**
xúnzhǎo

图 찾다

大多数昆虫借助飞行来选择适宜的生存环境，寻找食物和同伴。

대다수 곤충들이 비행의 힘을 빌려 적당한 생존 환경을 선택하고 먹을 것과 짝을 찾는다.

· 飞行 fēixíng 图 图 비행(하다) · 适宜 shìyí 图 적합하다, 적절하다
· 同伴 tóngbàn 图 동반자

□ ★★☆ 1085 **询问**
xúnwèn

图 알아보다, 물어보다

看着羊的数量日益减少，那个人很着急，就去询问一个有经验的老人。

양의 수가 나날이 줄어드는 것을 보고 그는 너무 초조해서 경험이 많은 노인에게 여쭤보러 갔다.

· 日益 rìyì 图 나날이

□ ★★☆ 1086 **训练**
xùnliàn

图 图 훈련(하다)

你的舞跳得真好，肯定受过专业训练吧?

너는 정말 춤을 잘 추는구나. 분명 전문적인 훈련을 받았겠지?

□ ★★☆ 1087 **迅速** [형] 신속하다

xùnsù

智慧是头脑的智能，是迅速、正确地认识事物的能力。

지혜는 뇌의 지능으로, 신속, 정확하게 사물을 인식하는 능력이다.

• 头脑 tóunǎo [명] 두뇌, 머리 • 智能 zhìnéng [명] 지능

□ ★☆☆ 1088 **押金** [명] 보증금, 담보금

yājīn

我还得给房东交一个月房租作为押金。

나는 집주인에게 한 달 집세를 보증금으로 더 지불해야 한다.

• 房租 fángzū [명] 집세, 임대료

□ ★☆☆ 1089 **牙齿** [명] 이, 치아

yáchǐ

梦见自己的牙齿掉了，意味着会失去亲人。

자신의 이가 빠지는 꿈을 꾸는 것은 가족을 잃는 것을 의미한다.

□ ★★☆ 1090 **延长** [동] 연장하다

yáncháng

教练决定适当延长训练时间。

코치는 훈련 시간을 알맞게 연장하기로 결정했다.

□ ★★☆ 1091 **严肃** [형] 엄숙하다

yánsù

老师的表情非常严肃。

선생님의 표정이 매우 엄숙하다.

☐ ★☆☆ 1092 **演讲**
yǎnjiǎng

몡 됭 강연(하다)

当你在演讲时，你的听众用他们的非语言信息做
出反应。

당신이 강연을 할 때 청중은 그들의 비언어적 정보를 이용해 반응을 보인다.

· 听众 tīngzhòng 몡 청중, 청취자

☐ ★☆☆ 1093 **宴会**
yànhuì

몡 연회, 파티

明天中午的宴会在哪儿开?

내일 오찬은 어디에서 열리죠?

☐ ★☆☆ 1094 **阳台**
yángtái

몡 베란다, 발코니

别扔! 我还得用呢，你先放阳台上吧。

버리지 마! 내가 또 써야 하거든. 우선 베란다에 놔둬.

☐ ★☆☆ 1095 **痒**
yǎng

휑 가렵다, 근질근질하다

大夫，我手术的伤口有点儿痒，应该没事儿吧?

선생님, 수술한 상처 부위가 좀 가려워요. 별일 아닌 거죠?

☐ ★☆☆ 1096 **样式**
yàngshì

몡 양식, 스타일

请你按照这个样式改一下。

이 양식대로 수정을 좀 해 주세요.

☐ ★☆☆ 1097 **腰**
yāo

몡 허리

我最近老是腰酸背痛的。

요즘 나는 계속 허리가 쑤셔.

· 腰酸背痛 yāosuānbèitòng 허리가 시리고 아프다

★★☆ 1098 **摇**
yáo

(가로로) 흔들다

他一听去幼儿园就摇头。
그는 유치원 가는 말만 들으면 고개를 젓는다.

★★☆ 1099 **咬**
yǎo

깨물다, 베어물다

老虎用锋利的牙齿一下子咬断了驴的喉咙。
호랑이는 날카로운 이로 나귀의 숨통을 단박에 끊었다.

- 锋利 fēnglì 날카롭다 · 驴 lú 당나귀
- 喉咙 hóulóng 목구멍

★★☆ 1100 **要不**
yàobù

그렇지 않으면, 안 그러면

天冷了，多穿点儿，要不你会感冒的。
날이 추워졌으니 좀 껴 입어. 안 그러면 감기에 걸릴 거야.

★★☆ 1101 **业务**
yèwù

업무

我以前在一个汽车公司工作，主要负责销售方面
的业务。
저는 예전에 자동차 회사에서 일했으며, 주로 판매 업무를 맡았습니다.

★★☆ 1102 **业余**
yèyú

여가

你能够获得多大的成就，往往取决于你的业余时
间如何度过。
당신이 성과를 얼마나 얻을 수 있을지는 여가 시간을 어떻게 보내는가에 달려있다.

- 取决于 qǔjuéyú …에 달려있다

☆☆ 1103 **夜**
　　yè
　　　　　　　　　　　　　　　　　　　　　　　　　　圐 **밤**

　　　　高山地区昼夜温差大，这对茶叶生长是一个有利
　　　　条件。
　　　　고산지역은 낮과 밤의 기온차가 크다. 이는 찻잎의 생장에 유리한 조건이다

　　　　　　　　　　　　　· 昼 zhòu 圐 낮　· 温差 wēnchā 圐 온도차

☆☆ 1104 **一辈子**
　　yíbèizi
　　　　　　　　　　　　　　　　　　　　　圐 **한평생, 일생**

　　　　这些人一辈子都在直接或间接地帮助那4%的人实
　　　　现他们的理想。
　　　　이들은 일평생 동안 직접적으로나 간접적으로 4%의 사람이 그들의 이상을 실현
　　　　하도록 돕는다

　　　　　　　　　　　　　　　　　　· 间接 jiànjiē 톙 간접적인

☆ 1105 **一旦**
　　yídàn
　　　　　　　　　　　　　　　　　　　　　　　　　　톚 **일단**

　　　　一旦觉得爬不过去，他就将鞋子扔进果园里去了。
　　　　일단 넘어갈 수 없다고 생각하여 그는 신발을 과수원 안으로 던져 넣었다.

　　　　　　　　　　　　　　　　　　· 果园 guǒyuán 圐 과수원

DAY 35 표제어부터 예문까지 모두 듣기 intensive35.mp3
표제어만 듣기 speed35.mp3

□ ★★☆ 1106 **一律**
yílǜ
형 **일률적이다**

本店商品一律八折出售。
우리 상점의 상품은 일률적으로 20% 할인 판매합니다.

· 折 zhé 명 통 할인(하다)   · 出售 chūshòu 통 판매하다, 매각하다

□ ★☆☆ 1107 **一再**
yízài
부 **수차, 거듭**

老人一再折价也卖不掉扇子，王羲之便在每把扇
子上题了5个字。
노인이 계속 가격을 내려도 부채를 다 팔지 못하자 왕희지는 부채마다 기념 글귀
다섯 글자를 적었다.

· 折价 zhéjià 이합 할인하여 팔다
· 王羲之 Wáng Xīzhī 인명 왕희지 [진나라의 서예가]
· 题字 tízì 명 기념 글귀 이합 기념으로 몇 자 적다

□ ★★☆ 1108 **一致**
yízhì
형 **일치하다**

他俩的观点不一致。
그 두 사람의 관점이 일치하지 않는다.

□ ★☆☆ 1109 **依然**
yīrán
부 **여전히**

一个青年大学毕业后，曾为自己定下了许多目标，
可是几年下来，依然一事无成。
한 청년이 대학 졸업 후, 자신을 위해 많은 목표를 정했다. 그러나 몇 년이 지나도
록 한 가지도 이룬 것이 없었다.

□ ★☆☆ 1110 **移动**
yídòng

□합 이동하다

他倒了一杯酒，摆在桌子上，移动了几个位置，终于看见那张弓的影子清晰地投映在酒杯中。

그는 술 한 잔을 따라 테이블 위에 놓고 몇 자리를 이동하다 마침내 그 활의 그림자가 뚜렷하게 술잔에 비치는 것을 보았다.

· 清晰 qīngxī 휑 또렷하다, 분명하다   · 投映 tóuyìng 통 투영하다, 비치다

□ ★☆☆ 1111 **移民**
yímín

명 □합 이민(하다)

我正在办理加拿大移民手续。

나는 지금 캐나다 이민 수속을 밟고 있는 중이다.

· 加拿大 Jiānádà 지명 캐나다

□ ★★☆ 1112 **遗憾**
yíhàn

명 동 유감스럽다

每天都有很多人在那里排队，还有些人还会因为排不上，只能带着遗憾离开。

매일 많은 사람이 그곳에서 줄을 서고, 어떤 사람들은 줄을 서지 못해 안타까워하면서 떠나기도 한다.

□ ★☆☆ 1113 **疑问**
yíwèn

명 의문

关于宇宙，人们现在还存在着许多疑问。

우주에 관하여 사람들은 지금도 많은 의문들을 가지고 있다.

· 宇宙 yǔzhòu 명 우주

□ ★☆☆ 1114 **乙**
yǐ

명 을

甲是悲观主义者，乙是客观主义者，丙是乐观主义者。

갑은 비관주의자, 을은 객관주의자, 병은 낙관주의자이다.

· 丙 bǐng 명 천간의 셋째, 병   · 主义 zhǔyì 명 주의

1115 以及
yǐjí

颜色影响着人体的很多机能，比如说食欲、睡眠以及体温。

색은 인체의 많은 기능, 예를 들어 식욕, 수면, 그리고 체온 등에 영향을 미친다.

• 人体 réntǐ 몡 인체　• 食欲 shíyù 몡 식욕　• 体温 tǐwēn 몡 체온

정답콕 以来는 병렬된 문장에서 맨 마지막 단어나 구를 연결하기 전에 사용하는 접속사로 독해 1부분의 정답으로 여러 번 출제 되었습니다.

□ ★★☆

1116 以来
yǐlái

长期以来，中国的乒乓球水平在世界上是属于最好的。

오랫동안 중국 탁구는 세계 최고 수준을 유지하고 있다.

□ ★☆☆

1117 亿
yì

这两家饭店的年收入都超过了2亿元。

이 두 호텔의 연 수입이 모두 2억 원을 넘었다.

□ ★☆☆

1118 义务
yìwù

节能环保是每个人的义务。

에너지 절약과 환경 보호는 모든 사람의 의무이다.

• 节能环保 jiénéng huánbǎo 에너지 절약과 환경 보호

□ ★☆☆

1119 议论
yìlùn

他们在报纸上印了三个字"梅兰芳"，然后什么都不说。连登了几天之后，整个上海都在议论了。

그들은 신문에 "메이란팡"이란 세 글자를 찍고 어떤 말도 하지 않았다. 연이어 며칠을 싣고 나니 온 상하이가 다 그 이야기였다.

• 梅兰芳 Méi Lánfāng 인명 메이란팡 [베이징 출신의 유명 경극 배우]

□ ★★☆ 1120 **意外** 명 형 의외(이다)

yìwài

记住别人的名字吧！等你养成了这个习惯，你一定会有很多**意外**的收获。

다른 사람의 이름을 기억하라! 당신이 이 습관을 기르고 나면 반드시 의외의 수확이 많이 생길 것이다.

□ ★☆☆ 1121 **意义** 명 의미, 뜻

yìyì

他的这段经历对他有很特殊的**意义**。

그의 이 경험들은 그에게 매우 특별한 의미가 있다.

□ ★★☆ 1122 **因而** 접 그러므로, 그리하여

yīn'ér

刀子使人想到敌人或武器，**因而**不可出现在友好而温暖的餐桌上。

칼은 적이나 무기를 생각나게 하기 때문에 우호적이고 따뜻한 식탁에서 보여서는 안 된다.

· 武器 wǔqì 명 무기

□ ★☆☆ 1123 **因素** 명 요소

yīnsù

在影响人类寿命的各种**因素**中，睡眠就是很重要的一项。

사람의 수명에 영향을 주는 각종 요소 중 수면은 중요한 항목이다.

□ ★☆☆ 1124 **银** 명 은

yín

这款**银**色的冰箱是我们这儿卖得最好的，您看看吗?

이 은색 냉장고가 저희 매장에서 가장 잘 팔리는 모델입니다. 한번 보시겠어요?

· 款 kuǎn 명 양 돈, 스타일, 양식, 조항(등을 세는 양사)

□ ★☆☆ 1125 **印刷** [동] 인쇄하다

yìnshuā

活字印刷术是中国古代著名的"四大发明"之一。

활자인쇄술은 중국 고대의 유명한 4대 발명 중 하나이다.

□ ★☆☆ 1126 **英俊** [형] 잘생기다

yīngjùn

人人都夸这个小伙子长得英俊。

사람들 모두 이 청년이 잘생겼다고 칭찬한다.

□ ★☆☆ 1127 **英雄** [명] 영웅

yīngxióng

人民群众是历史的创造者，任何英雄豪杰都是从群众中产生的。

대중은 역사의 창조자이다. 어떠한 영웅호걸이든 모두 민중 속에서 나타난다.

• 群众 qúnzhòng [명] 대중, 민중, 군중 • 豪杰 háojié [명] 호걸

□ ★★☆ 1128 **迎接** [동] 영접하다, 맞이하다

yíngjiē

警察站在路口准备迎接第一辆通过的汽车。

경찰이 길 입구에 서서 첫 번째로 지나가는 자동차를 맞이할 준비를 하고 있다.

• 路口 lùkǒu [명] 길목

□ ★★☆ 1129 **营养** [명] 영양

yíngyǎng

喝醋能促进营养吸收。

식초를 마시면 영양분의 흡수를 촉진시킬 수 있다.

□ ★★☆ 1130 **营业** [동] 영업하다

yíngyè

那家商店已经开始营业了。

그 상점은 이미 영업을 시작했다.

☐ ★★☆

1131 **影子**
yǐngzi

囘 그림자, 모습

父亲会从儿子身上看到自己的影子，儿子也会发现自己越来越像父亲。

아버지는 아들에게서 자신의 모습을 보게 되고, 아들 역시 자신이 갈수록 아버지를 닮아가는 것을 발견하게 된다.

☐ ★★☆

1132 **应付**
yìngfu

동 대응하다, 대처하다

据统计显示，92%的忧虑从未发生过，剩下的8%则是你能够轻易应付的。

통계에 따르면 걱정의 92%는 일어난 적이 없고, 나머지 8%는 당신이 충분히 대처할 수 있는 것으로 나타났다.

· 统计 tǒngjì 명 동 통계(하다) · 忧虑 yōulǜ 동 우려하다
· 从未 cóngwèi 분 지금까지 …한 적 없다
· 则 zé 쩹 …하면 ~이다 분 곧, 즉 동 즉 …이다

☐ ★★☆

1133 **应用**
yìngyòng

동 응용하다

这个理论被应用到许多领域。

이 이론은 여러 영역에 응용되었다.

☐ ★★☆

1134 **硬**
yìng

혱 딱딱하다, 단단하다

胡萝卜生的时候是硬的，煮完后变得很软，甚至都快烂了。

당근은 날 것일 때는 딱딱하고 삶은 후에는 부드러워져 심지어 흐물흐물해질 정도이다.

· 胡萝卜 húluóbo 명 당근 · 煮 zhǔ 동 삶다, 끓이다

□ ★☆☆ 1135 **硬件** [명] 하드웨어

yìngjiàn

哪儿出问题了？是硬件坏了还是中毒？

어디가 문제야? 하드웨어가 고장 났어, 아니면 바이러스에 감염됐어?

• 中毒 zhòngdú [명] 중독 [이합] 중독되다, (컴퓨터) 바이러스에 감염되다

□ ★☆☆ 1136 **拥抱** [명] [동] 포옹(하다)

yōngbào

他们互相握手祝贺，热烈拥抱，有的还流下了兴奋的眼泪。

그들은 서로 악수하고 축하하며 뜨겁게 포옹했다. 어떤 사람은 흥분의 눈물을 흘리기도 했다.

□ ★★☆ 1137 **拥挤** [형] 붐비다, 혼잡하다

yōngjǐ

反正交通那么拥挤，车也丢不了。

어차피 교통이 그렇게 혼잡하니 차는 잃어버릴 수도 없다.

표제어부터 예문까지 모두 듣기 **intensive36.mp3**
표제어만 듣기 **speed36.mp3**

☐ ★★
☆

1138 **勇气**
yǒngqì

圈 용기

鼓励是一种重要的教育方法，每个人都能在不断
的鼓励下获得自信和**勇气**。

격려는 중요한 교육 방법이다. 모든 사람은 끊임없는 격려를 통해 자신감과 용기
를 얻을 수 있다.

☐ ★★
☆

1139 **用功**
yònggōng

圈 열심히 공부하다

从此，李白刻苦**用功**，最后成了一位伟大的诗人。

이때부터 이백은 각고의 노력으로 공부하여 결국 위대한 시인이 되었다.

• 李白 Lǐ Bái 인명 이백 [중국 당나라 시인]　• 诗人 shīrén 圈 시인

☐ ★
☆

1140 **用途**
yòngtú

圈 용도

激光的**用途**非常广泛。

레이저의 용도는 매우 광범위하다.

• 激光 jīguāng 圈 레이저

☐ ★★
★

1141 **优惠**
yōuhuì

圈 특혜의, 우대의

我们这儿海鲜不错，而且这两天刚好有**优惠**活
动，您可以尝尝。

저희 식당은 해산물이 괜찮습니다. 더군다나 마침 요 며칠 행사 중이니 한번 드셔
보세요.

• 刚好 gānghǎo 圈 꼭 알맞다 ㈜ 때마침, 공교롭게

정답 **육** 优惠는 주로 가격이나 조건의 특혜를 이야기하며 듣기영역에 매우 잘 등장하는 단어입니다. 优惠가 들어가는
표현 중에서 가장 중요한 것은 '优惠活动(할인 행사)'입니다.

☐ ★☆☆ 1142 **优美** yōuměi [형] 우아하고 아름답다

牡丹是中国的传统名花，品种繁多，姿态优美，颜色鲜艳，被称为“花中之王”。

모란은 중국 전통 명화로 품종이 다양하고 자태가 우아하고 아름다우며 색이 화려하여 '꽃 중의 왕'으로 불린다.

· 牡丹 mǔdan [명] 모란꽃 · 名花 mínghuā [명] 명화, 진귀한 꽃
· 品种 pǐnzhǒng [명] 품종 · 繁多 fánduō [형] (종류가) 풍부하고 다양하다
· 姿态 zītài [명] 자태

☐ ★★☆ 1143 **优势** yōushì [명] 장점, 우세

大学生创业的优势就是没有心理包袱。

대학생 창업의 강점은 바로 심리적 부담이 없다는 것이다.

· 创业 chuàngyè [동] 창업하다 · 包袱 bāofu [명] 짐, 부담

☐ ★★☆ 1144 **悠久** yōujiǔ [형] 유구하다

山西面食历史悠久，源远流长。

산시의 밀가루 음식은 역사가 매우 오래되었다.

· 山西 Shānxī [지명] 산시 성 · 面食 miànshí [명] 밀가루 음식
· 源远流长 yuányuǎnliúcháng [성어] 수원이 멀고 그 흐름이 매우 길다 [역사가 오래됨을 비유]

☐ ★★★ 1145 **犹豫** yóuyù [형] 주저하다, 망설이다

我正犹豫要不要去这家公司。

나는 이 회사에 갈지 말지 지금 망설이고 있다.

☐ ★☆☆ 1146 **油炸** yóuzhá [동] 기름에 튀기다

你以后少吃点油炸食品，那是垃圾食品，对健康没什么好处。

튀김음식을 좀 적게 먹으렴. 그건 불량식품이야. 건강에 좋을 게 없어.

· 油炸食品 yóuzhá shípǐn [명] 튀김 음식
· 垃圾食品 lājī shípǐn [명] 정크푸드, 불량식품

☐ ★☆☆ 1147 **游览** [동] **유람하다**

yóulǎn

我想抽时间去游览一下北京的名胜古迹。
나는 시간 내서 베이징의 명승고적을 유람해 보고 싶다.

• 抽 chōu [동] 뽑다

☐ ★★★ 1148 **有利** [형] **이롭다, 유리하다**

yǒulì

听说及时发脾气有利于长寿。
그 때 그 때 화를 푸는 것이 장수에 좋다더라.

• 长寿 chángshòu [형] 장수하다, 오래 살다

> 문법 TIP
> 有利는 형용사지만 뒤에 결과보어 于를 붙여 목적어를 동반할 수도 있습니다. 有利于를 한 단어처럼 암기해도 좋고, [有利于+목적어]를 공식처럼 외워도 좋습니다.

☐ ★☆☆ 1149 **幼儿园** [명] **유치원**

yòu'éryuán

孩子这么小就送他去上幼儿园，你说她能适应吗?
아이가 이렇게 어린데 유치원에 보내면 적응할 수 있을까요?

☐ ★☆☆ 1150 **娱乐** [명] **오락, 예능, 엔터테인먼트**

yúlè

昨晚我看了一个专门模仿明星的娱乐节目。
나는 어젯밤에 스타를 흉내 내는 예능 프로그램을 봤다.

☐ ★★☆ 1151 **与其** [접] **…하느니**

yǔqí

我看他与其为自己的胆小而担心，还不如想办法怎样利用这个特点增长自己的才能。
나는 그가 자신의 소심함 때문에 걱정하느니 차라리 이 특징을 이용해서 자신의 재능을 어떻게 향상시킬지 방법을 생각하는 편이 낫다고 본다.

□ ★☆☆ 1152 **语气**
yǔqì

箇 말투, 뉘앙스

比如说，用讽刺的语气来夸某人穿得体面，大脑
右半球受损的人就理解不出讽刺的意思。

예를 들어, 어떤 사람이 비꼬는 말투로 옷을 잘 입었다고 칭찬할 때 우뇌가 손상
된 사람은 비꼬는 의미를 알아듣지 못한다.

· 大脑 dànǎo 箇 대뇌 · 受损 shòusǔn 箇 손실을 입다

□ ★☆☆ 1153 **玉米**
yùmǐ

箇 옥수수

玉米是中国最重要的粮食品种之一。

옥수수는 중국의 가장 중요한 식량 품종 중의 하나이다.

□ ★☆☆ 1154 **预报**
yùbào

箇 箇 예보(하다)

天气预报说明天有降雪，所以爬山活动推迟了。

일기예보에서 내일 눈이 온다고 하여 등산 행사가 연기되었다.

· 降雪 jiàngxuě 箇 강설 箇 눈이 내리다

□ ★★☆ 1155 **预订**
yùdìng

箇 예약하다, 예매하다

我取消了预订的盒饭。

예약한 도시락을 취소했다.

· 盒饭 héfàn 箇 도시락

□ ★★☆ 1156 **预防**
yùfáng

箇 예방하다

你看我要不要吃片感冒药预防一下?

너는 내가 감기약을 미리 먹고 예방을 해야 할 것 같아?

1157 **元旦**

圆 신정

yuándàn

"元旦"的"元"，指开始，是第一的意思。"旦"
指太阳从地平线上升起，象征一天的开始。

'원단'의 '원'은 시작을 가리키는 첫 번째라는 뜻이다. '단'은 태양이 지평선상으로
부터 떠오르는 것을 가리키고, 하루의 시작을 상징한다.

• 地平线 dìpíngxiàn 圆 지평선 • 升起 shēngqǐ 图 떠오르다

1158 **员工**

圆 (회사의) 사원, 직원

yuángōng

一流的员工奉行这样的理念：不找借口找办法，
办法总比问题多。

일류 직원은 이러한 이념을 가진다. 핑계를 찾지 말고 방법을 찾아라. 방법이 언제
나 문제보다 많다.

• 奉行 fèngxíng 图 받들어 수행하다, 신봉하다

1159 **原料**

圆 원료

yuánliào

树木是最主要的造纸原料。

나무는 가장 주요한 제지 원료이다.

• 树木 shùmù 圆 수목, 나무

1160 **原则**

圆 원칙

yuánzé

这次设计大赛本着公开、公平的原则进行。

이번 디자인 대회는 공개, 공평의 원칙에 입각하여 진행한다.

• 本着 běnzhe 젠 …에 입각하여

1161 **圆**

혱 둥글다 / 원만하다, 완전하다

yuán

地球是圆的。

지구는 둥글다.

翻译把这事做得很圆。

통역사는 이 일을 잘 처리했다.

☐ ★★★ 1162 **愿望** 圐 희망, 바람
yuànwàng

我能帮她实现她的愿望。
나는 그녀가 꿈을 실현하도록 도와줄 수 있다.

☐ ★☆☆ 1163 **乐器** 圐 악기
yuèqì

小提琴被称为是西洋乐器中的"王后"。
바이올린은 서양 악기의 '여왕'이라 불린다.

　　• 小提琴 xiǎotíqín 圐 바이올린　　• 西洋 xīyáng 圐 서양

☐ ★☆☆ 1164 **晕** 阌 어지럽다
yūn

我没醉，只是有点儿晕。
나는 취하지는 않았지만, 단지 머리가 조금 어지럽다.

☐ ★★☆ 1165 **运气** 圐 운, 운수
yùnqì

你今天运气真不错啊。
당신 오늘 정말 운이 좋군요.

☐ ★☆☆ 1166 **运输** 됭 운송하다
yùnshū

我在香港主管环境，交通运输，城市基础设施建
设这三个领域。
나는 홍콩에서 환경, 교통운수, 도시 기초시설 건설, 이 세 가지 영역을 주관한다.

　　• 主管 zhǔguǎn 圐 주관자 됭 주관하다

☐ ★★☆ 1167 **运用** 됭 운용하다, 활용하다
yùnyòng

运用颜色可以影响人们的行为方式。
색을 활용하여 사람들의 행위 방식에 영향을 줄 수 있다.

☐ ★
☆ 1168 **灾害**
zāihài

圏 재해, 재난

我们可以采取有效措施，最大限度地减轻灾害损失。

우리가 효과적인 조치를 취하여 재해 손실을 최대한 줄일 수는 있다.

· 限度 xiàndù 圏 한도

☐ ★
☆ 1169 **再三**
zàisān

圉 재삼, 거듭

有位美国记者要求采访作者钱钟书。钱钟书再三
婉拒，她仍然执意要见。

한 미국 기자가 작가 첸중수를 인터뷰하고자 했다. 첸중수는 거듭 완곡히 거절했
으나 그녀는 여전히 만나기를 고집했다.

· 钱钟书 Qián Zhōngshū 인명 첸중수 [중국 현대 작가]
· 婉拒 wǎnjù 圄 완곡히 거절하다 · 执意 zhíyì 圄 고집을 부리다

☐ ★
★ 1170 **在乎**
zàihu

圄 (유쾌하지 않은 일을) 마음에 두다, 신경 쓰다

我不太在乎别人对我的评价如何。

나는 나에 대한 다른 사람의 평가가 어떠한지 별로 신경 쓰지 않는다.

☐ ★★★ 1171 **在于**　　　　　　　　　　　　　　　　　　　　통 …에 달려있다

zàiyú

教育的最终目的在于发展个人天赋，使人经过锻
炼能充分发挥自己的才能。

교육의 궁극적인 목적은 개인의 타고난 자질을 발전시키고, 훈련을 통해 자신의
재능을 충분히 발휘할 수 있도록 하는 데 있다.

· 天赋 tiānfù 몡 천부적 자질 통 타고나다

정답쪽🎯 在于가 들어가는 표현 중 가장 중요한 것은 '不在于A, 而在于B (A에 있지 않고 B에 있다)'입니다. 특히 듣기
나 독해 영역에서 '不在于A, 而在于B'가 출제된 경우 정답은 而在于 뒤에 있다는 것을 기억하세요!

☐ ★☆☆ 1172 **赞成**　　　　　　　　　　　　　　　　　　　　통 찬성하다

zànchéng

全家人都很赞成愚公的意见，只有他的妻子没有
信心。

온 가족이 다 우공의 의견에 찬성하는데 오직 그의 아내만 자신이 없었다.

☐ ★☆☆ 1173 **赞美**　　　　　　　　　　　　　　　　　통 찬미하다, 칭찬하다

zànměi

赞美要符合事实、发自内心的。

칭찬은 사실에 맞고 마음에서 우러나와야 한다.

· 发自 fāzì 통 …에서 비롯되다　· 内心 nèixīn 몡 내심, 마음속

☐ ★★☆ 1174 **糟糕**　　　　　　　　　　　　　　　　　　　　휑 망치다, 아뿔사

zāogāo

还要降温啊，这几天天气真是太糟糕了。

기온이 또 내려가다니! 요 며칠 날씨가 정말 너무 안 좋네.

□ ★★★ 1175 **造成** [동] 조성하다, 야기하다
zàochéng

我的痛苦都是你造成的。

나의 고통은 다 네가 만든 것이다.

정답 적중 造成은 목적어로 줄지 않은 내용을 동반합니다. 造成의 대표적인 목적어 事故(사고), 损失(손실), 死亡(사망), 威胁(위협), 后果(나쁜 결과), 危险(위험)등을 함께 알아두세요.

□ ★☆☆ 1176 **则** [접] 즉
zé

研究结果表明，那些长寿的研究对象基本上都属于"有脾气则发"的类型。

장수 연구 대상 중 대부분이 화가 나면 바로 화를 내는 유형에 속하는 것으로 결과가 나타났다.

□ ★☆☆ 1177 **责备** [동] 책망하다, 꾸짖다
zébèi

孩子一旦做错了事，总担心父母会责备他。

아이는 일단 잘못을 하면 늘, 부모님께 야단맞게 될까 걱정한다.

□ ★☆☆ 1178 **摘** [동] 따다, 꺾다 / 풀다, 벗다
zhāi

把你的手表摘了再游，进了水就麻烦了。

시계를 풀고 수영해라, 물이 들어가면 골치 아파진다.

□ ★☆☆ 1179 **窄** [형] 좁다
zhǎi

观察树的年轮可以辨别方向，年轮宽的一面是南，窄的一面是北。

나무의 나이테를 관찰하여 방향을 식별할 수 있다. 나이테가 넓은 부분이 남쪽이고, 좁은 부분이 북쪽이다.

· 年轮 niánlún [명] 식물의 나이테 · 一面 yímiàn [명] 한 부분, 한 방면
· 辨别 biànbié [동] 판별하다, 식별하다

☐ ★
☆
☆

1180 **粘贴**

zhāntiē

图 (풀 등으로) 붙이다

悬空寺像是粘贴在悬崖上似的。

현공사는 마치 절벽에 붙어 있는 듯 하다.

• 悬空寺 xuánkōngsì 圆 현공사[산시 성(山西省) 헝산(恒山)에 위치한 사찰]
• 悬崖 xuányá 圆 낭떠러지, 벼랑

☐ ★
★
☆

1181 **展开**

zhǎnkāi

이합 전개하다

某知名企业举办电视招聘，五位求职者为一岗位
展开激烈的角逐。

모 유명 기업이 TV 공개 채용을 하는데 다섯 명의 구직자가 한 자리를 위해 치열
한 각축을 벌였다.

• 知名 zhīmíng 圈 잘 알려진   • 求职者 qiúzhízhě 圆 구직자
• 岗位 gǎngwèi 圆 직장, 자리   • 角逐 juézhú 圆 각축하다

☐ ★
☆
☆

1182 **展览**

zhǎnlǎn

图 图 전람(하다)

此次展览将会持续到5月下旬。

이번 전시는 5월 하순까지 열린다.

• 下旬 xiàxún 圆 하순

☐ ★
★
★

1183 **占**

zhàn

图 차지하다

把这个箱子扔了吧。放在这里太占地方了。

이 상자 버려버리자. 여기다 두니까 자리를 너무 차지해.

정답 시험에서 占의 목적어로 주로 '%(퍼센트)'가 동반되는 것을 꼭 암기해야 합니다. 또, 시험에 종종 나오는 '占便
宜'(부당한 이득을 취하다)'도 함께 암기하면 좋습니다.

□ ★☆☆ 1184 **战争**
zhànzhēng

명 전쟁

发动战争的往往是政治家，而不是军人。

전쟁을 일으키는 것은 정치가들이지 군인이 아니다.

- 发动 fādòng 통 일으키다　- 政治 zhèngzhì 명 정치
- 军人 jūnrén 명 군인

□ ★☆☆ 1185 **长辈**
zhǎngbèi

명 손윗사람, 연장자

有长辈参与照料的孩子有机会接触更多的人。

육아에 어르신이 함께 참여한 아이에게 다양한 사람들과 접촉할 기회가 더 많다.

- 照料 zhàoliào 통 보살피다, 뒷바라지 하다

□ ★☆☆ 1186 **涨**
zhǎng

통 (수위나 물가 등이) 오르다

丝绸原料的价格涨了近一倍。

실크 원료의 가격이 배 가까이 올랐다.

□ ★★★ 1187 **掌握**
zhǎngwò

통 파악하다, 마스터하다 / 주도하다, 장악하다

学一次，做一百次，才能真正掌握。

한 번 배우고 백 번을 해야 비로소 진정으로 숙달할 수 있다.

命运掌握在自己的手里。

운명은 자기 손에 달려 있다.

□ ★☆☆ 1188 **账户**
zhànghù

명 계좌, 구좌

开通股票账户。

주식 계좌를 개설하다.

- 开通 kāitōng 통 개통하다, 뚫다

	1189	**招待**	图 접대하다

zhāodài

这鱼真新鲜，我们也买几条吧！晚上**招待**小高他们。

이 생선 정말 신선하네. 우리도 몇 마리 사자. 저녁에 샤오까오 일행을 대접하려고.

	1190	**着火**	이합 불이 나다

zháohuǒ

梦见火，意味着将会来财。梦见家里**着火**，会过
上富足的生活。

꿈에서 불을 보면 재물이 들어오는 것을 의미한다. 집에 불이 나는 꿈을 꾸면 부
유한 생활을 하게 될 것이다.

- 意味 yìwèi 图图 의미(하다) · 财 cái 图 재물, 재화
- 富足 fùzú 图 풍족하다, 넉넉하다

	1191	**着凉**	이합 한기 들다, 감기 걸리다

zháoliáng

你没事吗？怎么一直在打喷嚏？是不是**着凉**了？

괜찮아? 왜 계속 재채기를 하지? 감기 걸린 거 아니야?

	1192	**召开**	图 (회의 등을) 소집하다, 열다

zhàokāi

会议将于本周五**召开**。

회의는 이번 주 금요일에 열릴 예정입니다.

	1193	**照常**	图 평소와 같다

zhàocháng

我店全年无休，春节期间也**照常**营业。

우리는 연중무휴로 춘절 기간에도 정상영업합니다.

- 全年无休 quánniánwúxiū 연중무휴

□ ★☆☆ 1194 **哲学**

zhéxué

명 철학

我在大学读了很多哲学方面的书。

나는 대학에서 많은 철학 분야의 책을 읽었다.

□ ★★★ 1195 **针对**

zhēnduì

동 초점을 맞추다

这种产品主要针对青少年消费者。

이 상품은 청소년층 소비자를 주 대상으로 한다.

□ ★★☆ 1196 **珍惜**

zhēnxī

동 소중히 여겨 아끼다

我很珍惜时间，在我脑子里，没有昨天，也没有
明天，只有今天。

나는 시간을 소중히 여긴다. 나에게는 어제도 없고 내일도 없으며 오직 오늘만 있다.

· 脑子 nǎozi 명 머리, 뇌

□ ★☆☆ 1197 **真实**

zhēnshí

형 진실하다

神话毕竟只是神话，现在没人相信它是真实的。

신화는 어디까지나 신화일 뿐, 지금 그것을 사실이라 믿는 사람은 없다.

□ ★☆☆ 1198 **诊断**

zhěnduàn

동 진단하다

专家建议一般每3至6个月需要对自己的家庭财务
做一次诊断。

전문가는 자기 가정의 재무 상황에 대해 일반적으로 3개월에서 6개월에 한 번씩
진단해야 한다고 제안한다.

□ ★☆☆ 1199 **阵** [양] **바탕, 차례**

zhèn

顿时，教室里爆发出了一阵善意的笑声，随即一阵鼓励的掌声响了起来。

순간 교실 안에 한바탕 선의의 웃음소리가 터져 나왔고, 뒤이어 격려의 박수 소리가 울리기 시작했다.

- 顿时 dùnshí [부] 갑자기, 문득, 일시에
- 爆发 bàofā [동] 폭발하다
- 随即 suíjí [부] 바로, 즉시, 곧

□ ★☆☆ 1200 **振动** [동] **진동하다**

zhèndòng

请将手机调成静音或振动状态。

휴대전화를 무음이나 진동 모드로 설정해 주세요.

- 将 jiāng [전] …을
- 静音 jìngyīn [명] (TV, 휴대전화 등의) 무음
- 状态 zhuàngtài [명] 상태

□ ★☆☆ 1201 **争论** [명] [동] **논쟁(하다)**

zhēnglùn

这个问题引起了许多争论。

이 문제는 많은 논쟁을 일으켰다.

□ ★★☆ 1202 **争取** [동] **쟁취하다 / …하려고 힘쓰다**

zhēngqǔ

幸福是要靠自己争取的。

행복은 스스로 쟁취해야 하는 것이다.

我们应该为下届世界杯做准备，争取拿冠军。

우리는 마땅히 다음 월드컵을 위해 준비하고, 우승할 수 있도록 노력해야 한다.

- 世界杯 Shìjièbēi [고유] 월드컵

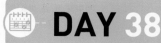

□ ★★☆ 1203 **征求**
zhēngqiú

> 图 (의견, 동의 등을) 구하다

我看还行，但还要征求一下大家的意见。
난 괜찮은 것 같은데 그래도 모두의 의견을 구해봐야지.

□ ★★☆ 1204 **睁**
zhēng

> 图 (눈을) 뜨다

希望明天早上睁开眼睛的时候，还能继续保持这
种快乐的心情。
내일 아침 눈을 뜰 때도 계속해서 이런 즐거운 기분을 유지할 수 있기를 바란다.

□ ★★☆ 1205 **整个**
zhěnggè

> 图 모든, 전부의

送客如果处理不好，就会影响整个接待工作。
만약 배웅을 제대로 하지 않으면 전체 접대 과정에 영향을 끼칠 수 있다.

> • 送客 sòngkè [이합] 손님을 배웅하다

□ ★★☆ 1206 **整齐**
zhěngqí

> 图 가지런하다

弟弟把自己的房间收拾得很整齐。
남동생이 자기 방을 깔끔하게 정리했다.

□ ★★☆ 1207 **整体**
zhěngtǐ

> 图 전체

阳台、卧室、厨房的整体感觉很不错。
베란다, 침실, 주방의 전체적인 느낌이 모두 좋다.

☐ ★
☆☆ 1208 **正**
zhèng
                                                          甼 마침, 딱, 곧, 바로

我们的公司正面临破产。
우리 회사는 지금 파산에 직면해 있다.

☐ ★
☆☆ 1209 **证件**
zhèngjiàn
                                                          몡 증명서

请您主动出示身份证件。
신분증을 제시해 주세요.

· 身份证件 shēnfènzhèngjiàn 몡 신분증

☐ ★
☆☆ 1210 **证据**
zhèngjù
                                                          몡 증거

没有证据、千万不要随便怀疑别人。
증거 없이 절대 함부로 다른 사람을 의심하지 마라.

☐ ★
☆☆ 1211 **政府**
zhèngfǔ
                                                          몡 정부

市政府鼓励市民使用公共交通工具。
시 정부는 시민들에게 대중교통 이용을 독려한다.

☐ ★
☆☆ 1212 **政治**
zhèngzhì
                                                          몡 정치

造纸术和印刷术的发明对人类政治、经济、文化
等诸多方面产生了重要影响，为世界文明的传播
与发展做出了巨大贡献。
제지술과 인쇄술의 발명은 인류 정치, 경제, 문화 등 많은 방면에 중요한 영향을
끼쳤고, 세계 문명의 전파와 발전에 지대한 공헌을 했다.

· 诸多 zhūduō 톙 수많은

☐ ★☆☆ 1213 **挣**
zhèng

圄 (돈이나 재산 등을) 노력하여 얻다, 벌다

理财是**挣**钱、存钱、花钱的整体行为，而不只是发财。

재무 관리는 돈을 벌고 모으고 쓰는 일체의 행위이지 단순히 부자되기가 아니다.

☐ ★☆☆ 1214 **支**
zhī

圄 [가늘고 긴 물건·음악, 팀, 주식 등을 세는 단위]

你觉得哪**支**球队能进决赛？

네 생각에는 어느 팀이 결승에 갈 것 같아?

☐ ★☆☆ 1215 **支票**
zhīpiào

圄 수표

货到付款，**支票**或现金都行，确认到账后开收据。

물품이 도착하면 돈을 지불하세요. 수표나 현금 모두 가능하며, 입금 확인 후 영수증을 발행합니다.

☐ ★★☆ 1216 **执照**
zhízhào

圄 허가증, 인가증

办理营业**执照**的手续比我想的还复杂。

영업허가 수속이 내가 생각했던 것보다 복잡하다.

☐ ★☆☆ 1217 **直**
zhí

圄 내내, 줄곧

她冻得浑身**直**发抖。

그녀는 추워서 온몸이 계속 부들부들 떨렸다.

☐ ★☆☆ 1218 **指导**
zhǐdǎo

圄圄 지도(하다)

老师**指导**学生这次装瓶子先从石头开始，最后再装沙子。

선생님은 학생들에게 이번에 병을 채울 때는 돌부터 먼저 시작하고 마지막에 모래를 넣으라고 지도했다.

· 沙子 shāzi 圄 모래

★
☆☆ 1219 **指挥**
zhǐhuī

동 지휘하다

他站在最前沿指挥战斗。

그는 최전방에 서서 전투를 지휘했다.

· 前沿 qiányán 명 최전방   · 战斗 zhàndòu 명 동 전투(하다), 투쟁(하다)

★
☆☆ 1220 **至今**
zhìjīn

부 오늘까지

中国是风筝的故乡，从有文字记载至今，风筝已
有2000多年历史。

중국은 연의 고향이다. 문자 기록 이래로 오늘날까지 연은 이미 2000여 년의 역사
를 가지고 있다.

· 故乡 gùxiāng 명 고향

★
☆☆ 1221 **至于**
zhìyú

전 …에 관해서는 동 …한 정도까지 이르다

学校决定下学期举行一次汉语演讲比赛，至于具
体时间，现在还没有确定。

학교에서 다음 학기에 중국어 말하기 대회를 개최하기로 결정했는데 구체적인 시
간에 대해서는 현재 아직 확정되지 않았다.

瞧你说的，哪儿至于那样啊？

천만에, 무슨 그 정도까지…

정답 콕

至于의 전치사 용법과 동사 용법 모두 시험에 출제됩니다. 至于가 동사로 쓰일 경우 '不至于(…에 이르지 못
하다)'의 형태로 나온다는 것을 기억하세요!

★
★☆ 1222 **志愿者**
zhìyuànzhě

명 자원봉사자

前几天去给一个展览做志愿者，被晒黑了。

며칠 전 어떤 전람회에 자원봉사하러 갔다가 (피부가) 탔다.

★★☆ 1223 **制定** [동] 제정하다, 세우다

zhìdìng

在制定健身计划时，一定要包含自己喜欢的，或者觉得有趣的、或者至少不讨厌的运动。

운동 계획을 세울 때는 반드시 자기가 좋아하거나 흥미 있는 것, 혹은 적어도 싫어하지 않는 운동을 넣어야 한다.

★☆☆ 1224 **制度** [명] 제도

zhìdù

做事需要遵守一定的规则和制度，否则的话就很难成功。

일을 할 때는 일정한 규칙과 제도를 준수해야 한다. 그렇지 않으면 성공하기 어렵다.

★☆☆ 1225 **制造** [동] 제조하다

zhìzào

去年冬天我去国外旅游，没想到买回来的礼物竟然都是中国制造的。

작년 겨울에 해외 여행을 갔었는데 사온 선물이 뜻밖에 모두 중국산일 줄은 생각지도 못했다.

★☆☆ 1226 **制作** [동] 제작하다

zhìzuò

我知道一个专门教怎么制作网页的免费网站。

나는 홈페이지를 어떻게 제작하는지 전문적으로 가르치는 무료 웹사이트를 안다.

• 网页 wǎngyè [명] 홈페이지

★☆☆ 1227 **治疗** [동] 치료하다

zhìliáo

醋可以治疗失眠，睡前喝点儿加醋的水，很快就会睡着。

식초는 불면증을 치료할 수 있다. 잠을 자기 전에 식초 넣은 물을 조금 마시면 금방 잠이 들 수 있다.

☐ ★★☆ 1228 **秩序**
zhìxù

圏 질서

保持距离是维持人际和谐的关键，就像高速公路
上，车与车之间，即使是同一个方向也要保持秩序，
否则就容易出事故。

거리 유지는 조화로운 인간 관계를 유지하는 관건이다. 마치 고속도로에서 같은
방향이라 하더라도 차간 질서를 유지하지 않으면 사고가 나기 쉬운 것과 같다.

・维持 wéichí 圏 유지하다　・人际 rénjì 圏 사람과 사람 사이
・和谐 héxié 圏 조화롭게 잘 어울리다

☐ ★★☆ 1229 **智慧**
zhìhuì

圏 지혜

有的时候放弃也是一种智慧。

어떤 때는 포기도 하나의 지혜이다.

☐ ★★☆ 1230 **中介**
zhōngjiè

圏 중개, 중개인

A: 中介是怎么说的?

중개인이 뭐래?

B: 他说在你们公司附近有套房子，条件挺合适
的，建议咱俩去看看。

그 사람이 당신 회사 근처에 집이 하나 있는데 조건이 아주 적당하다며 우리
더러 한번 가서 보라고 하더라고.

☐ ★★☆ 1231 **中心**
zhōngxīn

圏 중심, 센터

城市是人类社会生活的中心。

도시는 인류 사회 생활의 중심이다.

☐ ★★☆ 1232 **中旬**
zhōngxún

圏 중순

结婚典礼定于5月中旬举行。

결혼식은 5월 중순에 하기로 정했다.

・典礼 diǎnlǐ 圏 의식

□ ★☆☆ 1233 **种类**
zhǒnglèi
〔명〕 종류

这里的昆虫种类繁多。

여기 곤충의 종류는 정말 많다.

· 繁多 fánduō 〔형〕 (종류가) 풍부하고 다양하다, 많다

□ ★☆☆ 1234 **重大**
zhòngdà
〔형〕 중대하다

我知道您最近做了一个重大的决定。

최근에 중대한 결정을 하신 것으로 알고 있습니다.

□ ★☆☆ 1235 **重量**
zhòngliàng
〔명〕 중량, 무게

被打碎的花瓶，最大碎片与次大碎片重量比是
16:1。

깨진 꽃병의 가장 큰 조각과 두 번째 큰 조각의 중량비는 16:1이다.

· 打碎 dǎsuì 〔동〕 부수다, 깨지다 · 花瓶 huāpíng 〔명〕 화병, 꽃병
· 碎片 suìpiàn 〔명〕 부서진 조각

☐ ★
　★
　☆ 1236 **周到**
zhōudào
〔형〕 세심하다, 빈틈 없다

他为顾客考虑得很周到。
그는 고객을 위해 세심하게 고려한다.

문법
TIP
> 周到는 주로 음식점이나 상점에서 종업원의 서비스가 세심하고 친절함을 칭찬할 때 사용합니다.
> 周到가 들어가는 대표적인 표현 '服务周到(서비스가 세심하다)'도 함께 알아두세요.

☐ ★
　★
　☆ 1237 **猪**
zhū
〔명〕 돼지

今晚吃猪肉吧，我请你们的客！
오늘 저녁에 돼지고기 먹자, 내가 너희들에게 한턱 낼게!

- 猪肉 zhūròu 〔명〕 돼지고기
- 请客 qǐngkè 〔이합〕 접대하다, 한턱 내다

☐ ★
　★
　☆ 1238 **竹子**
zhúzi
〔명〕 대나무

竹子用途很广泛。
대나무의 용도는 매우 광범위하다.

- 广泛 guǎngfàn 〔형〕 광범위하다, 폭넓다

☐ ★
　★
　☆ 1239 **逐步**
zhúbù
〔부〕 한걸음 한걸음, 점차

围棋的影响范围正在逐步扩大。
바둑의 영향 범위가 점차 확대되고 있다.

□ ★★☆

1240 **逐渐**
zhújiàn

㉑ 점점, 점차

两支队的差距开始逐渐缩小。

두 팀의 격차가 점차 줄어들기 시작했다.

□ ★★☆

1241 **主持**
zhǔchí

� 진행하다, 사회보다

昨天的晚会你主持得很好，气氛搞得很热烈。

너 어제 저녁 파티 진행을 잘하더라. 분위기를 열광적으로 만들었어.

· 晚会 wǎnhuì ㉑ 저녁 파티

□ ★☆☆

1242 **主动**
zhǔdòng

㉳ 주동적인

他从来不主动和别人说话，于是大家都以为他是
一个骄傲的人。

그는 여태껏 자발적으로 다른 사람과 이야기하는 일이 없었기 때문에 사람들은
모두 그를 잘난 척하는 사람으로 안다.

□ ★☆☆

1243 **主观**
zhǔguān

㉑㉳ 주관(적인)

嫉妒是人类复杂的主观情感。

질투는 인류의 복잡한 주관적 감정이다.

· 嫉妒 jídù ㉳ 질투하다, 샘내다
· 情感 qínggǎn ㉑ 정, 정분, 감정, 느낌

□ ★☆☆

1244 **主人**
zhǔrén

㉑ 주인

宠物还会促进主人们之间的人际交往。

애완동물은 주인들 간의 왕래를 촉진시킬 수도 있다.

· 人际交往 rénjìjiāowǎng 대인관계, 인간관계

□ ★☆☆ 1245 **主任**
zhǔrèn
명 장, 주임

你好，我找黄主任，我和他约好了。
안녕하세요. 황 주임님 뵈러 왔는데요. 저는 약속이 되어 있습니다.

• 约 yuē 통 약속하다

□ ★☆☆ 1246 **主题**
zhǔtí
명 주제

这次时装设计大赛的主题是青春与时尚。
이번 패션 디자인 대회의 주제는 청춘과 트렌드이다.

• 时装 shízhuāng 명 최신 패션

□ ★☆☆ 1247 **主席**
zhǔxí
명 주석, 위원장

国家主席是部分社会主义国家对本国国家最高领
导人的称呼。
국가 주석은 일부 사회주의 국가에서 그 나라의 국가 최고 영도자에 대한 칭호이다.

• 社会主义 shèhuìzhǔyì 명 사회주의
• 本国 běnguó 명 본국

□ ★☆☆ 1248 **主张**
zhǔzhāng
명 통 주장(하다)

消费者可以主张自己的权利。
소비자는 자신의 권리를 주장할 수 있다.

□ ★☆☆ 1249 **煮**
zhǔ
통 삶다, 끓이다

他连饭都不会煮。
그는 밥도 할 줄 모른다.

□ ★★☆ 1250 **注册** [동] 등록하다, 로그인하다

zhùcè

网上订票方便是方便，不过你得先注册成为会员。

인터넷 예매가 편리하긴 한데 먼저 회원 가입을 해야 한다.

• 订 dìng [동] 예약하다, 체결하다 • 会员 huìyuán [명] 회원

□ ★☆☆ 1251 **祝福** [명][동] 축복(하다)

zhùfú

无论何时何地，都别忘了为他人鼓掌，这样你才会获得别人的喝彩与祝福。

언제 어디서든 타인을 위해 박수치는 것을 잊지 마라. 그래야 비로소 당신이 다른 사람의 갈채와 축복을 받을 수 있다.

• 喝彩 hècǎi [동] 갈채하다

□ ★★☆ 1252 **抓** [동] 잡다

zhuā

他拍照时总能抓住最精彩的瞬间！

그는 촬영을 할 때는 가장 훌륭한 순간을 캐치한다.

• 瞬间 shùnjiān [명] 순식간

□ ★★★ 1253 **抓紧** [이합] 서둘러 하다 / (놓치지 않도록) 단단히 잡다

zhuājǐn

如果不改革或者不抓紧时间进行改革，那么最后将丢掉社会主义制度。

만약 개혁하지 않거나 서둘러 개혁을 진행하지 않으면 결국 사회주의제도를 잃어버리게 될 것이다.

• 丢掉 diūdiào [동] 잃어버리다

□ ★☆☆ 1254 **专家** [명] 전문가

zhuānjiā

这项发明得到了有关专家的肯定。

이 발명은 관련 전문가의 인정을 받았다.

□ ★★☆ 1255 **专心** [형] 전심전력하다, 몰두하다

zhuānxīn

你在看什么看得这么专心? 我看看。

뭘 보고 있는데 이렇게 몰두하고 있어? 좀 보자.

□ ★★☆ 1256 **转变** [동] 바꾸다, 바뀌다

zhuǎnbiàn

随着人类生产水平的提高，人与自然的关系也开始转变了。

인류의 생산 수준 향상에 따라 사람과 자연의 관계도 바뀌기 시작했다.

□ ★☆☆ 1257 **转告** [동] (내용을) 전하다

zhuǎngào

你帮我转告王经理下午的会议取消了。

왕 대표님께 오후 회의가 취소됐다고 좀 전해 주세요.

□ ★★☆ 1258 **装** [동] 싣다, 담다 / 설치하다

zhuāng

妈，沙发上有个大信封你看到没? 里面装着几份文件。

엄마! 쇼파 위에 큰 편지봉투 못 보셨어요? 안에 서류 몇 부가 들어있어요.

你的电脑有没有装杀毒软件?

네 컴퓨터에 백신 프로그램을 설치했니, 안 했니?

□ ★☆☆ 1259 **装饰** [동] 장식하다

zhuāngshì

石狮子是在中国传统建筑中经常使用的一种装饰物。

석사자는 중국 전통 건축물에 자주 사용되는 장식물이다.

□ ★★☆ 1260 **装修**
zhuāngxiū
图 인테리어하다

你的房子快装修完了吧?

너희 집 인테리어가 곧 끝나지?

□ ★☆☆ 1261 **状况**
zhuàngkuàng
图 상황, 형편

她很想改变这种状况，但又不知道该从何做起。

그녀는 이러한 상황을 바꾸고 싶었지만 무엇부터 시작해야 할지 몰랐다.

□ ★★☆ 1262 **状态**
zhuàngtài
图 상태

做有氧运动可以调节心理和精神状态。

유산소 운동으로 심리 상태와 정신 상태를 조절할 수 있다.

· 有氧运动 yǒuyǎngyùndòng 图 유산소 운동
· 调节 tiáojié 图 조절하다

□ ★☆☆ 1263 **撞**
zhuàng
图 부딪치다

那只船好像是故意要撞翻农夫的小船。

그 배는 마치 일부러 농부의 배에 부딪쳐서 뒤집으려 하는 것 같다.

□ ★☆☆ 1264 **追**
zhuī
图 (뒤)쫓다

猎人气哼哼地说道："你真没用，连一只受伤的兔子都追不到！"

사냥꾼은 화가 나서 씩씩대며 "넌 정말 쓸모가 없구나. 상처 입은 토끼 한 마리도 잡지 못하다니!"라고 말했다.

· 猎人 lièrén 图 사냥꾼
· 气哼哼 qìhēnghēng 图 노기등등하다, 크게 화내는 모습을 묘사함

☐ ★★★ 1265 **追求** [동] 추구하다

zhuīqiú

你努力追求的，说不定是一个没有任何意义的目标。

당신들이 열심히 추구하는 것이 종종 아무런 의미 없는 목표일지도 모른다.

☐ ★★☆ 1266 **咨询** [동] 자문하다

zīxún

在一次心理咨询中，我碰到一个女生，她因为宿舍中的人际关系紧张而苦恼。

나는 심리 상담에서 나는 한 여학생을 만났는데, 그녀는 기숙사에서의 대인 관계가 좋지 않아서 고민했다.

· 女生 nǚshēng [명] 여학생

· 苦恼 kǔnǎo [형] 괴롭다 [동] 고뇌하다

☐ ★☆☆ 1267 **姿势** [명] 자세

zīshì

大部分人不能保持一个姿势睡到天明。

대부분 사람들은 날이 밝을 때까지 한 자세를 유지하면서 잘 수 없다.

DAY 40 표제어부터 예문까지 모두 듣기 **intensive40.mp3**
표제어만 듣기 **speed40.mp3**

☐ ★
☆
☆

1268 资格
zīgé

명 **자격**

他们的俱乐部没有参赛资格。
그들 클럽은 경기 참가 자격이 없다.

· 参赛 cānsài 통 시합에 참가하다, 경기에 나가다

☐ ★
☆
☆

1269 资金
zījīn

명 **자금**

我们已经投入了巨额资金。
우리는 이미 거액의 자금을 투입했다.

☐ ★
☆
☆

1270 资料
zīliào

명 **자료, 데이터**

你把这些资料都复制到光盘上了吗?
이 자료들을 모두 CD에 복사했나요?

☐ ★
☆
☆

1271 资源
zīyuán

명 **자원**

不要轻易放弃任何资源，即使它们现在没有任何
用处。
어떠한 자원도 쉽사리 포기하지 마라. 설령 그것들이 지금은 아무런 쓸모가 없다
할지라도.

· 用处 yòngchu 명 쓸모

☐ ★
☆
☆

1272 紫
zǐ

형 **자색의, 보라색의**

窗台上摆着一盆紫色的花。
창틀에 보라색 꽃 화분이 하나 놓여 있다.

· 窗台 chuāngtái 명 창문턱, 창틀 · 紫色 zǐsè 명 보라색

☐ ★★☆ 1273 **自从**
zìcóng
전 (…때)부터

自从上星期来到这儿，这两天我一直失眠。
지난주에 여기 와서부터 요 며칠 나는 줄곧 잠을 잘 못 잔다.

☐ ★☆☆ 1274 **自动**
zìdòng
형 자동으로

电脑有自动保存的功能。
컴퓨터에 자동저장 기능이 있다.

☐ ★☆☆ 1275 **自豪**
zìháo
형 자랑스럽다

儿子，爸爸为你感到自豪。
아들아, 아빠는 네가 자랑스럽다.

☐ ★☆☆ 1276 **自觉**
zìjué
동 자각하다

每个从这里经过的人似乎都不自觉地停住脚步看
上一眼。
여기를 지나는 사람들마다 자기도 모르게 발걸음을 멈추고 한 번씩 바라보게 되
는 것 같다.

• 脚步 jiǎobù 명 발걸음

☐ ★☆☆ 1277 **自私**
zìsī
형 이기적이다

孩子自私的心理和行为并不是生来就有的。
아이의 이기적인 심리와 행위는 결코 날 때부터 있는 것이 아니다.

• 生来 shēnglái 동 타고나다 부 태어날 때부터

□ ★
☆
☆ 1278 **自由** 　　　　　　　　　　　　　　명 형 자유(롭다)
 zìyóu

参赛者可以充分自由发挥自己的想象力和创造
力，体现自己的个性。
대회참가자는 자신의 상상력과 창조력을 충분히 자유롭게 발휘하여 자기의 개성
을 표현할 수 있다.

□ ★
☆
☆ 1279 **自愿** 　　　　　　　　　　　　　　동 스스로 원하다
zìyuàn

博物馆的门票设计成了六个样子，参观者可以自
愿选择任意一种。
박물관 입장권은 6가지 모양으로 디자인되어 관람객이 원하는 대로 선택할 수 있다.

・任意 rènyì 형 임의의 부 마음대로

□ ★
☆
☆ 1280 **字母** 　　　　　　　　　　　　　　명 자모, 알파벳
zìmǔ

英文共有26个字母。
영어에는 모두 26개의 알파벳이 있다.

□ ★
☆
☆ 1281 **字幕** 　　　　　　　　　　　　　　명 자막
zìmù

这电影的字幕和画面声音怎么不一致？
이 영화 자막이랑 화면 소리가 왜 안 맞지?

・画面 huàmiàn 명 화면

정답록

동영상을 볼 때 심심치 않게 사용하는 '싱크가 안 맞는다'를 중국어로 표현하면 '字幕和声音不一致(일치하
다)'이고, 듣기 영역의 내용으로 나온 적이 있습니다.

□ ★
☆
☆ 1282 **综合** 　　　　　　　　　　　　　　동 종합하다
zōnghé

增强城市综合竞争力。
도시의 종합적인 경쟁력을 강화시킨다.

・增强 zēngqiáng 동 강화하다, 높이다

☐ ★★☆ 1283 **总裁** 图 총재
zǒngcái

我们提出的方案受到了总裁的重视。
우리가 제안한 방안이 총재의 중시를 받았다.

☐ ★★☆ 1284 **总共** 團 모두 합쳐서
zǒnggòng

您消费总共123块钱。
소비금액은 총 123위안입니다.

☐ ★☆☆ 1285 **总理** 图 총리
zǒnglǐ

首相一词，一般只用在君主制国家的总理之称。
수상이란 단어는 일반적으로 군주제 국가에서만 쓰는 총리의 호칭이다.

· 首相 shǒuxiàng 图 수상

☐ ★☆☆ 1286 **总算** 團 드디어, 마침내
zǒngsuàn

因为那件事，这位青年后来努力学艺，总算有了
一点儿名气。
그 일 때문에 이 청년은 열심히 기예를 익혀서 나중에 마침내 명성이 생겼다.

· 名气 míngqì 图 명성, 지명도

☐ ★☆☆ 1287 **总统** 图 대통령
zǒngtǒng

12月5日，南非前总统曼德拉于当地时间20点50
分去世享年95岁。
12월 5일, 넬슨 만델라 전 남아프리카공화국 대통령이 현지 시각 20시 50분 향년
95세 나이로 별세했다.

· 南非 Nánfēi 지명 남아프리카 · 曼德拉 Màndélā 인명 넬슨 만델라
· 享年 xiǎngnián 图 향년

□ ★☆☆ 1288 **总之**
zǒngzhī

접 어쨌든, 아무튼

妈妈认为如果我念大学的话，就可以在城市里找
一个工作，**总之**能过上好日子。

엄마는 만약 내가 대학을 가면 도시에서 직장을 찾을 수 있고, 어쨌든 잘 살 수 있
을 것이라고 생각하신다.

· 过日子 guòrizi 有합 생활하다, 날을 보내다

□ ★☆☆ 1289 **阻止**
zǔzhǐ

동 저지하다

爸爸加高了果园的围墙，但依然没能**阻止**我。

아빠가 과수원 담장을 높이셨지만 여전히 나를 막을 수는 없었다.

· 围墙 wéiqiáng 명 담장

□ ★☆☆ 1290 **组**
zǔ

명양 조, 팀

研究人员先让被试验者看一些图片，然后将他们
分成两**组**，一**组**回忆一段美好的经历，另一**组**则
回忆一些悲伤的经历。

연구원은 먼저 피실험자들에게 몇 장의 그림을 보여주고 그들을 두 그룹으로 나
누어 한 그룹은 아름다운 경험을 떠올리게 하고, 다른 한 그룹은 아픈 경험들을
떠올리게 했다.

· 被试验者 bèishìyànzhě 명 피실험자
· 悲伤 bēishāng 형 마음이 아프다, 몹시 슬프다

□ ★★☆ 1291 **组成**
zǔchéng

동 짜다, 조성하다

火星大气非常稀薄，其密度不到地球的1%，而且
主要由二氧化碳**组成**。

화성의 대기는 매우 희박하여 그 밀도가 지구의 1%에 미치지 못할 뿐 아니라 주로
이산화탄소로 구성되어 있다.

· 稀薄 xībó 형 희박하다 · 密度 mìdù 명 밀도
· 二氧化碳 èryǎnghuàtàn 명 이산화탄소

☐ ★ ☆ ☆ 1292 **组合**
zǔhé

圆圖 조합(하다)

在男双和女双两个项目上，我们各有两对组合参赛。
우리는 남자 복식과 여자 복식에 각각 두 개 조가 경기에 참가한다.

☐ ★ ☆ ☆ 1293 **组织**
zǔzhī

圆圖 조직(하다)

由于绿色和平等非政府环保组织的不懈努力，人们对转基因普遍持怀疑态度。
그린피스 등 비정부 환경조직의 꾸준한 노력으로 사람들은 일반적으로 유전자 변형에 대해 회의적인 태도를 가진다.

• 不懈 búxiè 圖 게으르지 않다, 꾸준하다 • 基因 jīyīn 圆 유전자
• 持 chí 圖 (어떤 생각이나 견해 등을) 가지다, 지니다

☐ ★ ☆ ☆ 1294 **最初**
zuìchū

圆 최초, 맨 처음

其实我最初的想法不是这样的。
사실 나의 처음 생각은 이런 것이 아니었다.

• 想法 xiǎngfǎ 圆 생각

☐ ★ ☆ ☆ 1295 **醉**
zuì

圖 취하다

昨晚我也喝醉了，什么都记不起来了。
어젯밤 나도 술이 취해서 아무것도 기억이 안 난다.

☐ ★ ☆ ☆ 1296 **尊敬**
zūnjìng

圖 존경하다

很多记者用暗访的方式报道真相，受到了人们的尊敬。
많은 기자가 비밀취재 방식으로 진상을 보도하여 사람들의 존경을 받았다.

• 暗访 ànfǎng 圖 은밀히 조사하다

☐ ★★☆ 1297 **遵守** [동] 준수하다

zūnshǒu

任何人都要遵守国家法律法规。

누구나 국가의 법률법규를 준수해야 한다.

• 法规 fǎguī [명] 법규

☐ ★☆☆ 1298 **作品** [명] 작품

zuòpǐn

时装设计师要创造既属于民族的又属于世界的艺术作品。

패션디자이너는 민족적이자 세계적인 예술 작품을 창조해야 한다.

• 设计师 shèjìshī [명] 디자이너, 설계사

☐ ★★☆ 1299 **作为** [동] …로 삼다 [전] …(의 신분, 자격)으로서

zuòwéi

她一直把我作为朋友。

그녀는 나를 줄곧 친구로 여겨왔다.

您认为作为一个女性创业者，应该怎样面对挑战和挫折?

당신은 여성 창업가로서 도전과 좌절을 어떻게 맞서야 한다고 생각하십니까?

• 挫折 cuòzhé [명] 좌절, 실패

☐ ★☆☆ 1300 **作文** [명] 작문

zuòwén

全班女生中我是长得最漂亮最有气质的，语文成绩又好，特别是作文水平，在全校是早已出了名的。

반 여학생 중 내가 제일 예쁘고 가장 분위기 있으며, 국어 성적도 좋다. 특히 작문 수준은 전교에 이미 이름이 났다.

• 气质 qìzhì [명] 자질, 품격 • 语文 yǔwén [명] 국어

• 早已 zǎoyǐ [부] 진작에

일상 생활에 자주 쓰는 단어만 모았다!

중국어 필수단어 무작정 따라하기

부록
mp3 파일
어법 자료
무료 다운로드

김태성 지음 | 496쪽 | 13,000원

1,800단어만 알면 원하는 문장을 다 만들 수 있다!

'엄마, 아빠' '할머니, 할아버지' 꼬리에 꼬리를 무는
연관 단어로 초보자도 쉽게 외우고, 오래 기억에 남는다!

난이도	첫걸음 초급중급	고급
대상	중국어 공부를 시작하는 학습자	

기간	90일
목표	중국어로 의사표현 하기, 간단한 문장 만들기

중국에 간다면 꼭 챙겨야 할 단 한 권!
중국어 현지회화
무작정 따라하기

박현준 지음 | 284쪽 | 15,000원

현지에서 바로 통하는 실전 회화만 모았다!

중국 여행과 출장에 딱 맞게 상황을 구성하여,
현지에서 바로 써먹을 수 있는 표현과 회화를 풍부하게 넣었다!

난이도	첫걸음 초급 중급 고급	기간	28일
대상	본격적인 회화를 연습하려는 초급 학습자, 중국 여행과 출장을 앞둔 초급자	목표	중국에서 쇼핑하기, 음식 주문하기 등 여행, 출장 회화 끝내기

한중한자, 비교하면 쉬워진다!

중국어 한자
무작정 따라하기

한재균 지음 | 384쪽 | 13,000원

딱 한국 사람을 위한 중국어 한자 학습법!

중국어 필수 한자 314자, 한국어 한자와 중국어 한자의 모양, 음, 뜻을
비교해서 익히면 쉽게 끝낼 수 있습니다!